U0824945

华东政法大学65周年校庆文丛

经济发展新常态下的经济法治战略

顾功耘　杨勤法 / 著

法律出版社
LAW PRESS·CHINA

华东政法大学
65周年校庆文丛编委会

主　任：曹文泽　叶　青
副主任：顾功耘　王　迁
委　员（以姓氏笔画为序）

马长山　王立民　朱应平　刘　伟　孙万怀
杜　涛　杜志淳　杨忠孝　李　峰　李秀清
肖国兴　吴新叶　何益忠　何勤华　冷　静
沈福俊　张　栋　张明军　陈　刚　陈金钊
林燕萍　范玉吉　金可可　屈文生　贺小勇
徐家林　高　汉　高奇琦　高富平　唐　波

崛起、奋进与辉煌
——华东政法大学65周年校庆文丛总序

2017年，是华东政法大学65华诞。65年来，华政人秉持着“逆境中崛起，忧患中奋进，辉煌中卓越”的精神，菁莪造士，棫朴作人。学校始终坚持将学术研究与育人、育德相结合，为全面推进依法治国做出了巨大的贡献，为国家、为社会培养和输送了大量法治人才。一代代华政学子自强不息，青蓝相接，成为社会的中坚、事业的巨擘、国家的栋梁，为社会主义现代化和法治国家建设不断添砖加瓦。

65年栉风沐雨，华政洗尽铅华，砥砺前行。1952年，华政在原圣约翰大学、复旦大学、南京大学、东吴大学、厦门大学、沪江大学、安徽大学、上海学院、震旦大学九所院校的法律系、政治系和社会系的基础上组建而成。历经65年的沧桑变革与辛勤耕耘，华政现已发展成为一所以法学为主，兼有政治学、经济学、管理学、文学、工学等学科的办学特色鲜明的多科性大学，人才培养硕果累累，科研事业蒸蒸日上，课程教学、实践教学步步登高，国际交流与社会合作事业欣欣向荣，国家级项目、高质量论文等科研成果数量长居全国政法院校前列，被誉为法学教育的“东方明珠”。

登高望远，脚踏实地。站在新的起点上，学校进一步贯彻落实“以人为本，依法治校，质量为先，特色兴校”的办学理念，秉持“立德树人，德法兼修”的人才培养目标，努力形成“三全育人”的培养管理格局，培养更多应用型、复合型、高素质的创新人才，为全力推进法治中国建设和高等教育改革做出新的贡献！

革故鼎新，继往开来。65周年校庆是华东政法大学发展史上的重要里程碑，更是迈向新征程开创新辉煌的重要机遇。当前华政正抢抓国家“双一流”建设的战略机遇，深度聚焦学校“十三五”规划目标，紧紧围绕学校综合改革“四梁八柱”整体布局，坚持“开门办学、开放办学、创新办学”发展理念，深化

"教学立校、学术兴校、人才强校"发展模式，构建"法科一流、多科融合"发展格局，深入实施"两基地（高端法律及法学相关学科人才培养基地、法学及相关学科研究基地）、两中心（中外法律文献中心、中国法治战略研究中心）、一平台（"互联网＋法律"大数据平台）"发展战略，进一步夯实基础、深化特色、提升实力。同时，华政正着力推进"两院两部一市"共建项目，力争到21世纪中叶，能把学校建设成为一所"国际知名、国内领先，法科一流、多科融合，特色鲜明、创新发展，推动法治文明进步的高水平应用研究型大学和令人向往的高雅学府"。

薪火相传，生生不息。65周年校庆既是对辉煌历史的回望、检阅，也是对崭新篇章的伏笔、铺陈。在饱览华政园风姿绰约、恢弘大气景观的同时，我们始终不会忘却风雨兼程、踏实肯干的"帐篷精神"。近些年来，学校的国家社科基金法学类课题立项数持续名列全国第一，国家社科基金重大项目和教育部重大项目取得历史性突破，主要核心期刊发文量多年位居前茅。据中国法学创新网发布的最新法学各学科的十强排名，学校在法理学和国际法学两个领域排名居全国第一。当然我们深知，办学治校犹如逆水行舟，机遇与挑战并存，雄关漫道，吾辈唯有勠力同心。

为迎接65周年校庆，进一步提升华政的学术影响力、贡献力，学校研究决定启动65周年校庆文丛工作，在全校范围内遴选优秀学术成果，集结成书出版。文丛不仅囊括了近年来华政法学、政治学、经济学、管理学、文学等学科的优秀学术成果，也包含了华政知名学者的个人论文集。这样的安排，既是对华政65华诞的贺礼，也是向广大教职员工长期以来为学校发展做出极大贡献的致敬。

65芳华，荣耀秋菊，华茂春松，似惊鸿一瞥，更如流风回雪。衷心祝愿华政铸就更灿烂的辉煌，衷心希望华政人做出更杰出的贡献。

华东政法大学65周年校庆文丛编委会

2017年7月

目　录

第一章　经济发展新常态的经济政策框架

第一节　经济增长的现状：经济发展新常态

一、经济发展新常态由来

我国经济经历了30年的高速发展，国家经济实力跃居世界第二，“高速发展”是我国经济发展的常态。自2008年世界金融危机后，世界经济进入了低速增长状态，受此影响，2010年后，我国经济增长速度也有所放缓。2013年12月10日，习近平总书记在中央经济工作会议上首次提出“新常态”，习近平总书记是这样解释“新常态”的：我们注重处理好经济社会发展各类问题，既防范增长速度滑出底线，又理性对待高速增长转向中高速增长的新常态；既强调改善民生工作，又实事求是调整一些过度承诺；既高度关注产能过剩、地方债务、房地产市场、影子银行、群体性事件等风险点，又采取有效措施化解区域性和系统性金融风险，防范局部性问题演变成全局性风险。“新常态”中的“新”指经济增长放缓是新情况；“新常态”中的“常态”意味着经济缓慢增长会是长期状态。2014年5月10日，习近平总书记在河南考察时指出：“我国发展仍处于重要战略机遇期，我们要增强信心，从当前我国经济发展的阶段性特征出发，适应新常态，保持战略上的平常心态。”同年，在党外人士座谈会上，习近平总书记又强调，要把思想和行动统一到中共中央决策部署上来，正确认识我国经济发展的阶段性特征，进一步增强信心，适应新常态，共同推动经济持续健康发展。在同年召开的亚太经合组织工商领导人峰会开幕式上的演讲上，习近平总书记又解释了中国经济新常态的几个主要特点。一是从高速增长转为中高速增长。二是经济结构不断优化升级，第三产业、消费需求逐步成为主体，城乡区域差距逐步缩小，居民收入占比上升，发展成果惠及更广大民众。三是从要素驱动、投资驱动转向创新驱动。

经济发展新常态是党中央对我国经济发展阶段的重大战略判断。中国经济新常态就是经济结构的对称态，在经济结构对称态基础上的经济可持续发展，包括经济可持续稳定增长。经济新常态是调结构稳增长的经济，而不是总量经济；着眼于经济结构的对称态及在对称态基础上的可持续发展，而不仅仅是GDP、人均GDP增长与经济规模最大化。经济新常态就是用增长促发展，用发展促增长。经济新常态不是不需要GDP，而是不需要GDP增长方式；不是不需要增长，而是把GDP增长放在发展模式中定位，使GDP增长成为再生型增长方式、生产力发展模式的组成部分。属于发展范畴、能够促进发展的可持续的增长速度越高越好，属于发展范畴、能够促进发展的可持续的高速增长是经济新常态的追求目标。把减速和高效画等号、高速和低效画等号、GDP高速增长和经济过热画等号，把经济新常态定义为减速增效、增长速度降温是错误的；人为降低增长速度将导致"滞涨"的严重后果。经济发展进入新常态，实质是我国经济发展已经进入高效率、低成本、可持续发展的中高速增长阶段。从速度层面来看，经济增长速度从高速增长转为中高速增长，经济增长的质量和内涵发生质的变化；从结构层面来看，经济结构发生全面深刻变化，不断优化升级；从动力层面来看，经济发展从要素驱动、投资驱动转向创新驱动；从风险层面来看，生态环境和一些不确定性风险将进一步显现。

经济新常态就是在找准经济增长点、实现经济结构对称态的基础上实现经济高速可持续发展，其中包括高质量无水分的GDP高速可持续增长，即我们讲的"调结构稳增长"。为了实现调结构稳增长的目标，政府实行常态化的积极的财政政策是必要的。再生经济学原理认为，经济效益的长期基本建设投资永远优先于有直接经济效益的中短期基本建设投资，基本建设投资永远优先于生产资料生产投资，生产资料生产投资永远优先于消费资料生产投资。〔1〕

〔1〕 陈世清：《对称经济学》，载《中国改革论坛》2015年4月18日。

由于无直接经济效益的长期基本建设投资只能由政府实施，所以政府投资永远优先于民间投资。只有增量改革才有存量调整，只有新经济增长点才能优化旧产业结构、化解产能过剩、实现经济结构优化升级、增长方式转变和经济质量保证。投资永远主导消费，只有投资主导下的消费才有可持续消费，只有投资主导消费才有经济结构优化经济可持续增长与发展。由于节约有利于积累，积累有利于投资，投资有利于生产和经济发展，所以节约、居民高储蓄率有利于经济发展。投资驱动和创新驱动是统一的，投资驱动和创新、创业、企业技术提升、产业结构升级、生产效率提高、增长方式转变、经济质量保证不但不矛盾而且内在一致。只有投资驱动，创新、创业、企业技术提升、产业结构升级、生产效率提高、增长方式转变、经济质量保证才有基础；只有创新、创业、企业技术提升、产业结构升级、生产效率提高、增长方式转变、经济质量保证为主导，投资驱动才有明确的目标与方向，才能使投资有效。

新常态、新阶段，发展仍是第一要务，积极适应经济新常态，重点在落实好六个“抓”，即抓稳定增长，确保经济运行总体平稳；抓转型升级，增强产业发展后劲；抓区域协调发展，优化经济发展空间格局；抓创新支撑，形成新的增长动力源泉；抓改革开放，构建开放型经济新体制；抓民生改善，挖掘经济持续发展的可靠潜力。

二、经济发展新常态特征

2014年12月9日至11日，中央经济工作会议总结了经济发展新常态的九大特征：从消费需求来看，过去我国消费具有明显的模仿型排浪式特征，2014年模仿型排浪式消费阶段基本结束，个性化、多样化消费渐成主流，保证产品质量安全、通过创新供给激活需求的重要性显著上升，必须采取正确的消费政策，释放消费潜力，使消费继续在推动经济发展中发挥基础作用。

从投资需求来看，经历了30多年高强度大规模开发建设后，传统产业相对饱和，但基础设施互联互通和一些新技术、新产品、新业态、新商业模式的投资机会大量涌现，对创新投融资方式提出了新要求，必须善于把握投资方向，消除投资障碍，使投资继续对经济发展发挥关键作用。

从出口和国际收支来看，国际金融危机发生前国际市场空间扩张很快，出口成为拉动我国经济快速发展的重要动能，全球总需求不振，我国低成本比较优势也发生了转化，同时我国出口竞争优势依然存在，高水平引进来、大规模走出去正在同步发生，必须加紧培育新的比较优势，使出口继续对经济发展发挥支撑作用。

从生产能力和产业组织方式来看，过去供给不足是长期困扰我们的一个主要矛盾，2014年传统产业供给能力大幅超出需求，产业结构必须优化升级，企业兼并重组、生产相对集中不可避免，新兴产业、服务业、小微企业作用更加凸显，生产小型化、智能化、专业化将成为产业组织新特征。

从生产要素相对优势来看，过去劳动力成本低是最大优势，引进技术和管理就能迅速变成生产力，2014年以后人口老龄化日趋发展，农业富余劳动力减少，劳动力要素的规模驱动力减弱，经济增长将更多依靠人力资本质量和技术进步，必须让创新成为驱动发展新引擎。

从市场竞争特点来看，过去主要是数量扩张和价格竞争，2014以后正逐步转向质量型、差异化为主的竞争，统一全国市场、提高资源配置效率是经济发展的内生性要求，必须深化改革开放，加快形成统一透明、有序规范的市场环境。

从资源环境约束来看，过去能源资源和生态环境空间相对较大，2014以后环境承载能力已经达到或接近上限，必须顺应人民群众对良好生态环境的期待，推动形成绿色低碳循环发展新方式。

从经济风险积累和化解来看，伴随着经济增速下调，各类隐性风险逐步显性化，风险总体可控，但化解以高杠杆和泡沫化为主要特征的各类风险将持续一段时间，必须标本兼治、对症下药，建立健全化解各类风险的体制机制。

从资源配置模式和宏观调控方式来看，全面刺激政策的边际效果明显递减，既要全面化解产能过剩，也要通过发挥市场机制作用探索未来产业发展方向，必须全面把握总供求关系新变化，科学进行宏观调控。

这些趋势性变化说明，我国经济正在向形态更高级、分工更复杂、结构更合理的阶段演化，经济发展进入新常态，正从高速增长转向中高速增长，经济发展方式正从规模速度型粗放增长转向质量效率型集约增长，经济结构正从增量扩能为主转向调整存量、做优增量并存的深度调整，经济发展动力正从传统增长点转向新的增长点。认识新常态，适应新常态，引领新常态，是当前和今后一个时期我国经济发展的大逻辑。

第二节　新常态下的经济问题

一、高库存引发的系统性风险

之所以要进行供给侧改革，是因为供应过剩、有效需求不足。我国产能过剩有多严重，库存量有多高，没有专门的机构统计，即使有机构统计，由于具体标准没法确定，其结果也会大相径庭。但从现有一些产能过剩、库存严重的行业看，其过剩程度非常高。

以事关百姓利益的住房市场为例。2014年6月10日，西南财经大学中国家庭金融调查与研究中心在北京举办了以"城镇住房空置率及住房市场发展趋势"为专题的新闻发布会。发布会上，中国家庭金融调查与研究中心公布了基于2013年中国家庭金融调查数据及2014年最新季度数据计算出的住房空置率，并详细分析了城镇住房市场的发展趋势。该报告指出：我国家庭的住房拥有率已达到90.8%，其中城镇家庭住房拥有率为87.0%，农村家庭住房拥有率则为95.8%。与欧美发达国家相比，我国城镇家庭住房拥有率显著偏高。其中，高出英国家庭的20.3%，高出美国家庭的21.8%，高出德国家庭的33.7%。2013年中国城镇家庭多套房拥有率为18.6%，与2011年相比增长了15.9%。2014年3月的季度数据显示城镇家庭多套房拥有率已上升至21.0%。

该中心的数据同时显示，中国城镇地区可实现刚性住房需求上限约为2300万套，可实现改善型住房需求上限约为950万套。而目前城镇地区家庭自有空置住房为4898万套，待售商品住宅约为350万套，总供给为5248万套住房。因此，即使不计算"十二五"期间的保障性住房建设供给，现有的存量住房已经可以满足可实现住房需求。

2013年，我国城镇住宅市场的整体空置率达到22.4%，比2011年上升1.8个百分点。据此估算，城镇地区空置住房约为4898万套。在国际上，2000年至今，美国的空置率介于1%至3%。我国香港地区的住房空置率低于5%。欧盟在2004年的住房空置调查显示各国平均空置率为9.5%。日本2008年的空置率为13.1%。我国台湾地区2001年的住房空置率为17.6%。由此可见，我国住房空置率高于其他国家和地区。截至2013年8月，空置住房占据了4.2万亿元的住房贷款余额。空置住房占用的银行贷款，属于资本闲置，降低了金融市场的效率。空置住房的资产价值在有空置住房家庭总资产中的比重为34.4%，在城镇所有家庭总资产中的比重为11.8%，是社会资源的巨大浪费。[1]

除住房过剩外，进入门槛不高，又是大众必须消费的产业的产能过剩明显，如纺织、家电、煤炭、钢铁。产能过剩行业的最大特点是没有创新门槛，大家短期内都可以通过简单地投资生产线，轻易扎堆进入新行业。

再以石化为例，根据石化联合会发布的《石化行业产能预警报告》，2015年我国PTA、电石、聚氯乙烯、氢氟酸、有机硅甲基单体、丁苯橡胶、顺丁橡胶产能利用率分别为64.1%、58.9%、68.5%、44%、55.5%、54.5%、45.1%，均严重过剩。烧碱、TDI过剩程度较轻，产能利用率分别为78.2%和70.3%。另外，资源类产品、高端石化产品、化工新材料短缺，大量依赖进口。据统计，2015年我国原油、天然气进口依存度为60.8%和31.5%，合成树脂总体为25.9%，其中聚乙烯树脂为40.9%，ABS树脂为34%，合成橡胶、合成纤维单体进口依存度为26.4%和29.6%。化工新材料方面，茂金属聚烯烃、辛烯共聚聚乙烯等自给率不足10%，聚碳酸酯、碳纤维、特种工程塑料（聚砜、聚酰亚胺等）自给率不足30%，聚酰胺工程塑料、己烯共聚聚乙烯、尼龙66切片等不足50%。

我国过剩产能与高库存是由多种原因造成的，主要是多年来政府业绩考核以GDP为导向的结果。能够带动GDP快速上升的项目，尤其受到地方政府的欢迎，土地、环保、信贷、税收等手续地方政府会一路绿灯。特别是产出高的项目，地方政府恨不得马上开工，随意突破法律、法规。有的地方政府为了追求经济总量，甚至与投资主体共谋违法、违规。

行政审批的随意与不公开，也加剧了产能过剩。从我国加入WTO前就承诺，国家颁布的任何法律都必须公开，相关红头文件没有对外公开的，不能对市场主体产生法律效力。时至今日，涉及政府产业规划、产业调整的，大量的红头文件仍大行其道。政府为了追求经济总量，除了不断出台红头文件外，还不断变更、修改文件，甚至为了某个项目单独出台或废止文件。这种行政审批

---

〔1〕 吕东：《我国住房空置率达22.4%》，载《证券日报》2014年6月12日。

的随意性和不公开，破坏了整个国家的整体产业安排，地方经济总量增加了，国家的产能过剩了。

还有的地方上项目不审批或先上项目，查到了再补办手续，这形成了一种投资模式的路径依赖。许多投资主体压根不管有没有审批，先投产运营再说，地方政府早就被摆平了，上级来追查最后也大多是罚款、整改、补充手续完事。遍布全国的小钢厂、小水泥厂、小煤矿等都是这种模式的结果。

我国国企对产能过剩也贡献了很大的因子。我国国企之所以不太考虑投资效益，有许多原因（在后面的国资参与法治会做重点研究）：国企肩负保证国家经济持续增长的重任，每当经济出现衰退或增长缓慢时，刺激经济的任务大都由国企完成，经济刺激的同时，产能过剩了；国企获得的投资支持巨大，仅免费的划拨土地、低息的银行贷款、政府的税收优惠，就足以让国企产能大为增加；国有企业存在预算软约束。民营企业投资失败了，投资者会破产，而国有企业投资失败了，会有国家兜底，所以国企投资往往会不计成本。

去产能进度缓慢、有的地方过剩产能还有增加的趋势，在于产业间的关联性。以建材为例，钢材、水泥等建筑材料为我国严重的过剩产业，我国每次进行的建材产业的产业结构调整都因房地产市场的投资增长而停止。只要房地产市场高速发展，建材产业就有生存空间。

产能过剩导致了经济运行的一系列问题：产能过剩的形成主要以投资的快速增长为前提，投资的增长使生产能力形成速度加快，产品的供应量加大。而投资的增加又吸引了巨额资金，市场消费资金较少，消费能力下降，使生产与消费需求相脱节，经济增长的有效性降低，投资增长变成了为增长而增长的低效率模式。这加剧了经济不景气，消费价格低迷，投资回报周期延长或投资回报率下降，企业流动性无法持续。

产能过剩造成资源浪费及严重的环境污染。产能过剩仍有企业乐此不疲，除了地方政府追求GDP外，说明企业仍有利可图。企业之所以有利可图，是其负外部性的成本不高。企业对环境的污染没有支付足够的成本，企业没有养成节能环保的意识。我国的劳动力成本对低端制造业的制约也不够强大，企业支付给工人的工资一直维持在低水平状态。低端制造业在这种低成本条件下经营，即使产能过剩，仍有生存空间。

在国家解决产能过剩的同时，过剩产能发生了跨地区转移。大量的污染、低效产业转移到中西部地区。中西部地区为了经济发展，地方政府人为地放松了监管要求，引进发达地区已经淘汰或限制的项目。这种以短期经济利益和地方业绩为目标的治理思维，增加了国家整体经济结构调整的难度，也延缓了去产能的进度。

国家一再强调要防止系统性风险，其中的一个系统性风险就来自于经济活动中的高杠杆率。在市场经济尤其资本市场发展趋于成熟的过程中，加大资金杠杆是一种市场行为，是一种正常的市场创新。我国的金融杠杆，主要是从证券市场开始，我国大量的证券市场改革，也是围绕如何加杠杆展开，如融资融券。而后在各个领域都开始加杠杆。居民购房从自有资金到按揭贷款、企业投资从注册资金到发债、政府投资从财政资金到地方融资平台等，都是加杠杆的体现。适当地加杠杆，能促进经济活力，提高经济效益，也增加市场主体的收益。杠杆意味着负债，我国传统对负债是持谨慎态度的。无论证券市场、房地产市场、政府投资等领域，我国的杠杆率并不是特别高。

随着经济的高速发展及个人收入增加，各种投资收益的溢出效应提升了市场主体加杠杆的欲望。从公民个人住房办理按揭贷款开始，我国居民消费领域加杠杆普遍流行，特别从2003年开始房地产价格不断提高，杠杆率越高收益率越大，促使更多的人加入购房加杠杆的行列。至2016年6月底，个人住房按揭贷款余额16.55万亿元人民币。我国企业的杠杆率同样很高。多家大型企业因负债率高企、无力偿还债务或资金周转出现问题而出现债务危机，陷入破产重整的境地。不仅居民和企业加杠杆，政府也在加杠杆。地方政府通过融资平台产生的债务同样巨大，据财政部公告，至2016年年底，我国地方政府的债务余额为17.2万亿元人民币。根据人民银行资料，至2016年年末，我国本外币贷款余额为112.06万亿元人民币，这仅是欠银行的债务，不包括其他债务（如非金融机构出借、影子银行、信托等）。中国社科院国家金融与发展实验室研究报告称，截至2015年年底，中国债务总额168.48万亿元人民币，全社会杠杆率249%。

高杠杆促进经济高速发展，弥补资金不足，加大经济活跃度。同时，高负债的存在，使个人、企业、政府面临严峻的偿债压力。美国次贷危机的根源是个人购房者无力偿还银行的按揭贷款，之后形成连锁反应，造成经济的系统性风险。我国16多万亿元的个人住房贷款，一旦有一定比例的个人缺乏偿债能力，也可能出现连锁反应。负有巨额债务的企业大多与产能过剩行业调整有关，这些企业无不背负巨额银行贷款，靠高负债、高杠杆实现企业大规模扩张，在经济增速放缓与结构调整的双重压力下，容易诱发债务风险传递的多米诺骨牌效应，抬升社会债务融资成本，造成相关银行不良资产激增等。

地方政府的高负债率背后隐藏的风险更加巨大。财政部财政科学研究院发布的地方财政运行报告显示：2016年前三季度全国共有18.6%的市县（区）一般公共预算收入负增长或零增长，即使是正增长地区，也是收支矛盾突出，如湖南和江西前三季度一般公共预算收入同比增长分别为4.77%和5.9%，而一般公共预算支出同比却分别增长了18.8%和9%，支出增幅明显高于收入增幅。[1]地方融资平台形成了加杠杆的基本模式：依赖银行贷款融资，依赖土地出让金偿债。

由于个人融资的主要用途是个人住房贷款，这需要个人保持足够的偿付按揭款的能力，个人收入直接左右着个人债务的安全。我国个人购房普遍按揭贷款，在大量的购房债务人中，偿债能力出现问题的数量如果达到一定的比例，个人融资就会引发系统性风险。个人融资高杠杆还存在另一个风险：房价的下跌。有金融机构做过房价下跌压力测试，该测试认为某城市商业银行可以承受房价下跌40%的压力。[2]这种测试至少说明，银行等金融机构已经意识到房价下跌可能造成的金融风险。但这种测试的结果并没有充分的理论依据，其现实价值并不大。房价的影响因子很多，不能仅以房屋价值所对应的银行贷款数额为依据，房价一旦有一定幅度的跌幅，可能会形成恐慌心理，最后形成抛售。历史上的许多经济危机都是以恐慌开始的，个人高杠杆必须得到良好控制。

地方政府的债务风险已经引起相关部门的高度重视，但地方政府并未采取有效措施。地方政府支出居高不下，一方面在于经济和民生支出力度加大的结果，另一方面是前些年支出过快增长留下的隐患，是各种刚性支出被滥用。没有实行真正的零基础预算，一些地方在年底前要求预算部门加快用钱。地方政府在债务高企之下，已无偿债动力。相反，却在用各种手段倒逼决策层

---

〔1〕 财政部财政科学研究院：《地方债务风险“三个倒逼”更可怕》，载《中国商报》2016年12月16日。

〔2〕 参见崔启斌、刘双霞：《银行测试房价下跌压力》，载《北京商报》2016年10月14日。

和管理层，为地方避免风险的发生埋单，使债务风险继续累积。

除个人债务及地方政府债之外，企业债是我国债务的最主要部分。在中国债务结构上，居民部门债务率在40%左右，金融部门债务率约为21%，政府部门债务率约为40%，但如果考虑到一些融资平台债务及或有债务，政府部门债务率会有较大幅度上升，达到57%。非金融企业部门的问题比较突出，其债务率高达131%，如果把融资平台债务加进来（这部分与政府债务有重叠），非金融企业部门债务率高达156%。国际货币基金组织（IMF）第一副总裁利普顿对中国不断攀升的债务负担风险发出警告，称中国企业债务虽仍可控，但数额庞大且快速增长。为避免今后出现严重问题，解决企业债务问题已经势在必行。需要硬化预算约束（特别是对国有企业），对薄弱企业进行重组或破产清算，确认和分配损失，处理相关的社会成本，并便利市场准入。[1]

二、经济活动的制度成本

我国经济活动中的制度成本高昂，行政垄断对资源不公平分配。国有资本占有巨大的经济资源。国有资本可以获得免费的土地、低息的贷款、优惠的税率。而非国有经济主体却不能获得同样待遇。非国有经济主体的活动仍需经历大量的行政审批程序。行政审批是实现国家治理的重要工具，具有公共性。它运用专业知识和管制手段，通过对申请人行为及资质的合法合规性的审查、裁决、确认，前置性地预防市场失灵，控制违法违规行为，以公正公平的规则维系和保护市场与社会良性运行的秩序，体现了政府监管服务的职责所在。经济活动审批的初衷是为了保护经济活动的有序进行，保障国家利益，保护消费者及市场交易主体的合法权益。因行政审批具有公权力异化的空间，其具有偏私性。行政审批执掌公共权力，并拥有较高的专业性和排他性。如果其权力不受约束，自由裁量权过大，“任性”的审批权就具有扩张和膨胀的冲动，使它超越保护秩序的边界，蜕变成扭曲秩序、侵犯权益的力量。[2]现实的审批制成了制约经济活动的障碍。一些行政部门权力过于集中，同时承担审批、执行、监督、评价职能，权力被滥用，一些审批事项程序烦琐、时限长、办事效率低下。这严重干扰市场和社会运行规律，抑制了市场资源配置效率和

---

〔1〕 资料来源于参考消息网，载http://world.cankaoxiaoxi.com/，最后访问日期：2017年1月6日。

〔2〕 孙柏瑛、邓顺平：《深化行政审批改革重在解决“审批难”》，载《光明日报》2015年2月12日。

社会创新活力的释放。因审批部门裁量度宽和公开性差，形成权力“寻租”的空间，成为腐败的“温床”。

在国务院保留的审批事项中，相当一部分没有关于审批事项内容、要件、流程、时限、问责的细化规定和要求，各部门采用的审批标准尺度不一、变化快、弹性空间大、随意性大。如部门规定的审批依据、申报材料、受理方式、审查条件、在线查询、告知义务、批复理由等要求差别很大，规范程度参差不齐。在程序安排上，缺乏清晰、具体的审批流程设置规定。至2014年6月，有行政审批权的60个国务院部门中，20个部门没有流程规定，40个有流程规定的部门，流程设计不够精细，且大部分对审批程序和办理时限没有详细的说明。涉及多部门审批事项，部门间缺乏统一流程的衔接，更缺乏整体性规范要求，部门审批常常互为前置条件。申请者须往返多个审批部门，重复报送审批材料，手续繁杂、等待时间长。在开放性上，缺乏审批权公开透明、接受社会监督的机制。这使申请者对审批行为及过程没有知情权和询问权，监督权更无从谈起。[1]

为保证政府工作效率，2001年国务院启动了行政审批清理工作。至2012年10月10日公布《国务院关于第六批取消和调整行政审批项目的决定》时止，国务院已分6批共取消和调整了2497项行政审批项目，占原有总数的69.3%。党的十八届三中全会决定指出，“深化行政审批制度改革，最大限度减少中央政府对微观事务的管理，市场机制能有效调节的经济活动，一律取消审批，对保留的行政审批事项要规范管理、提高效率”。2015年国务院决定取消注册咨询工程师（投资）执业资格认定、商品粮基地水利工程年度投资计划审批、高等学校设立、撤销、调整研究生院审批等171项行政审批项目；调整143项行政审批项目，包括乙级价格评估机构资质认定等117项下放管理层级的行政审批项目，地方粮库划转中央直属粮食储备库（站）审批等9项减少审批部门的行政审批项目，以及亏损补贴事项审批等17项合并的行政审批项目。2016年2月3日国务院发布《关于第二批取消152项中央指定地方实施行政审批事项的决定》。

党中央、国务院虽然多次提出行政审批制度改革，这一系列的改革对市场

〔1〕 孙柏瑛、邓顺平：《深化行政审批改革重在解决“审批难”》，载《光明日报》2015年2月12日。

主体经济活动产生了积极作用，同时也使地方政府的许多管理权受到了削弱，地方政府通过变相形式予以保留，或将审批权授予相关的事业组织及红顶中介。一些审批项目被合并或调整为审核、事前备案等，虽然改变了形式，但没有改变审批的实质。更有一些非行政许可审批项目，管理不规范，随意性大，利用"红头文件"、规章等，以登记、备案、年检、监制、认定、审定以及准销证、准运证等形式，变相设置审批事项，使市场主体的经营活动仍受巨大掣肘。

三、经济活动面临的国际风险

改革开放以来，中国经济高速发展的因素很多，其中经济的对外开放功不可没。1978年改革开放，中国获得了大量的资金和技术，国外资本及管理涌入中国，结合中国廉价的生产要素（劳动力、土地），取得了辉煌的经济成果。20世纪末，当全球经济放缓，我国经济增长速度有所下滑时，我国加入了WTO，我国迅速融入世界经济大舞台，国际贸易使我国获得了新一轮的高速增长。2016年开始，全球却出现了一个贸易保护主义潮流，各大经济体（包括美国）的反贸易倾向愈演愈烈。各国经济都面临调整，世界市场出现饱和问题，需求下降，经济增长难以持续，使国际贸易遭遇更大压力，这进一步促使贸易保护主义抬头。各国相继采取各种贸易保护措施。我国面临的贸易保护措施众多：反补贴、反倾销（非市场经济地位）、技术壁垒、绿色环保标准、投资安全审查、汇率争议等。

我国国际贸易面临越来越多的贸易保护，在贸易保护的争议机制中，贸易相对国经常对我国的市场经济地位提出质疑。市场经济地位（Market Economy Status，MES）是一个经济学上的名词，它表示一个国家的市场经济的状况。按照一个国家市场经济在全国经济中的重要性，以及国家政府对于经济的干预程度，一般可区分为完全市场经济国家和非市场经济国家。此外，市场经济地位是反倾销调查确定倾销幅度时使用的一个重要概念。自加入世贸组织以来，中国政府一直在努力争取国际贸易各国承认中国的完全市场经济地位，获得市场经济地位将有利于中国外贸进出口的发展。根据《中国加入WTO议定书》条款的第15条，在加入WTO15年后（也就是2016年12月），中国应当获得市场经济地位。这意味着授权世贸组织成员使用第三国即"替代国"价格或成本计算倾销幅度的非市场经济条款将于2016年12月11日到期终止。

但美日欧却宣布不承认中国的市场经济国家地位。

拒绝承认中国的市场经济国家地位，源于这些国家的自身利益。美国国际贸易委员会积极利用“替代国”调查方法，以贸易救济之名，行贸易保护之实。2016年，美国对中国就展开了98起反倾销调查，占到美国所有反倾销调查的37%。因此，双反的最大受益者，美国钢铁协会、美国钢铁工人联合会就积极游说美国政府拒绝承认中国市场经济地位，沿用反倾销调查的替代国方法，甚至游说议员立法收回美国国会对承认中国市场经济地位的最终决定权。欧盟的一项分析认为，承认中国市场经济地位将会导致欧盟对华反倾销调查数量平均降低27%，从而增加从中国进口，将致使欧盟在短期内损失30，000~77，000份工作，长期达到188，000份工作。欧洲理事会内部的部分成员国和欧洲议会出于对产业和失业冲击的考虑，很可能在2017年中旬对欧盟委员会承认中国市场经济地位的法案进行否决。美日欧等不愿意放弃通过市场经济地位的政策杠杆，撬动中国国内改革的机会。美国商务部表示，之所以拒绝承认中国市场经济地位，是因为中国在以下6个指标方面不符合标准：（1）该国货币与其他国家货币可兑换程度。（2）该国工人与政府在工资问题上自由谈判的程度。（3）该国公司成立合营企业或其他投资企业被允许的程度。（4）政府对生产资料所有或控制的程度。（5）政府对资源分配以及企业在价格、产量决定权上的控制程度。（6）调查机关认为适当的其他因素。同时，欧盟也提出市场经济五项指标，包括市场经济决定价格、成本、投资；企业有符合国际财会标准的基础会计账簿；企业生产成本与金融待遇不受前非市场经济体制的扭曲；企业有向国外转移利润或资本的自由，有决定出口价格和出口数量的自由，有开展商业活动的自由；确保破产法及资产法适用于企业及汇率变化由市场供求决定。美欧列出这些条件，除了为其双反“替代国”调查方法寻找合法性“依据”，也是希望将承认中国市场经济地位作为推动中国国内改革的筹码。[1]中国经济已深入国际市场，必然有西方政客由于国内失业率高、产业不景气、经济恢复缓慢，为了位子和选票，往中国脸上抹黑。

美日欧作为中国出口的主要市场，其拒绝承认中国的市场经济国家地位，必然给中国的出口设置障碍，在这些国家对中国商品提起反倾销调查时，中国

---

〔1〕 刘玮：《美日欧为何不承认中国市场经济地位》，载《国际在线》2016年12月12日。

商品会受到不公平的对待。中国也可能利用WTO规则对相关国家商品提起反倾销调查，相关国家商品进入中国市场也可能遭遇障碍。贸易保护很难“双赢”，大都以两败俱伤而告终。但无论如何，中国企业面对美日欧对中国非市场经济地位的表态，应积极应对。

为应对国内的产能过剩及需求萎缩，中国企业越来越多地采取走出去战略，加大跨国投资及国际收购。特别是我国基础设施企业拥有比较优势，对外投资取得了巨大成果。中国的“一带一路”战略、亚洲基础设施投资银行等，都是中国“走出去”的步骤。

伴随中国企业“走出去”步伐加快，中国企业并购发达国家企业的过程中，经常要面对东道国政府的“国家安全审查”。在各国的审查制度中，美国的国家安全审查最为著名，这不仅因为一旦投资项目进入“国家安全”的调查范围后，“投资风险”骤然增加，也因为美国的审查标准极为神秘，审查方式不确定，审查过程透明度极低。

除了对外资并购的国家安全审查的一般规定外，大多数国家对某些特定行业的外资并购，还规定了一些特别条件和程序。这些特定行业往往由政府专设部门进行条块管理，本身有一定的准入限制。它们或者关乎国计民生，或者关乎国家管理系统安全，或者关乎普遍服务。典型的包括航天航空、能源、农产品、金融、传媒、医疗卫生、公用事业等。为了保护就业和当地经济秩序的稳定，美国以及欧洲一些发达国家还有许多地方立法也对跨国并购设置了条件和障碍。美国现有的联邦和州反收购法中，遵守联邦法律的一些条款可能意味着违背某些州的法律。目前，美国国内有一系列互相矛盾的州立法律存在，其中的很多法律是一些公司发现自己成为潜在购买者的目标后向政府施加压力要求通过的。[1]尽管总是标榜“市场自由”和“政府中立”，美国对涉及本国关键利益的贸易与投资都不遗余力地加以干预。过去，为了应对中国的进口增长，美国依恃各种双反、301条款、特别301条款等立法；如今，为了应对中国的投资增长，国家安全审查对中国的影响日益突出。与贸易保护主义一样，投资方面的保护主义也呈现一种不透明、任意性的方式。安全审查标准的存在，对我国企业的“走出去”战略产生了深刻的影响。中国企业在对外投

〔1〕 王中美：《美式“安全审查”本质是贸易保护》，载《文汇报》2015年4月13日。

资时，对于东道国的安全审查标准一定要有清晰地认识和了解。

我国对外贸易面临的另一个障碍是绿色贸易壁垒。所谓绿色贸易壁垒，实质上是指进口国政府以保护生态为名，以限制进口保护贸易为目的，通过颁布复杂多样的环保法规、条例、建立严格的环境技术标准和产品包装要求、建立烦琐的检验认证和审批税、实行环境构想制度，以及采取保证环境进口税方式对进口产品设置贸易障碍。

绿色贸易壁垒产生于国际协议、法规、技术、公约、制度所派生出来的不合理的环境标准及其环境保护措施。国际贸易协议中有关环境的条款、国际环境公约、国际环境管理体系系列标准、环境标志制度等，都可以成为绿色环境壁垒的根源。

世贸组织负责实施管理的《实施卫生与植物卫生措施协议》规定成员方政府有权采取措施，以保护人类与动植物的健康，确保人畜食物免遭污染物、毒素、添加剂影响，确保人类健康免遭进口动植物携带疾病而造成的伤害。世贸组织对正当的“绿色贸易壁垒”持肯定态度。

世贸组织建立以后，世贸组织成员关税下降，非关税措施受到了抑制和规范。为了在竞争中取胜，世贸组织成员，尤其是发达国家成员有意利用世贸组织协议下允许的“绿色贸易壁垒”作为竞争手段，加大了发展中国家跨越发达国家“绿色贸易壁垒”的难度。

自中国加入世贸组织以来产品出口不断受到“绿色贸易壁垒”的困扰，严重影响了这些产品的出口，且有加重趋势。中国产品出口受阻的品种增多，对中国产品实施“绿色贸易壁垒”的世贸组织成员从发达成员（欧盟、美国、日本）延伸到部分发展中成员，中国成为美国“绿色贸易壁垒”限制进口最多的国家，对中国进口产品检验项目增多。

汇率对国际贸易的影响巨大，前几年人民币汇率不断升值，增加了我国出口的难度。近几年，随着美国经济的好转，人民币贬值加快。美国等发达国家又指责中国操纵人民币汇率，这种指责与我国的人民币汇率形成机制有关。人民币汇率形成机制实际上就是人民币汇率制度的选择问题。从1994年1月1日起，我国开始实行以市场供求为基础的、单一的、有管理的浮动汇率制度。由此开始，人民币汇率生成逐渐走向市场化，人民币汇率形成机制的核心是：以外汇市场供求为基础，允许市场汇率在一定范围内围绕基准汇率上下浮动。

在汇率由外汇市场的供求关系来决定时，由于这一市场十分狭窄，仅限于由经常项目中的贸易项目派生出的外汇供求，一方面中央银行与外汇指定银行之间存在信息不对称导致中央银行无法获取准确定价所需要的完全信息；另一方面，由供求偏好变化而造成的汇率变动的不确定性导致中央银行管制定价的时间滞后，甚至发生判断错误。在信息不对称和存在不确定性的情况下，管制定价的中央银行无论采用何种方法，都难以计算出一个供给与需求均衡的汇率水平。

从我国的汇率形成机制来看，这仍与西方发达国家指责的操作汇率有别。所谓操作汇率，《国际货币基金协定》（以下简称《协定》）规定，IMF执行董事会于1977年4月29日通过了一项旨在避免操纵汇率或国际货币体系的决议。该决议规定了三项原则：第一项，基金成员国有义务避免操纵汇率、操纵国际货币体系、阻碍其他成员国对国际收支的有效调整，或者不公平地取得优于其他成员国的竞争地位；第二项，如果外汇市场的紊乱情势构成对成员国货币汇率的短期干扰，为消除这种紊乱的情势，相关成员国必要时，应对外汇市场进行干预；第三项，此项干预应当充分考虑到其他成员国，包括所涉及外汇的发行国的利益。虽然我国汇率形成机制有缺陷，也谈不上操作，但一旦国际金融组织和相关国家对我国的汇率形成机制提出挑战，将直接威胁和损害到我国的对外贸易和改革开放。

经济新常态下，我国的经济问题涉及国内、国外，有制度上的、有经济结构上的，涉及面广，问题复杂，由此而对我国经济增长形成巨大压力。

第三节　新常态下的经济目标

一、稳定中求发展

“发展是硬道理”在任何时候都不会过时，发展的路径选择事关社会稳定，只有经济发展了才能解决社会就业问题，保证社会的稳定。社会稳定需要大量的财政支出。我国每年的各项支出巨大，并逐年增长。以2015年为例，2015年中央本级支出25，549亿元，完成预算的102.1%，增长12.8%。其中教育支出

1357.05亿元，增长8.3%；外交支出478.34亿元，增长32.8%；国防支出8868.5亿元，增长10.1%；公共安全支出1584.16亿元，增长7.2%；一般公共服务支出1056.19亿元，增长0.5%；债务付息支出2866.9亿元，增长11.3%。除中央本级财政支出外，地方财政支出巨大，地方财政主要来源于中央财政的转移支付。2015年中央对地方税收返还和转移支付55，181亿元，完成预算的98.7%，增长6.7%。其中税收返还5081.98亿元，与2014年基本持平；一般性转移支付28，475.4亿元，增长6.8%；专项转移支付21，623.62亿元，增长8.4%，主要是执行中通过动支预备费增加了一次性投资，巨大财政支出的前提是财政收入的平稳增长。

经济平稳增长需要稳定的环境，稳定与发展是互为因果的关系。没有稳定，发展无从谈起。保持我国的社会稳定，当前要解决的问题包括以下几个方面：

教育方面。进一步完善城乡义务教育经费保障机制，统一义务教育学校生均公用经费基准定额。继续实施农村义务教育薄弱学校改造计划等重大项目，对建档立卡的家庭经济困难学生率先免除普通高中学杂费。继续实施现代职业教育质量提升计划，推动地方建立健全职业院校生均拨款制度，改善中职学校办学条件，加强“双师型”教师队伍建设，促进产教融合、校企合作。支持普惠性幼儿园发展。完善高校预算拨款制度，引导高校提高质量、优化结构、办出特色。健全家庭经济困难学生资助政策体系，提高资助精准度。

科技方面。完成中央财政科技计划优化整合，建成公开统一的国家科技管理平台，建立依托专业机构管理科研项目的机制。大力支持自然科学基金、科技重大专项和重点研发计划。加快实施国家科技成果转化引导基金，启动银行贷款风险补偿。推动在重大创新领域组建一批国家实验室。完善稳定支持机制，促进科研院所改革发展。实施科研项目后补助管理机制。

社会保障和就业方面。2016年中央财政按城市、农村低保人均补助水平分别提高5%、8%。研究建立健全特困人员供养制度和资金保障机制。支持地方全面建立困难残疾人生活补贴和重度残疾人护理补贴制度。保障优抚对象等人员各项抚恤待遇落实。支持做好退役士兵安置工作。统筹考虑职工平均工资增长率和物价涨幅等因素，2016年1月1日起，按6.5%左右提高企业和机关事业单位退休人员养老金标准，并向退休较早、养老金偏低的退休人员和艰苦边远地区企业退休人员适当倾斜；建立基本工资正常调整机制，促进在职和退休人员待遇水平协调增长。完善职工养老保险个人账户，坚持精算平衡，建立更加透明易懂的收付制度，进一步健全多缴多得、长缴多得的激励约束机制。完善养老保险制度改革方案，研究职工基础养老金全国统筹方案。

完善鼓励高校毕业生到科技型、创新型中小企业和城乡基层就业创业政策，拓宽高校毕业生就业渠道。研究规范公益性岗位政策，建立困难群体就业帮扶长效机制。推动农民工平等获得公共就业服务。

医药卫生方面。建立健全合理分担、可持续的医保筹资机制，将城乡居民基本医疗保险财政补助标准由每人每年380元提高到420元，个人缴费标准由每人每年120元提高到150元，新增筹资主要用于提高基本医疗保障水平，并加大对城乡居民大病保险的支持力度。将基本公共卫生服务项目年人均财政补助标准由40元提高到45元。整合城乡居民基本医疗保险制度和管理体制。全面推进医保支付方式改革，发挥医保控费和规范诊疗行为作用。推进公立医院和基层医疗卫生机构改革，结合新型城镇化调整优化医疗资源布局，建立有序分级诊疗格局。推进重特大疾病医疗救助，加强与相关医疗保障制度的衔接，减轻低收入大病患者治疗费用负担。

脱贫攻坚方面。2016年中央财政加大了扶贫方面各项支出力度，其中财政扶贫专项资金增加201亿元，增长43.4%。进一步推广资产收益扶贫试点，大力推动易地扶贫搬迁，支持贫困县统筹整合使用财政涉农资金，集中力量解决突出贫困问题。推进少数民族扶贫、国有贫困农（林）场扶贫、以工代赈等，实施彩票公益金支持贫困革命老区项目。在扶贫资金项目审批权限下放的同时，切实加强财政扶贫资金监管，保障资金安全有效使用。通过实施精准扶贫、精准脱贫，增强贫困地区“造血”功能和发展后劲，推动贫困地区和贫困群众加快脱贫致富步伐。

农业方面。调整现有农业支出结构，加大对农业可持续发展的支持力度。推动减少农药化肥过度使用，探索实行耕地轮作休耕制度试点。出台促进农业种植结构调整政策，支持农业水价综合改革。继续推进重金属污染耕地修复治理、地下水超采区综合治理等试点。支持实施藏粮于地、藏粮于技战略，保障农产品有效供给，保障口粮安全。大规模推进农田水利和高标准农田建设，提高粮食综合生产能力。全面推开农业“三项补贴”改革，支持发展多种形式适度规模经营，促进农村“一二三”产业融合发展。健全粮食主产区利益补偿机制，加大对产粮（油）大县奖励力度。推进国有林场、国有林区、供销社和农垦改革发展。推动中国海外农业投资开发基金规范有序运营，促进农业走出去。

支持粮食等流通体制改革。深入推进棉花、大豆目标价格改革试点。推进玉米收储制度改革。完善主要农产品储备和调控机制。上述改革在一定时期会增加财政支出，但这是必要的改革成本。在粮棉油市场价格形成机制建立后，逐步将库存降至合理规模，相应使财政负担的粮棉油储备支出恢复到正常水平。

生态环保方面。加大大气污染治理力度。推进实施水污染防治行动计划。开展山水林田湖系统治理修复试点。实施新一轮退耕还林还草和草原生态保护补助奖励政策。落实天然林保护全覆盖政策，适当提高天然林保护工程补助和森林生态效益补偿标准。加强湿地保护，扩大退耕还湿范围。加大新能源汽车推广力度，加快充电基础设施建设。支持能源清洁化利用，集中用煤、加强脱污、严控散煤。完善可再生能源发电补贴机制，及早实现平价上网。扩大节能减排财政政策综合示范、跨省流域上下游横向生态补偿机制试点范围。推进环境监测体制改革，加快建立中央与地方各负其责的环境监测体系。

保障性安居工程方面。继续开展运用PPP模式投资建设和运营管理公共租赁住房试点，落实棚户区改造税费优惠政策和贷款贴息政策，积极推进棚改货币化安置和政府购买棚改服务。全年计划棚户区改造开工600万套，农村危房改造314万户。

文化体育方面。推动基本公共文化服务标准化均等化，提高公共文化服务供给体系质量和效率。支持繁荣社会主义文艺创作，推动文化交流与传播。完善文化产业政策扶持体系。推进实施全民健身战略。支持中国足球改革发展。做好2016年里约热内卢奥运会备战和参赛经费保障。

国防和军队建设方面。支持深化国防和军队改革，全面加强军队革命化现代化正规化建设，推动经济建设和国防建设融合发展，不断提高履行使命任务能力，维护国家主权、安全、发展利益。

化解过剩产能及人员安置方面。坚持“市场倒逼、企业主体、地方组织、中央支持”，推动地方政府和中央企业综合运用兼并重组、债务重组和破产清算等方式加快化解钢铁、煤炭行业过剩产能，省级政府对本地区化解过剩产能负总责。中央财政安排1000亿元奖补资金，其中2016年500亿元，根据地方任务完成情况（主要与去产能规模挂钩）、需安置职工人数、地方困难程度等因素，实行梯级奖补，由地方政府和中央企业统筹用于符合要求的职工安置工作。同时，地方政府按照任务量同步安排资金，做好资金保障，共同做好此项工作。

上述的任何一个方面都事关社会的稳定，需要中央政府和地方政府的共同努力，并花费大量的财政资金。

二、调结构促改革

结构调整一直是我国经济发展的重要任务。目前中国经济面临产能过剩、产业升级以及结构调整的挑战，经济发展进入新常态。妥善应对我国经济社会发展中面临的困难和挑战，更加需要扩大对外开放，推进新一轮高水平对外开放。在全球金融危机以后，全球经济进入调整修复期，在这个时期，全球性产能过剩问题加剧，竞争越来越激烈，局部贸易保护主义抬头，贸易摩擦也在增加。因此，这也是新一轮国际贸易规则的构造期。中国要做参与者、引领者，积极参与国际经贸规则制定、争取全球经济治理制度性权力。中国制造业面临产能过剩的挑战，服务业正在蓬勃发展。相对于制造业，中国服务业的开放程度较低，效率比较差，这之间存在一定的因果关系。要想提高中国服务业的效率与竞争力，必须通过扩大开放激活。另外，制造业在一些领域也存在投资比例限制等问题。这些都需要按照负面清单模式，向世界放开，建立公平合理透明的市场规则。在过去几年，中国大量企业“走出去”后，出现了一些风险与教训。这意味着“走出去”必须要规范企业海外经营行为，尤其是这个群体以国企为主。规范企业海外经营行为，要围绕体制机制建设，突出问题导向，落实企业责任，严格依法执纪，补足制度短板。

为落实产业结构调整，国务院颁布过多个产业结构调整的文件：《关于当前产业政策要点的决定》（1989年3月15日）；《九十年代国家产业政策纲要》（1994年3月25日）；《促进产业结构调整暂行规定》（2005年国发40号文）；《关于大力发展电子商务加快培育经济新动力的意见》（2015年5月7日）；《关于推进国际产能和装备制造合作的指导意见》（2015年5月16日）；《中国制造2025》

（2015年5月19日）等。这些文件的核心是调结构促发展。国务院要求各地区、各部门要针对政策措施落实中的薄弱环节，加快完善和细化配套措施，以务实高效的工作，让政策措施尽快“落地”。要加快实施政府职能转变，扭转政令不畅的现象，克服拖延应付和搞变通的行为，研究推进改革的具体措施，让市场作用得到更好发挥，让政府管理更加到位，努力营造各类主体公平竞争的市场环境。积极挖掘新的消费增长点，加快实施创新驱动战略，大力培育新兴产业，有效化解过剩产能；加大金融等支持小微企业和实体经济发展力度，谨防各类风险；保持进出口稳定增长，鼓励优势产业“走出去”，更好地参与国际竞争。继续鼓励就业创业，切实落实促进大学生和困难群体就业各项措施，完善配套细则。健全困难群体基本生活保障机制，妥善安排灾区群众生产生活。

产业结构调整的措施之一是政策性融资。为了确保某一产业的资金，可以进行政府或非政府的资助和信贷。信贷主要包括政策性的贷款和商业信贷。政策性的贷款主要是由三个政策性银行为了产业结构的调整而进行的资助，其资助的行业和范围必须与国家的产业政策相一致。产业型基金与政策性银行对于产业结构调整具有相同的功能，政策性银行是为了满足国家产业政策的布局而进行融资，从这个意义上说它也是一种产业银行。从资金融通的角度来看，一种新的融资方式——产业基金正在兴起，产业基金的投向也属于一种非权力性干预。我国产业结构调整过程中运用了政府补助金。但我国的政府补助金制度仍不规范，实践中大量的政府补助金发放是通过不规范的方式进行操作。政府要求国有银行承担向企业大量输送补助金的功能，成为导致国有银行不良贷款增多的原因之一。产业结构调整时，对企业补助的方式必须改变。

调结构促改革要为中小企业发展提供足够的条件。中小企业的发展是国家和民族创新的渠道，有利于企业家创新精神的培养。中小企业的发展创造了更多的就业机会，中小企业数量多，可以提供很多的就业机会。中小企业方式的灵活性也提供了自主创业的机会。中小企业发展困难主要是资金问题。中小企业获得贷款很难，即使能获得贷款，其成本也高于大型企业尤其国有企业。四大商业银行主导的金融机制对中小企业非常不利，银行对中小企业贷款的风险很高，对其信用额度很难进行判断。在这种情况下，我国应发展中小银行以及民营银行，以便于中小企业的资金融通；中小企业还面临职业培训问题，政府应给予优惠的职业培训，以便于中小企业招聘到好的工人。鼓励一批在自主创新方面有贡献的中小企业。这就涉及中小企业现代化的各项措施以及技术的支撑等问题，这些问题都亟须建立比较妥当的措施来予以保障。

产业结构的调整还涉及一批老工业基地的振兴。如东北地区要加快产业结构调整和国有企业改革、改组、改造，发展现代农业，着力振兴装备制造业，促进资源枯竭型城市转型。这涉及地区振兴的结构改善的问题。东北很多城市是由于历史的原因根据产业或企业设置的，这些城市的资源一旦枯竭，其转型的困难是比较大的，这些地区的结构必须进行改善。中西部大开发过程中一系列“退耕还林”的政策也属于地区振兴的产业结构调整。中西部地区面对人财物从农村向城市外流造成的社会发展不均衡。国家近些年对于农业结构的改善也做出了一些努力，例如，农业税的免收，但农村涉及的问题很多，如农村的公共设施，需要大量的资金投入。中部地区要抓好粮食主产区建设，发展有比较优势的能源和制造业，加强基础设施，加快建设现代市场体系。

新兴市场经济国家的崛起使对初级产品的需求大幅增加，一方面，受资源储量、土地面积、地缘政治等因素影响，初级产品供给出现价格刚性制约，这使初级产品价格变化进入了结构性加速上升期，依赖于少数大国最终市场的亚洲模式受到挑战；另一方面，不断增加的全球生产能力和全球市场空间狭小的矛盾突出，这使得自由贸易体制在越来越多的贸易保护主义冲击下已经残缺不全。另外，发达国家虚拟经济的发展，使投机式的发展模式和急功近利式的公司治理结构不断升级，全球金融体系变得十分脆弱，发展中国家特别是经济结构加快升级的国家不断面临金融危机的挑战。更严重的问题是，全球气候变暖成为不争的现实，这个问题解决不好，将引发水源断流、难民剧增、粮食供应不足等涉及人类社会生存的基本问题，这使传统发展模式难以为继。

在复杂国际环境下，中国同时面临自己独特的课题。从宏观格局来看，国内储蓄和消费高度失衡使过大生产能力高度依赖国际市场，这种增长格局的可持续性在新的国际环境下已经不复存在。特别是最近几年，中国的外贸依存度达到约70%的水平，风险和成本都在明显扩大。从长期供给条件来看，过度外向和重化工化的发展模式使中国面临着前所未有的资源和环境压力。石油和部分农产品等初级产品的进口是长期现象，水和土地已经成为最稀缺的自然资源。劳动力成本上升速度加快而拐点出现得过早。

国际市场狭小、初级产品价格上升、国内成本优势变化、资源环境压力加大，这些新的长期趋势说明，传统的粗放增长方式已经难以为继，要求中国在全球经济准确界定未来的动态比较优势，更重视熊彼特增长模式和罗默增长模式的研究，充分发挥知识和人力资本作用，创造条件在国际分工体系中扮演新的合适角色。笔者的基本看法是，在未来我们要做好两件大事：(1)中国要加快调整储蓄和消费的关系，逐步成为内生性的需求大国，为全球提供巨大市场。(2)要促进产业结构升级，加快技术进步和提高投资效率，提升服务业的比重，使产业结构和国内资源禀赋相匹配。

第二章　经济法治战略的路径

第一节　经济法治战略的要求

所谓“经济法治战略”，是指一国根据现实的环境与条件，为配合实现未来的经济发展目标而选择的有关法治的谋划与安排。这种战略也是一国执政者以法治的思维并以法治的方式治理经济活动、促进经济发展的长期计划与制度安排。经济法治战略是国家法治战略的重要组成部分，研究制定和实施经济法治战略，应成为我国贯彻执行党的十八届三中全会精神、重启新一轮改革背景下最紧迫最重要的一项任务。[1]

一、经济法治战略的现实需求

重启改革，建立健全市场经济体制机制需要经济法治战略的积极配合。

中国的经济改革已经经历了近40年。在近40年里，我们不断探索，不断寻找前行的动力。20世纪80年代初，我们推行了农村联产承包制；20世纪90年代初，我们明确了建立社会主义市场经济体制的目标；21世纪初，我们加入了WTO世界贸易组织。中国经济连续高速增长，取得了巨大成功，被世界称为“中国奇迹”。总结经验，这种成功归根结底是因为我们坚持了市场化取向的改革。但是，如今的经济也积累了相当大的问题和矛盾，现行的体制机制既包含了市场经济的因素，又包含了

---

〔1〕 顾功耘:《论重启改革背景下的经济法治战略》，载《法学》2014年第3期。

统制经济的因素，有很强的过渡性质，它可以被称为半市场半统制的经济体制机制。[1]这种体制机制带来了收入分配不公、自然环境恶化、官员贪腐严重、群体事件不断等弊端。由于不少领域市场化改革还不彻底、开放还不到位，制约科学发展的体制机制障碍较多，深化改革开放和转变经济发展方式任务艰巨。在美国金融危机的影响下，政府管制措施趋于加强，市场发挥作用的空间反而越来越小。由于长期以来政府职能未能根本转变，改革的红利已经释放殆尽。不进一步改革，就有退回到统制经济的危险。

2012年年底中国共产党召开了十八大，2013年年初新一届政府班子组成，年底中国共产党又举行了十八届三中全会。《中共中央关于全面深化改革若干重大问题的决定》（以下简称《决定》）的公布，标志着新一轮改革已经重启。从现在起到共和国成立100周年时，还有30多年，我国正处在一个历史的中间关键点上。重启改革，目标是建立健全市场经济体制机制。在笔者看来，市场经济的机制就是遵循市场经济规律而建立起来的一整套市场主体制度规则体系及其经营行为制度规则体系，其基本规则是产权界定、契约自由、平等竞争；市场经济的体制则是运用市场经济规律而建立起来的一整套政府以及经济中介组织参与治理经济活动的制度规则体系，其基本规则是适度调控、有限参与、有效监管。建立健全市场经济的体制机制，说到底，就是建立健全与市场经济完全相适应的一整套法律制度，并使这套法律制度得以全面的实施。法治的手段是减少或消弭半市场半统制经济体制机制弊端的根本手段。我国用了近40年的时间，摸索到了市场经济这条道路并初步取得成功；我国需要再用30多年的时间，沿着市场经济法治这条道路坚定地走下去并取得更大的成功。

《决定》对未来的经济改革进行了整体的设计和规划，某种意义上讲，它就是一个经济改革的战略构想。通常理解，《决定》指导未来5年到10年的工作，但是，建立健全市场经济体制机制是不可能在5年至10年内完成的，《决定》的基本思想有着更加长远的影响和意义。分析《决定》60条具体内容，涉及经济发展与改革的有28条，占比接近1/2。其中有的改革设想与措施已经明确与立法挂上了钩，有的还没有挂钩。有的改革涉及执法与司法问题则更为复杂，因此，要实现市场化改革的目标，仅有《决定》这些内容是不够的，还需要制定有

〔1〕 吴敬琏、马国川：《重启改革议程》，三联书店2013年版，前言第1页。

更加长远考虑、更加具有可操作性的经济法治战略。这样，不仅要有《决定》中改什么的设想，还要有经济法治战略中怎么改的方法，不仅有《决定》中建章立制的打算，还要有经济法治战略中如何落实这些规则制度的措施。

市场经济本质上就是法治经济。市场与市场经济是离不开法治的，无法治则无市场，无法治则无真正的市场经济。在这个问题上，可以说大多数人已经达成共识。著名经济学家吴敬琏教授就曾指出，市场经济有好坏之分，好的市场经济必然是有序的、法治的市场经济。《决定》明确指出："必须积极稳妥从广度和深度上推进市场化改革，大幅度减少政府对资源的直接配置，推动资源配置依据市场规则、市场价格、市场竞争实现效益最大化和效率最优化。"[1]这里，如何推进市场化改革讲得很清楚，资源配置首先要依据市场规则由市场选择，要减少政府对资源的直接配置。在配置资源中，无论是市场起决定性作用，还是政府起辅助性作用，都要用法律制度加以明确。所谓市场配置资源，实际是各市场主体在一定的规则制约下公平地参与要素的占有、使用、交易与分配。在过去的改革中，市场与政府的职能、作用缺乏明确的界定，造成政府甚至是政府官员在资源配置中自设权力、争抢权力，其结果必然是资源无法优化配置，官员趁机捞取利益。

市场化改革的过程实际就是实现法治化的过程。市场化改革要从现实出发，让政府退出不该进入的领域，将绝大部分配置资源的权力交给市场或者交给社会，重新划定市场的权利边界和政府的权力边界。"政府的职责和作用主要是保持宏观经济稳定，加强和优化公共服务，保障公平竞争，加强市场监管，维护市场秩序，推动可持续发展，促进共同富裕，弥补市场失灵。"[2]这样的改革没有法治化的手段，根本是无法进行的。首先，没有一定的强制性手段，政府不会自动交出他们手中所掌握的权力；其次，政府可以行使的权力，必须有法律上的依据；最后，政府应承担的责任，必须有法治的手段保证追究。

在重启改革的背景下，要特别注意处理好改革与法治的关系。前30多年的改革，我们遵循的是"先改革后立法"的路线。遵循这条路线的客观依据是，我国实行的是统制经济即高度集权的计划经济体制，当初很少有法，更没

---

〔1〕《中共中央关于全面深化改革若干重大问题的决定》辅导读本，人民出版社2013年版，第6页。

〔2〕同上书，第8页。

有法治。在改革目标还不十分确定的情况下，一切都在摸索，当然也没有现存的法可以依循。改革就是破除现存的制度，就是破除与计划经济相适应的一套旧制度。所以，我们很多改革的举措都是在实践中不断探索出来的，如承包制、公司制、分税制等。就拿公司制来说，从20世纪80年代初到90年代初反复试验，当时并没有什么公司法。在试验公司制过程中，我们走了很多弯路。为了清理整顿公司反复出现的一些严重破坏经济秩序的问题，国务院先后出台了多个清理整顿公司的决定，直到1993年年底正式颁布公司法。近40年过去了，我们重启改革还能不能依循这条路线走下去呢？笔者的观点是"不能"。我国在两年前已经宣布社会主义法律体系建成。在法律体系已经存在的情况下，如果仍然"先改革后立法"，那就不可避免地逾越法律的底线，发生大量违法违规行为，法律的权威、法律的秩序将一扫而空。除非改革所涉的领域存在法律空白，今后应当遵循"先立法后改革"或"先修法后改革"的路线。

通过近40年的实践，我们已经清楚改革的方向和在哪些领域需要进行改革，我们也已经清楚进行这样的改革会遇到哪些法律上的不协调甚或是冲突与障碍。在进行深化改革方案设计和规划时，完全可以与经济法治战略的制定同步展开，进而以经济法治战略积极配合市场化改革方案的实施。改革的既有成果可以用法治固定和护卫；改革的新举动可以用法治尤其是以立法（包括修法）来引导、来推动。立法与修法的过程既是充分发扬民主的过程，也是法治教育的过程。当市场化改革的设想能够通过立法予以反映时，也就意味着改革真正达成了共识，各种障碍将被排除，改革方案的实施就有了稳定的环境和法治的切实保障。市场化改革的方向将无可动摇。

一国经济的发展是需要有战略考量的。谁的战略有高度有远见，符合本国实际，谁的发展就快、就好。我国执政党执政的不同时期以及历届政府都非常重视经济发展战略的制定与实施。尽管我们拿不出一个完整的被称为"经济发展战略"的文件，但战略思想、战略思路、战略部署却无时不在。战略定位非常重要，定位不准确，经济发展会遭受挫折；定位准确，经济发展可以加速，可以少走弯路。20世纪50年代"大跃进"，"文革"十年"抓革命，促生产"等都是战略失误的典型。党的十一届三中全会提出"以经济建设为中心"，党的十六大报告提出"实现小康"，党的十八大报告提出"百年复兴梦"等都是战略定位准确的例证。从提出战略设想到实现战略目标，是一个战略实施的过程。这一过程也是需要在战略设计时一体考虑的，目标的分解、实施的步骤、实施的策略方法、实施的程序与手段等都需要在一开始设计与规划好的。当然在战略实施过程中，如果发生新的情况或者条件变化，战略设计的内容也可以适时调整。国家的经济发展是一个宏大的工程，经济发展战略的实施，同样不能缺少法治的手段以及法律制度的保障。在明确经济发展战略的同时，提出经济法治战略也是十分明智的选择。

党的十八大报告指出："我们要准确判断重要战略机遇期内涵和条件的变化，全面把握机遇，沉着应对挑战，赢得主动，赢得优势，赢得未来，确保到二〇二〇年实现全面建成小康社会宏伟目标。""坚持走中国特色新型工业化、信息化、城镇化、农业现代化道路，推动信息化和工业化深度融合、工业化和城镇化良性互动、城镇化和农业现代化相互协调，促进工业化、信息化、城镇化、农业现代化同步发展。"这些内容都是"实现小康""百年复兴梦"战略的重要组成部分。新一届政府更是将"创新驱动发展"作为经济发展战略的重点。2013年9月30日习近平总书记在中共中央政治局第九次集体学习会上坦陈，经济发展的突出问题仍然是不平衡不协调和不可持续。〔1〕习近平总书记在对《决定》作出说明时，再一次指出："发展中不平衡、不协调、不可持续问题依然突出，科技创新能力不强，产业结构不合理，发展方式依然粗放，城乡区域发展差距和居民收入分配差距依然较大，社会矛盾明显增多，教育、就业、社会保障、医疗、住房、生态环境、食品药品安全、安全生产、社会治安、执法司法等关系群众切身利益的问题较多，部分群众生活困难，形式主义、官僚主义、享乐主义和奢靡之风问题突出，一些领域消极腐败现象易发多发，反腐败斗争形势依然严峻，等等"。〔2〕从这里我们可以看出，实施"实现小康"和"百年复兴梦"的战略，是存在相当大的困难和相当多的问题的。如果我们不正视已经遇到的困难和问题并设法解决它，梦想就会成为空想。

---

〔1〕《中共中央政治局举行第九次集体学习》，载新华网：https://www.baidu.com/s?ie=utf-8&f=8&rsv_bp=0&rsv_idx=1&tn=98012088_5_dg&wd=%E6%96%B0%E5%8D%8E%E7%BD%91&rsv_pq=8a6ecb8a00049515&rsv_t=260efgkeRHoLNyHig8OJ5KUPh6up7AyPHYHWJVbtkmPygn4cTuKMyQHqX%2B%2FSWc2T%2BHz6lQ&rqlang=cn&rsv_enter=0&rsv_sug3=4&rsv_sug1=3&rsv_sug7=100&inputT=7985&rsv_sug4=7986，最后访问日期：2017年3月21日。

〔2〕《中共中央关于全面深化改革若干重大问题的决定》辅导读本，人民出版社2013年版，第63~64页。

发展不平衡、不协调和不可持续的问题是一个综合性的问题，它已经在相当长的一段时期里存在。我们一直想解决这个问题，办法也想了很多，行动也有不少，就是不见好转。照目前这种状态发展下去，笔者看法仍不可能有什么实效。比如说，针对科技能力不强就提出创新驱动发展，针对产业结构不合理就提出调整结构，针对发展方式粗放就提出发展方式精细化、集约化等。如果这样做就能解决问题，它们早就不是问题了。我们首先必须分析这些问题存在的原因是什么，必须分析解决这些问题的条件是什么，必须分析国际上成熟的做法和经验有哪些可以借鉴等。发展经济是硬道理，对于这一点大家有共识。但在如何发展、发展目标是什么等问题上并未有共识，即使有些共识，也很难做到大家劲往一处使。有的人只追求个体的利益，有的人是追求部门和地方的利益，有的人仅追求近期的利益。所以，在经济发展中，平衡、协调和可持续是不可能自动实现的。经济发展不仅要有伟大的战略构想，还要有实现这种构想的具体策略方法、法治手段、程序与措施。要使人们不单单从个体利益、局部利益、地方利益、短期利益考虑从而付诸行动，没有法律的引导和强制是做不到的。发展不平衡、不协调和不可持续的存在有其深刻的体制机制原因，更有其不善运用法治手段的问题。缺乏经济法治战略考虑的经济发展，必然是有严重缺陷而没有内涵质量的发展。

法律不仅仅能够在经济活动中规范行为、制裁违法，也可以引导经济向前发展、促进经济效益的增进。美国伯克利大学法学院教授罗伯特·库特（Robert D.Cooter）和德国经济学家汉斯-贝恩德·舍费尔（Hans-Bernd Schaefer）在《所罗门之结：法律如何终结国家贫困》（*Solomon's Knot: How Law Can End the Poverty of Nations*）一书中写道，商业活动的确能促进一个国家的经济增长，但是需要适当的法律规则与执法机构来保障这一过程有效进行。他们认为，不安全的个人财产、不可执行的合约、无法追回的债务，以及其他法律问题扼杀了良性商业活动，导致了贫困。[1]经济增长需要完善的法律机制作保障。在许多国家，依法治理经济已经成为解决贫困问题的最最重要的手段。在我国，依法治理经济也应成为实施经济发展战略的主要方式。长期以来，我们对法律以及法治的理解是不全面的，认为法律以及法治主要是

〔1〕 杨绿：《法律与公正——消除全球贫困的利器》，载《中国社会科学报》2013年6月26日。

解决社会问题的。我国不少文件在论及法律以及法治时，必与政法委、政法工作联系起来，一谈政法，就谈社会治安综合治理，就谈惩治刑事犯罪，而政法委以及政法工作基本上不会与经济工作挨上边。讲法治中国时，只讲法治国家、法治政府、法治社会，不讲法治经济。我们需要从这种狭隘的理解中解放出来，将实行经济法治放到一个战略的高度来认识。什么时候真正重视法律以及法治在经济发展中的作用，将法治植入经济生活中，我们的经济发展战略目标的实现也就指日可待了。

经济全球化是不可阻挡的历史发展趋势。自从“全球化”一词进入人们的视野，它就从未降温。过去几年，甚至十几年里，它被归结为发达国家攫取发展中国家利益的通道，也曾被视为发展中国家抢夺发达国家劳动者工作机会的工具。抱怨和赞美此起彼伏，似乎一切财富、贫穷、压迫都因它而起。而这些抱怨甚至在全球引起过大规模的骚乱。[1]尽管全球化至今仍然是一个没有取得共识的问题，但没有一个国家在全球化的竞争中敢于懈怠。

最近20年来，全球化经历了曲折的过程。以美国为首的西方国家起先打着推进市场化、民主化的旗号，积极推行他们的价值观，企图在全球达到“终结历史”的政治目的。在中国加入WTO以后，西方国家主宰的全球化形势发生了逆转。西方的跨国公司在逐利动机的驱使下，积极参与全球资源的配置。他们利用包括中国在内的发展中国家劳动力成本低、市场进入门槛低、自然资源丰富、消费市场巨大等优势，大举投入资金与技术，这在客观上帮助了中国等发展中国家获得了迅速发展的机会。在2008年美国金融危机的影响下，西方主要国家纷纷陷入债务的拖累。这时以美国为首的西方国家又突然警醒，他们先是对中国等国家采取一拨拨贸易保护主义的措施，不断提出一些不合理的要求，希望阻止或减缓对西方不利的生产要素流动；再是调整国内的经济发展战略，美国提出再工业化以及振兴制造业的对策；同时，他们试图重建国际经济规则和秩序，加紧展开泛太平洋自由贸易协定（TPP）和跨大西洋自由贸易协定（TTIP）的谈判，扭转不利的国际分工和贸易体系。[2]面对全球化新的形势，中国将如何动作，这绝非小事。

假如TPP和TTIP两个协定最终签署，与中国交往的主要贸易伙伴将“一网

---

〔1〕 刘波：《为全球化辩护》，载《经济观察报》2013年7月1日。

〔2〕 陈莎莎、陈洁：《中国遭遇两大洋自贸夹击》，载《国际金融报》2013年9月11日。

打尽”，参与国的贸易总量占比将超过全球贸易总量的70%。[1]另外，据2012年美国《双边投资和保护协定范本》(BIT model 2012)所载的内容观察[2]，至少增加或提升了五点要求：(1)在投资中加入保护环境和劳工权利的条款。(2)对东道国政府的规章制定提出更高的透明度要求，增加外资对立法过程的参与。(3)针对国有经济主导国家强化政府竞争中立原则，提高国有企业管制的要求。(4)在金融服务领域强化东道国管制的合法性。(5)在仲裁争端解决方面，取消投资者用尽当地救济原则的要求。[3]其中有关环境劳工和国企管制的新议题超越了WTO框架的现有范围。这对中国来说是一个极大的挑战。没有相关的政策与法律制度的调整，中国很难为新的贸易格局和体系所接受，中国企业在国际贸易投资活动中将难以有大的作为。

2013年下半年，国务院紧急推出了中国(上海)自由贸易试验区的方案并加以实施，意在通过3年的试验，探索建立起适应对外开放的市场运行体制与机制以及相应的制度体系。《决定》更将自由贸易区的建设明确作为一项国家战略来对待。可见，在全球化的背景下，我国已经启动了一项以开放倒逼改革的行动。

美国以及西方主要国家调整国际贸易的战略与策略，有排斥中国的意图，但主要还是出于摆脱自身困境的考虑。中国具有独立的主权，已经成为世界第二大经济体，已经有了比较大的对外投资能力，加入全球化的市场竞争，这是任何人、任何国家都阻挡不了的。关键是，我们要适应全球化竞争的态势和要求，把自己的事情办好。市场化程度低、政府发挥着无所不能的作用、法治状况差，愿意跟你玩的人就会越来越少。中央要求，中国(上海)自由贸易试验区在制度上大胆创新，尽快总结出一套可推广、可复制的经验，目的就是要建立健全市场经济体制机制、同时改变法律制度供给不足的现状。

当前，上海自由贸易区的试验存在比较多的法律障碍。在不修改现行有效法律，也不明确授权上海在自由贸易区停止有关法律执行的情况下，要求上

[1] 刘波：《为全球化辩护》，载《经济观察报》2013年7月1日。

[2] US Department of State, *Model Bilateral Investment Treaty*, last visited on 29 Dec 2013, http://www.state.gov/r/pa/prs/ps/2012/04/188199.htm.

[3] Lise Johnson, *The 2012 US Model BIT and What the Changes*, Political Risk Insurance Newsletter, Nov 2012.http://www.vcc.columbia.edu/files/vale/content/Political_Risk_Insurance_Newsletter_-_The_2012_US_Model_BIT_-_Nov_2012.pdf.

海改革现行制度、重新创造一套新制度来，有“巧妇难为无米之炊”之意味。既然是中国自由贸易区在上海试验，就应该组织更权威的机构主导试验，就应该在中央层面直接提出自贸区的专门立法。否则，不仅费尽周折，事倍功半，而且会延误我国参与更大规模的贸易协定谈判，延误进行投资贸易的机会。上海自贸区试验的窘境，也是由于我们缺少长远规划、缺少经济法治战略的考虑所造成的。

贸易的竞争说到底是法律制度的竞争。经济全球化的实质是各国运用一定的规则，将资源在全球范围内配置。从近几年经济全球化发展的态势来看，国与国之间的竞争日趋激烈，我们如何在竞争中取胜？在主客观条件都确定的情况下，法律制度的优劣成为竞争取胜的决定性因素。法治是软实力，是核心竞争力。哈佛大学学者约瑟夫·奈1990年在《注定领导——美国权力性质的变化》一书中，首次提出“软实力”(soft power)的概念，他提出，虽然美国在军事和经济上遇到了挑战，但是别忽视了美国还有一项权力优势，就是价值观、文化与制度的吸引力无人能敌。[1]显然，在奈看来，有吸引力的价值观、文化和制度是最重要的竞争力。现在世界上越来越多的国家都非常重视法律制度的建设，好的制度可以吸引人才、资本、技术和其他各种资源的流入，制度没有吸引力，在竞争中必然处于劣势地位。中国参与经济全球化，建设自由贸易区以及进一步对外开放合作，必须有整体设计和长期规划，在经济法治战略的指引下，积极借鉴别国的法治经验，尊重国际的贸易规则，同时加快自身的体制机制建设，加快完善法律制度，加快改善法治状况，真正使我们的法治环境成为最具有竞争力的法制环境。

二、经济法治战略模式

(一)制定经济法治战略的现实基础

截至2012年12月底，中国除现行宪法外，现行有效的法律共243件，行政法规共721件，地方性法规共8600多件。[2]根据分析，其中绝大多数是属于与经济活动有关的法律法规(以下简称经济法律制度)。我们所说的经济法律制度，主要涉及五大类部门法：民法、商法、行政法、经济法以及刑法。当然，民

---

〔1〕 余万里:《美国的痛与中国的惑》,载《经济观察报》2013年7月1日。

〔2〕 中国法学会:《中国法治建设年度报告》(2012年),2013年6月发布。

法、行政法和刑法中与经济活动有关的仅是部分规范而不是全部。如果细分的话，经济法律制度还包括知识产权法、环境与资源法等。根据社会主义法律体系已经建立的观点推论，经济法律制度体系也已经建立。然而，理性分析，经济法律制度体系不应是由众多数量堆砌而成的，还有一个质量评价问题，有一个与经济现实适应不适应的问题，有一个法律实施的效果问题。上文已经提到，我们的经济体制还是一个半市场半统制的经济体制，还是一个需要全面深化改革的体制，如果要说法律体系已经建立的话，这样的法律体系只能说是一个适应了半市场半统制经济体制的法律体系（以下简称半市场法律体系）。这就是我们制定经济法治战略的现实起点和基础。

半市场法律体系存在天然的缺陷。改革开放初期，百废待举，为了能给经济活动提供一些必要的规则，一部法律的出台往往是“急就章”，未经充分论证就匆忙推出。这也是无奈之举，因为改革不能等，经济发展不能等。当时经济立法的主要做法和经验，总结起来有三：一是“成熟一个制定一个”；二是“宜粗不宜细”；三是“部门立法”。在后来的立法中，尽管有了一些立法规划，也会提高一些立法要求，如广泛征求意见等，但前面所说的三条做法还是基本被沿用。我们之所以能在30余年时间内建立起法律体系，靠的就是这三条经验，也正是这三条，形成了这个法律体系的天然不足。“成熟一个制定一个”，事实上，受认识的局限，立法不可能等待成熟，在实践中演变为“需要什么就制定什么”。有时也会去了解别的国家和地区的相关立法，但也等不及完全消化，拿来先用，表现出典型的实用主义。“宜粗不宜细”，在具体运用时，必然表现为粗线条、过于原则和空泛，最终难以操作。“部门立法”的优点是相关部门实际情况比较熟，入门快，但致命的缺陷是通过立法扩大本部门权力和固化本部门利益。

在没有法的情况下，追求的是有法可依，但有了法并不代表就有了法律秩序。经历了近40年的改革，我国的经济法治状况如何呢？概言之，有法不依、执法不严、违法不究、执法犯法的问题还比较严重。习近平总书记在谈到我国经济体制存在不少问题时是这样描述的：“主要是市场秩序不规范，以不正当手段谋取经济利益的现象广泛存在；生产要素市场发展滞后，要素闲置和大量有效需求得不到满足并存；市场规则不统一，部门保护主义和地方保护主义大量存在；市场竞争不充分，阻碍优胜劣汰和结构调整，等等。这些问题不解决好，完善的社会主义市场经济体制是难以形成的。”[1]李克强总理在谈到建立公平环境、实现公平竞争时指出，目前，我国市场经济秩序还很不规范，经营不讲诚信、假冒伪劣屡禁不绝、侵犯知识产权时有发生、寻租行为不少。这些现象得不到有效制止，对于诚实守信的经营者就是不公平，就会产生“劣币驱逐良币”的扭曲现象，从而伤害整个经济健康发展。这不仅会影响国内各种所有制企业的正常经营，也会影响国外投资者来华投资发展。[2]由此可见，我们不能满足于半市场法律体系，我们要有更高的目标追求。经济体制需要继续深化改革，相应的法律体系同样需要进一步革新。我们的目标不仅仅是要用一个与市场经济完全相适应的经济法律体系替代半市场法律体系，而且要建立一个能够使这样的法律体系成为现实的全新的法律秩序，也即经济法治的状态。

新一届政府正在致力于执政理念的转变和经济治理能力的建设，社会对经济改革与法治的共识正在重聚。这正是我们研究制定经济法治战略的一个最有利契机。

（二）经济法治战略的目标定位

与实现百年民族复兴梦同步，2049年可确定为经济法治战略发展的目标年。我们的经济法治战略目标是：从现在起，再用30多年时间的艰苦努力，将我国建成国际化高水准的市场经济法治国家。这样的法治国家也是在全球经济贸易活动中最具有吸引力的法治国家。这个战略目标有三个显著的特点：

1.国际化。调整市场经济机制的民法特别是商法，主要是为平等主体之间进行投资、贸易提供依据。既然全球化条件下资源跨国界流动，投资贸易在国与国之间进行，那么，为这些活动提供依据的法律规则就应是具有国际化特点的法律规则。在国际经济的交往中，我们不能完全排除为了保护本国核心利益，强调适用本国法以及管辖权，但是，如果一国单方面过分强调本国特殊情况、特殊规则以及专属管辖权，那这种交往可能就成为一厢情愿的事了。我们可以将跨国交易的市场比喻成一个游戏场，不管你是哪国的商人只要你进入

〔1〕《中共中央关于全面深化改革若干重大问题的决定》辅导读本，人民出版社2013年版，第69页。

〔2〕李克强：《在国务院机构职能转变动员电视电话会议上的讲话》，载《人民日报》2013年5月15日。

这个游戏场，你就要遵守这个游戏场的统一规则。当然你也可以不进入，你也可以拉一些商人在这个游戏场之外去单独交易，然而这种交易成功的机会和成本就大不一样了。调整市场经济体制的行政法以及经济法具有公法性质，更多体现一国统治者的意志，但是它们同样有一个国际化程度高低的问题。本国政府管得太多太死，商人们就会躲避这种管理，将资本、技术、人才等要素转移到一些管制相对比较宽松的国家去，外国的商人们也会避而远之。法治是追求公平正义的，在国际市场的竞争中有共同的规则和判断标准。我们应当重视提升我国法律制度和法治的国际化水准。

2.高水准。除了前面所述的国际化水准外，经济法治的高水准既有技术含量层面的判断指标，也有内容质量层面的判断指标。从技术含量层面来看，法律规则安排是否合理，引用是否方便，大众是否容易理解，争议解决程序是否便利，法律服务是否周到等都是衡量的因素。从内容质量层面来看，法律规范的科学性如何，法律规范与法律规范之间的契合度如何，各种管制措施下给予商人的自由度如何，遵守规则商人能够获利的空间如何，遇争议解决裁决结果是否公平等都是衡量的因素。考量这些因素能够得到正面肯定回答的，法治水准就高，反之就低。我国目前的经济法治水准仍是初级阶段的水准，不能指望在短时间内达到一个很高的水准，但要有时间上的紧迫感，须加倍努力。

3.市场化。市场化程度的高低也是衡量一国经济法治水准的一个重要方面。讲到市场化，必然涉及市场与政府的关系问题。凡是市场化程度比较高的国家，必定是主要依靠市场配置资源，政府只是在其中起弥补或辅助作用。我国还是属于市场化程度比较低的系列国家之一。通过简政放权，深化改革，有望大大改善。但是就目前推动改革的进度来判断，仍存在不小的阻力。习近平总书记指出，改革开放是我们党在新的时代条件下带领人民进行的新的伟大革命。他要求冲破思想观念的障碍，突破利益固化的藩篱。[1]这里所讲的“革命”“突破”，一定要辅之以法治的强制性手段。否则既得利益者包括个人与集团不可能自动放弃他们手中的权力与利益。市场化程度高的市场一定是有组织有秩序的市场、资源配置效率很高的市场、政府管得较少且管得有效的市场。

---

〔1〕《中共中央关于全面深化改革若干重大问题的决定》辅导读本，人民出版社2013年版，第85~86页。

综合市场与政府两者的表现判断，符合上述特点的经济法治应达到以下六项要求或标准：(1)宏观环境宽松。宏观环境涉及政府的管制程度、公共服务的配套、政策法律的待遇、自然人文环境的影响等因素，环境宽松是商人生存和发展的基础性条件。(2)投资贸易便利。商人经营自由是市场经济运行的基本规则，无论是投资还是贸易，商人都希望自由自主地做出选择，少受其他因素的干扰，以便尽量降低成本，追求利润的最大化。干扰因素多、交易程序烦琐复杂、办事服务效率低下等都会使商人感到极大的不便利。(3)货币兑换自由。投资贸易均会涉及资金的筹措以及货币的流动。筹措资金方便，货币进出的自由是所有商人经营上的需求。资金进不来也出不去，不同币种也不能自由兑换，商人经营的拳脚将无法施展，也无法达到经营的目的。(4)市场安全有序。市场是否安全有序表面看起来是市场本身的事，如一些市场主体不诚信、不守法、随意侵害他人利益，造成市场秩序混乱，导致交易不安全，但客观分析，建立一个安全有序的市场的责任主要还在政府。政府做到执法必严、违法必究，市场主体就不敢越雷池一步。(5)监管适度有效。要针对不同对象，采取不同的监管手段与措施。过度监管影响市场创新，影响生产经营者的积极性。所以要讲究监管的策略与效果。任何商人只要不违法不违规，依法纳税，政府就不要去碰它，但一旦违法违规，就紧抓不放，一办到底。(6)司法公正权威。司法是解决投资贸易争议的最后一道防线。要让所有商人很乐意将投资贸易争议提交司法机关裁决，所有司法案件的裁判结果也均能让商人们感受到公平正义的存在。

(三)经济法治战略的实施阶段以及阶段目标

经济法治战略目标的实现是一个渐进的过程，不可能一蹴而就。经济法治战略需分阶段有步骤地加以实施。为了实现上述经济法治战略目标，我们暂将战略的实施分解成三个阶段：第一个阶段(可称为“初期”)2015~2020年；第二个阶段(可称为“中期”)2021~2029年；第三个阶段(可称为“长期”)2030~2049年。

到2020年，我们的近期目标是建立与市场经济发展阶段基本相适应的法制体系，执法官员、司法官员普遍认同这个体系并努力践行。2020年作为第一阶段的依据，既是党的十八大报告确定的建成小康社会之年，也是建党100周年前夕。根据十八届三中全会的描述：“到二〇二〇年，在重要领域和关键环节改革上取得决定性成果，完成本决定提出的改革任务，形成系统完备、科学规范、运行有效的制度体系，使各方面制度更加成熟更加定型。”[1]这一阶段，仅仅是完成《决定》提出的改革任务，事实上还会有许多改革任务被提出；其次，这一阶段仅仅是形成制度体系，而不是形成法治的体系。所以，经济法治建设的战略目标不能定得太高，只能完成法制体系的建立，并且这种体系只能适应当时的市场经济发展阶段。在这一阶段，我们对法的实施也没有确定过高的要求，只要求执法官员和司法官员而不是要求所有市场主体认同这个法制体系，并努力践行。

到2029年，我们的中期目标是建立与相对成熟的市场经济相适应的法制体系，执法官员、司法官员和参与市场活动的主体均普遍认同这个体系，并将遵从法律努力作为自身的自觉行动。这是一个新的十年，经济法治建设提高了一个台阶：第一，法制体系要与相对成熟的市场经济相适应。第二，不仅要求官员认同并遵行，也有求所有市场主体认同并努力遵行。这一阶段为最后实现法治高水平的目标奠定一个比较好的基础。

三、经济法治战略原则

经济活动的多变性和时效性决定了经济法自身特点。经济生活是一个发展最快、创新频繁的领域，作为规范这一领域的经济法律制度，单靠稳定性与确定性肯定不足以为我们提供一个行之有效的、富有生命力的经济游戏规则。而经济法律关系的变动性容易导致经济法法律规范处于频繁的修正之中。因此寻求经济法的内在稳定机制就成了使经济生活的变动性与经济法律的稳定性之间达成平衡的关键。经济法的宗旨或价值取向是不变的，但过于抽象，不易把握，而由其引申而来的经济法治原则以其内涵的确定性及可操作性成为维护经济法稳定性并适应经济生活的不断变化的重要保证。经济法治的宗旨是维护社会整体经济利益，然徒有抽象的宗旨无助于指导经济法法律规范的制定，在明确了具体阐释宗旨内涵的经济法治原则之后，经济法规范、制度的制定才有了依据。经济法治是制定经济法律、法规时的立法准则，经济立法的原则必须与经济法治原则或受经济法治原则制约的局部性原则保持一致，以

[1] 《中共中央关于全面深化改革若干重大问题的决定》辅导读本，人民出版社2013年版，第7页。

确保各项制度、规范内在协调一致。经济法律规范是适应经济生活需要，对经济法治原则的具体化，具有直接的可操作性。因此，经济活动中，经济法主体首先应以经济法律规范作为自己的行为准则。然而，经济生活复杂多变，常常会发生经济法律规范对经济领域中的问题缺乏规定或经济法律法规不再适应经济发展需要的情况，这时，一方面需要限制经济法律关系主体越权行为，另一方面又要鼓励经济法主体自觉以经济法律规范的本源——经济法治原则作为自己的行为准则。需要指出的是，经济法治原则只有同时被作为审判实践中的依据时，经济法主体的行为选择才具有强制性的法律效力。因此，在法律无明文规定时经济法治原则可以直接作为法官裁判的依据，以克服经济法律规范的滞后性、模糊性或矛盾性。

经济法治原则必须符合几个要求：经济法治原则必须是法的范畴的基本原则，而不是其他领域的原则。如资源优化配置原则体现的是经济学的要求，而平衡协调原则类似社会学的原则；经济法治原则必须是经济法特有的原则，而不是其他法律部门的原则。如违法行为法定原则、经济管理权限和程序法定原则更像是行政法领域的内容；经济法治原则必须是经济法调整的各个领域的社会关系普遍适用的原则，而不是某一领域的局部性原则。如公平竞争原则更直接体现为微观规制领域的原则；经济法治原则必须是经济法的基本原则，而不是经济法基础理论领域内的其他问题，如社会本位原则是社会伦理思想在经济法领域的反映，是经济法得以产生发展的社会伦理基础，而社会整体利益原则则应属于经济法价值的提法。所以经济法治原则可以概括为：经济民主原则；效率优先、兼顾公平原则；可持续发展原则；经济公正原则。

（一）经济民主原则

民主是一种社会管理体制，在该体制中社会成员大体上能直接或间接地参与或可以参与影响全体社会成员的决策。无论是一种理想，还是一种社会管理体制，两个概念在一定程度上表述了民主通过多数决定规则运作的途径，其目的是实现多数人的平等。在多数决定规则下，采纳多数人意见，于形式上实现了多数人的权利，相对于让少数人意见占上风，是更为接近平等理念的方式。然而，事实是平等观念掩护下的多数决定规则常常有害民主本身，表现为：多数规则有内在强制性，按多数人的意愿决定的方案要求全体成员遵守，剥夺了少数人的权利；由于单个参与者的行为在多数规则中无足轻重，参与者会不重视参与，产生的危险是某个利益集团会通过一定的代价收买这些不重视参与人的权利，使决策有利于少数人而损害大多数人的利益。要限制利益集团对多数决定规则的利用，强调个体自由，维护个人权利。民主制度就是尽可能使其人民同时获得更多自由和最多平等的政治制度。经济民主原则的内涵是给予经济主体更多的经济自由和尽可能多的经济平等。在一个有法律的社会里，自由仅仅是一个人能够做他应该做的事，而不被迫去做他不应该做的事情。经济自由即经济主体在市场机制有效运作的领域，自由参与、退出市场，享有不受国家行政权力随意干预的权利。而经济平等则是一种抽象的理念，只有和经济自由相联系，才具有比较实在的意义，即有了经济自由才有追求经济平等的可能。但同时作为一种与自由的价值同等或在一定情况下比自由的价值更高的价值，平等在特定情况下限制着自由，现实经济生活是要么起点不平等，要么人为不平等，致使经济自由的享有产生了明显的结果不平等时，平等理念便作为矫正措施，制约自由。

经济生活中之所以要突出经济自由的重要性，归根结底是由市场经济发展的客观规律决定的。市场经济社会中，市场机制在资源配置中起主导作用，宏观经济总量平衡、经济结构合理，首先依靠的是市场运行机制的核心——价值规律的作用，其作用的发挥建立在没有特权的基础上，这一前提要求市场主体必须拥有一个超然独立于政府之外的活动领域，自由参与市场，自主决定行为选择，在价值规律的支配下实现资源的初步配置。这一论断是从计划经济中得出的经验教训。计划经济由政府对经济生活进行严格、全面的管制，抹杀了市场主体的独立性、营利性，剥夺了其经济生活中的自由，由此产生的后果是经济发展缺乏动力，经济效率低下，国家实力没有增强，人民生活没有改善。此外，根据经济学对市场的研究，市场本身运转存在一定的缺陷，即“市场失效”，表现为受市场主体营利性的本质驱使，资源总是从利润率低的地方流向利润率高的领域，致使一些投资大、周期长但利润低的公共产品部门得不到足够的投资，而这些部门又为社会经济发展所需要。在这种情况下，政府通过独资、控股、参股的形式直接投资于公共产品部门，在“市场失效”领域履行经济管理职能，促进经济结构优化，为市场主体创造参与经济活动的同等经济环境，践行着平等理念的客观要求。

经济民主原则不仅体现在宏观调控领域，而且在政府对市场机制运行进行内部调整的微观规制领域，自由、平等同样是政府关注的重点。市场运行机制发挥引导资源配置的功能，关键在于市场存在有效的竞争机制。自由竞争是市场经济的动力之源。市场经济鼓励市场主体采用正当的竞争手段自由地参与竞争，并保护其在正当的竞争行为下占据的市场份额。但自由竞争不是毫无限度的，必须是不损害其他竞争者利益、不损害消费者权益、不危害整个经济秩序的正当竞争，而如果一方主体实施了违反上述要旨的不正当竞争行为，它就不再享有自由，而必将遭到关注平等理念的国家的制止。《中华人民共和国反不正当竞争法》对市场上的不正当竞争行为进行了列举，并规定了实施不正当竞争的市场主体应承担的法律责任，通过惩罚性的措施维护市场主体享有的平等竞争权。

经济法领域倡导的保护弱者理念也秉承了经济民主原则的精髓。竞争优势的取得最终由市场主体与消费者交易的成功得以实现，交易关系本属于民法的调整对象，然随着消费者成为市场经济条件下特定的经济群体，经济法将保护其利益并将其纳入了自己的调整范围。在消费领域，买卖合同是经营者和消费者的交易基础，形式上是自由、平等的双方意思表示，但是实际上经营者就产品质量等级、价格形成等信息方面享有明显的优势地位，相对而言消费者是弱势主体，可以说形式上的自由掩盖了实质上的不平等，单纯依靠调整平等主体之间财产关系、人身关系的民法保护消费者权益，力度存在明显的不足。因此，经济法以保护弱势主体的身份出现，设定了全新的制度规范弥补民法的缺陷。对存在欺诈行为的交易，因其自始丧失了双方真实、自由表达意思的基础，自始不存在自由，也就没有平等可言。因此，法律规定了双倍返还的民事责任制度，即欺诈方应承担受害方购买商品价款或接受服务费用双倍返还的民事责任，而不是仅限于支付的返还，体现了经济自由与经济平等不可分割的关系。

（二）效率与公平平衡原则

效率与公平都是法所追求的价值，在经济法所调整的社会关系领域，两者之间特定的主次关系成为指导经济主体行为的准则。关于效率，有两种效率观：一种是经济效率，另一种是社会效率。所谓经济效率，指从一个给定的投入量中获得最大的产出，即以最少的资源消耗取得同样多的效果，或以同样的资源消耗取得最大的效果。所谓社会效率，指社会生产提高社会全体成员生活质量、促进社会发展的能力。社会效率其实内化了经济效率于其中，既涵盖了经济效率的提高，又强调社会成员生活质量的改善，是“效率优先”特指的效率。公平观也有两种，分为市场公平和社会公平。市场公平即给同样的市场参与者以同样的待遇，适用同一规则。社会公平则在承认现实经济生活中各人能力及财产存在差别的基础上，要求对不同情况区别对待，以求最大程度接近平等要求。市场公平是由民法、商法保障的，经济法追求的则是社会公平。联系对经济民主原则进行的诠释，可以看出经济民主原则与效率优先、兼顾公平原则之间存在内在联系。市场主体只有享有自主表达意志的权利，其积极性、创造性才得以发挥，才有提高效率的可能，因此，经济民主中的经济自由是效率的前提；而公平与平等是一对求同存异的理念，平等是道德、法律领域追求的理想，公平是为实现平等而最大限度接近平等这一理想状态的现实，是伴随着不平等现象产生而产生的，没有不平等就没有公平或不公平。因此，公平注定是不平等的结果。经济自由位于效率之前发挥作用，经济平等居于公平之前设定目标，经济民主原则是效率优先、兼顾公平原则的逻辑起点。效率优先、兼顾公平是政策性原则，是国家在特定的社会经济背景下，为处理特定的社会基本矛盾而作出将之法定化的政策选择。之所以不是效率、公平同等对待，不是公平优先、兼顾效率，归根结底是由生产力发展水平决定的。我国经济生活中的许多矛盾都源于生产力不发达，当经济增长成为一种主导的需要时，效率应被优先考虑，适用这一原则符合经济发展的需要。随着社会生产力的发展，社会基本矛盾的变化，不排除适用公平优先、兼顾效率原则的可能，确定效率优先、兼顾公平的经济法治原则并不有违原则的稳定性。国家在宏观调控领域通过政府运用财政收入、财政支出手段在收入分配领域充分贯彻着该原则：首先强调市场主体享有参与自由竞争的权利，由市场机制进行资源的配置，形成对市场主体进行初次分配的格局，虽然竞争规则对每个人都是同等的，但市场主体或处在不同的起点上，或由于能力的差异，导致的结果必然是千差万别的，财富的分配呈现出两极分化的趋势，若国家不介入分配领域，必然造成穷人更穷，富人更富。因此，为了实现社会公平，通过转移支付调节收入分配的差距，成为各国经济法的规制对象。但是，在国家通过形式上的不平等实现实质公平的过程，必须考虑的要点是：资源分配应是扩大社会财富的手段，而不应成为对能力低下者和懒人的安抚和照顾。因此，所采取的措施不应对现存的经济效率产生消极作用，不应阻碍经济效率的进一步提高。在微观规制领域，反垄断法原则规制由结构主义向行为主义的转变，深刻地反映着效率优先、兼顾公平的价值取向。比起竞争的市场行为，竞争的市场结构更具有重要性，甚至对规模经济所显示的提高经济效益的作用也不予考虑，这种遏制市场主体通过科学管理、恰当的经营策略等正当竞争行为占据市场份额并发展壮大的政策、法律，阻碍了经济的自由发展，降低了经济效率，其后果是美国钢铁、汽车等重要产业的国际竞争力低下。行为主义规制原则以效率为先，并未忽略对公平理念的关注。单个中小企业在市场竞争中处于明显的劣势，可谓竞争中的弱势主体，反垄断法多给予特别保护，对于中小企业实施某些为反垄断法所禁止或限制的行为，通常对其进行豁免，以增强其在市场上参与竞争、抵抗风险的能力。我国有关中小企业的立法，也是为了给中小企业创造有利于其参与市场竞争的经济环境，在效率优先的前提下，实现社会公平。国有参与是指国家直接参与某些生产经营活动，以调节社会经济的结构和运行。主要的表现形式为国家直接投资开办国有企业、国家临时性参与某些重要商品的购销或外贸活动。国有参与程度的变化，反映了效率与公平两者关系的动态发展。国有企业的设立，提供了大量的就业岗位，保障了人民的基本生活，体现了平均主义思想。但是国有企业存在始终无法解决的问题——产权归属不明确，责任承担不清晰，致使国有资产大量流失，企业运营成本很高，整个国民经济效率低下。在现行的经济发展水平下，国有企业涉足各个领域，实现的是一种没有效率的公平，没有处理好人民短期利益与长远利益的关系，没有真正地改善人民的生活。因此，在“效率优先、兼顾公平”原则的指导下，顺应经济发展内在要求，国有经济成分正逐步退出一些竞争性行业、部门，让产权明晰的非公经济发挥效率优先的优势，把经济发展起来。对于国有中小企业，正在采取积极的措施逐步实行民营化，以使国家集中有限的财产能力，搞好关涉国计民生的大企业。

（三）可持续发展原则

可持续发展原则表明国家和市民社会对社会发展不仅要求“量”的增多，更注重“质”的提高。自然科学、经济学、社会学、法学等多种学科都将可持续发展列为共同的课题，并已被世界各国所肯定和接受。1994年，我国制定了世界上首部国家级可持续发展战略——《中国21世纪议程》，并在其第一批优先项目中，将《中国可持续发展的法律制定和实施》列为62个项目中的首位项目。可持续发展理念在传统法律体系中的缺位，为新兴法律部门经济法法律规范的制定制造了契机，同时经济法所调整的社会关系的特殊性，为始终贯彻可持续发展要求进行立法提供了可能性。我国经济发展忽视了资源的稀缺性、环境自我调节能力的有限性，由此而存在的高投入、低产出的粗放式经济增长方式给人类造成了严重的后果，资源面临枯竭、环境日益恶化。因此，人类首先从保护资源、爱护环境角度阐述社会应当可持续发展。随着对可持续发展这一理念内涵的深入研究，应加以明确的是可持续发展的重心在于经济可持续发展，强调在经济发展的过程中动态地维护经济发展强度与资源、环境的承载能力相协调，但绝非仅限于此，可持续发展还包括经济稳步发展，而非破坏性、震荡性发展，即维护经济发展的安全也是可持续发展的应有之义。

经济法是市场经济社会中的国家对“市场失效”领域行使经济管理职能之法，以促进经济整体协调、稳定、健康发展为任。国家能够在一定程度上将社会发展的眼前利益和长远利益、局部利益和整体利益进行全盘考虑，作出在经济发展过程中同步对其负外部性进行规制的立法选择，贯彻可持续立法理念，提高社会发展的质量。而一直被经济法学者作为比较研究对象的民法、商法，受其自身立法宗旨的局限，无法体现可持续发展的要求。民事、商事法律关系主体被视为经济学假设中的“经济人”，以追求自身利益最大化为目的，其经济性、自利性特点决定了其很少考虑资源的稀缺性、环境的不可再造性，很少以社会利益为出发点决定自己的行为选择。因此，民法、商法不能对社会整体生活质量的提高提供可靠的法律保证，只有经济法能够担当重任。各国的经济发展应尽可能减少或避免经济波动，以便各个时期都能在前期发展的基础上稳定发展，这里体现的是经济安全的要求。这里将经济安全摆在重要位置，是对全球多年来经济危机带来的深刻教训的总结。而要确保全球经济稳定、协调发展，不可以依赖于某个国际性组织对全球经济进行调节，关键在于本国抵抗经济波动、防御经济风险的能力。因此，各国共同的做法是将调节经济运行的各项经济政策法律化，禁止、限制有害经济稳定、经济安全的行为，引导产业结构的优化，促进风险金融市场法律制度的健全，通过对外经济活动的管制，尽可能降低外资的投机性。可持续发展原则是对效率优先、兼顾公平原则的深化。

（四）经济公正原则

公平是平等主体之间的关系力求实现的价值目标，而公正是针对管理者与被管理者之间、裁判者与接受裁判者之间发生的关系提出的要求。公正可以从两个角度进行理解：其一，实体公正是社会各种资源、社会合作的利益和负担分配正义的问题；其二，程序公正（诉讼正义）是社会争端和冲突解决的正义问题。经济公正原则针对的是在国家与市场主体之间的关系中，排除政府行为的任意性，在现行法律规范、法律原则体系内，严格依法行政，对行政行为指向的市场主体一视同仁，给予同等待遇。市场存在缺陷需要国家权力的介入，不等于说行使国家权力的政府部门就会完全站在公正立场上行政，他们也难免会因受到利益机制的驱动而随意行政。如在市场监管过程中，工商行政管理部门、金融监督管理部门等市场监管机关在确认主体资格、规范市场行为、查处经济违法违规事件、健全市场规则、维护良好的经济环境和市场秩序方面承担重要职责，其执法行为的直接承受者就是市场主体。若上述监管部门在执法过程中带有任意性行为，势必使市场主体的诸项权利流于形式。因此，国家的政府部门执法公正、严格是市场主体依法享有的权利尤其是自由权实现的根本保证。

经济公正原则要求司法机关在履行裁判职能时，应当将实体法中的制度观念贯彻到审判结果中，体现出经济审判的特殊性，使违反经济法规的行为与一般的民事、商事违法行为后果区别开来，让致害人承担惩罚性的赔偿责任，一方面体现出对受害人的补偿，另一方面增加致害人违法行为的成本，阻却违法行为的发生。通常情况下，民事、商事违法行为发生在特定的民、商事主体之间，其行为的危害性只是直接影响着案件当事人之间的利益分配与责任分担。而违反经济法规的行为往往涉及特定的社会群体的利益，审判结果不仅仅对案件当事人的权利、义务关系发生法律效力，而且判决的公正与否具有社会示范的作用，直接关系到经济法的法律、法规能否得到正确地贯彻执行。诸如在消费者权益保护领域，司法机关应该秉承经济法中保护弱者的理念，当消费者权益受到经营者侵犯的时候，不应该简单地运用民事法律关系的规则来处理致害人与受害人之间的利益冲突，而是对消费者进行倾斜保护，达到经济公正的社会效应，即通过个体消费者权益受到维护，保护整个消费者群体的利益。

第二节　国外经济法治战略的启示

一、大陆法系国家的经济法治经验

（一）德国经济法治

德国经济法对人类社会的法律文明做出了巨大的贡献。“经济的法”或“经济法规”（Wirtschaftsrecht）作为一个法律概念率先由德国提出，用以概指德国“一战”前后制定的一批以经济统制为要旨的经济类法规。德国经济法以管制为特点，确保国家战时的需要。经济领域出现了新的立法活动和法律现象。如1915年，德国发布了《关于限制契约最高价格的公告》；1916年，德国发布了《确保国民粮食战时措施令》，除发布法律、规定外，还颁布了许多最高价格的有关命令和规则，并实行了战时冻结。战争结束后，德国又开始涌现了有关战时经济复兴的法令，如1918年，颁布了《战时经济复兴令》。另外，还出台了一系列在《魏玛宪法》（1919年）体制下的社会化法和其他新的法律现象。例如，1919年，德国颁布了《社会化法》《煤炭经济法》《碳酸钾经济法》；1923年，德国颁布了《防止滥用经济力法令》（即《卡特尔令》）。这些法规有一个共同的显著特征，即强化了国家对于社会经济的干预和调节。根据这些经济法规的规定，国家以自己为一方主体同其他社会主体发生权利义务关系，这大大突破了历来自由主义经济的自由放任原则，与确保个体自由的民法有着显著不同。根据其规定，国家注重借助这些新法规，影响并调节社会经济的结构和运行，也有别于行政法。

这一时期德国经济法概念在日益成熟的社会经济、法律基础上，为适应德国经济调节要求的法律进行了简明扼要的界定，形成了更为鲜明的部门法特质。归属经济法范畴的所有有关的法律规定，它们包括在生产、贸易或金融等领域通过规定、引导或职业方面的调控所进行的干预。既涉及自由市场经济的公共利益，也涉及竞争者在保证自由市场时的私人利益。第二次世界大战结束后，德国分裂为东德（德意志民主共和国）与西德（联邦德国）两个国家。东德实行社会主义制度与计划经济体制，西德实行资本主义制度与社会市场经济体制。所谓“社会市场经济”，它不是自由放任式的市场经济，而是有意识地从社会政策角度加以控制的市场经济，社会市场经济是按市场经济规律行事，但辅之以社会保障的经济制度，它的意义是将市场自由的原则同社会公平结合在一起。因此，战后联邦德国经济及社会立法的启动与深化就得益于这一新兴模式。

随着国内经济重建与再生，德国经济法获得新发展，其动因就在于社会市场经济模式的缔造与运作。德国推行一种积极的经济制度政策，具体包括：积极的货币政策、稳定通货膨胀、开放的市场以及竞争调节措施，旨在建立相应的竞争秩序。为了适应建立和发展新的社会市场经济的需要，德国社会市场经济的拥护者更坚决地反对卡特尔，反对限制竞争，并反对将国营企业，如邮局、铁路、银行以及保险业，作为所谓的竞争法适用除外的领域。规范社会市场经济秩序的法律因此陆续出台。以至于在所有欧洲国家中，德国关于竞争和卡特尔的法律仍是最复杂、最全面的。同时，制定保护消费者权益方面的法律，也是规范社会市场经济秩序方面的重要法律。其中，最重要的两部法律：一是1978年1月4日，联邦议院颁布《损害赔偿责任法》。二是1989年12月15日，联邦议院通过《有缺陷产品责任法》，又称《德国产品责任法》。这两部法律有力地提高了德国消费者的法律地位。以社会为导向的市场经济的基本问题是要重视经济，重视社会政策分配的效果，否则，社会保障制度将陷入危机。德国社会保障立法，其宗旨是追求社会平衡，避免“市场失灵”，预防“政府失灵”。1951年2月，《自治管理法》颁行，规定社会保障要实行自治管理的原则。按照《基本法》的规定，社会保障属于政府的任务范围，基于社会平衡的内在要求，政府将此任务交给劳资双方，促进投保人、雇主和保险的管理融为一体。其后颁布了一系列促进社会保障的法律，如《解雇保护法》(1951年)、《就业促进法》(1969年)、《农民养老救济法》(1957)、《全体雇员的保险义务》(1968)。1975年颁布的《社会法典》，对社会福利制度、社会救济制度、社会补偿制度等作出更具体、更系统的规定。

为了避免发生“政府失灵”，社会市场经济建设需要一个强大的国家，一个生活在这一集体中的全体成员能够认同的国家。德国历届政府均十分注重借助相关法律法规作为“宏观调控经济”的依据和工具。具体表现为投资法、计划法、预算法、银行法、信贷法、价格法、税务法、货币发行法、外贸法等。

就宏观层面而言，下列两部法构成了德国社会市场经济宏观调控法的基本法。

1957年7月，联邦议院通过《德意志联邦银行法》，该法确认德意志联邦银行作为具有公法形式的联邦直接法人，具有独立的法律地位，规定联邦银行作为货币政策的执行机关担负的任务，是负责调节货币流通和经济企业的信贷供给，保持货币价值的稳定，为国民经济稳定发展提供货币条件。1969年6月8日，德国联邦议院通过《经济稳定与增长促进法》，同年6月13日颁行，1975年修订。该法强调联邦和各州在采取经济和财政措施时必须注意“宏观经济平衡”，必须在市场经济秩序的范围内采取这些措施，保证经济持续和适当增长的同时，有助于价格水平的稳定、高就业率和国际收支平衡，以实现和长期保持国民经济总体平衡的目的。在对社会市场进行宏观调控的领域内，德国的价格法、交通法、邮政法、能源经济法、农业法、税收法、关税法及对外贸易法等，同样发挥着极为重要的作用。例如，《价格法》详尽规定联邦政府对价格进行宏观控制的原则、方针和领域。联邦政府干预价格的原则是“适合市场”，即在不干扰、不阻碍市场正常发挥调节作用的情况下方可进行。此外，联邦政府依法对一些特殊生产和服务行业的价格进行行政干预。其中，对农业农产品价格进行长期的、强烈的干预，以保护本国农业市场和农民的利益。这与欧共体制定“界线价格”“指令价格”“干涉价格”，以及保护欧共体农业政策相协调。特别是为了更好地配合和推动欧共体农业相关政策的执行，1965年9月，德国还制定了《联邦德国农业在共同市场中一体化法》，旨在保护本国农业市场，限制进口，对产品国内价格与进口价格之间采取补贴差额的办法，对主要农产品，通过国家负责控制进口和储备农产品的主管部门的干预，减少或防止国内价格波动。

（二）日本经济法治

明治维新以后，日本向欧洲学习，以法、德等大陆法系国家的法律为模式，迅速地走上了法制近代化的道路，日本经济法制的建设是对德国经济法的发展。“一战”前，巨大的海外军需使得日本的海外市场份额急剧扩大，为此日本颁布了与战争相关的统制和促进产业发展的法律，如1917年《禁止对敌贸易法》、1918年《军用补助法》。“一战”后，全球经济危机使得日本经济处于崩溃边缘，日本颁布了一系列经济法规应对危机，这些法规包括：农业危机应对政策、重化工业保护政策、垄断促进政策、振兴出口和外汇管理政策、中小企业政策等。“二战”前，日本开始转入战时经济体制。以战争为目的，国家对生产、物资、价格进行全面管制，整编企业体制，甚至直接掌管军需企业。为此颁布了一批战时需要的法规，主要包括：1938年的《国家总动员法》《价格统制令》《重要产业团体令》1943年的《工商组合法》《军需公司法》等。日本经济法以调整国民经济中的需要与供给为目的，以国家对私人企业实行统制为内容，它的形成与资本主义由自由竞争阶段向垄断阶段过渡、国家实行统制经济相适应，是对自由资本主义之法——市民法的修正。经济法超越了公法与私法的分界，在它们两者之外形成了一个社会法领域。作为国家统制经济的固有法律，经济法具有以调整所谓国民经济的共同经济社会的秩序为己任的鲜明特色，它与公法、私法并列，一起构成了三位一体之现代国家的法律体系。例如，竞争法是与通过有效运用卖方和买方之间公正而自由的竞争为轴心的市场结构，谋求经济的效率性和资源的最适当分配，健全地发展国民经济民主，通过竞争增进一般消费者的利益这种资本主义经济的基本经济政策目标联系在一起的。

日本经济法以第二次世界大战结束为界，可分为战前、战后两大阶段。其战前阶段照搬德国的经济法概念，实行与德国相近似的经济体制和经济法律制度。第二次世界大战结束后，日本的经济体制发生重大变化，根据美国旨意制定了一系列经济民主化的法律，如财阀解散法、垄断禁止法令等，日本经济法也发生了巨大变化，并结合日本本国的特殊情况形成一些自身的特质，但整体上仍未脱大陆法的窠臼，具有经济统制实施手段之经济法的性格。日本战时经济体制被取消，大批垄断企业由于1947年的《经济力过度集中排除法》和《禁止私人垄断法》而解体，日本经济得到了高速发展。为提升日本经济的规模化，1953年，日本修改了反垄断法，扩大了卡特尔的适用除外范围。基于上述事实，日本经济法是规制以垄断资本主义阶段固有的以垄断为中心的经济从属关系的法，经济法通过规制经济支配者的活动，在经济的从属关系上，限制其进行恣意的活动或处于支配地位的经济主体任意进行交易。经济法还包括以反映允许经济从属者为了提高经济地位而结成的经济关系为中心的法制的经济关系法。

日本经济法也可解释为市场机制的保全与补充之法。在市场机制中，任何垄断形态、卡特尔组织以及限制竞争的行为，都会产生阻碍作用，使市场机制衰退。为了维持市场机制健全运行，必须制定竞争政策，而禁止垄断法就是这种竞争政策的基本法，它是市场机制的保全法。但是，市场机制不是万能的，在其失败时，必须制定出补充市场机制之不足的产业政策，如对付结构性不景气对策，为保证这种产业政策的贯彻而制定的法律，就是市场机制的补充法。如日本制定了1953年《企业合理促进法》、1966年《中小企业促进法》。日本经济法包含了两个部分：保全市场机制的竞争政策法与补充市场机制的产业政策法。经济法固有的规制原理在于：第一是维持公正而自由的竞争秩序的原理，在此竞争表现为20世纪中期出现的有效竞争的概念，实质上指的是为了维护和保障市场上实质性的自由竞争。第二是保护消费者权益的原理，即在有效竞争充分发挥作用的市场经济条件下，消费者的需要就会决定产品和服务的内容与价格，从而保障了消费者（购买人）选择卖方的自由，购买到优质价廉的商品，督促竞争者提供优美价廉的商品和优质服务（供给者之间的竞争）。第三是经济民主主义原理，即禁止为了（支配）垄断市场而进行的竞争限制，维持市场公正而自由的竞争，这本身就是保护消费者的利益，就会实现消费者主权支持下的经济民主主义。1975年，日本修改了《防止不正当竞争法》；1982年，日本公布了16种不正当交易方法；1983年，日本又小范围修改了《垄断禁止法》，强化了公正交易委员会的机能和权限；1985年，日本修改了《关于禁止私人垄断及确保公正交易的法律施行令》。

经济法中市场支配的国家性规制，表现为两个方面，一方面是因针对企业和企业集团所产生的市场支配而制定的国家性规制，它有抑制乃至禁止市场支配的作用，是为了维护公正而自由的竞争秩序所制定的国家性规制；另一方面是为了助长市场支配的国家性规制。凡是在政府许可下的国家规制，在自由竞争机制下，在维护竞争秩序、保护消费者利益（公共利益）的观念下，必须经常反复质疑。一旦发现助长竞争限制的规制不理想，就应迅速予以缓和或者废除。经济法本来的主要规制对象就是对市场支配（垄断和卡特尔竞争限制）的规制，但是为了维护竞争秩序，有必要对可能发展成为市场支配（垄断）的不公正交易（竞争）方法（妨碍公正竞争行为）加以规制。但是，在反垄断法的大量实践中，本来是以预防为主的预防性规制现在却占据了主要位置。为此，日本于1995年4月26日再次修订《关于禁止私人垄断及确保公正交易的法律施行令》。1996年6月14日，日本对《关于〈禁止私人垄断及确保公正交易法〉的适用除外等的法律》进行了又一次的修改。

20世纪末21世纪初，整个世界经济正在由自由化走向一体化，为了顺应市场经济大潮流，也为了缓和国外对日本市场闭锁性的批判，更为了刺激日本滞胀经济的发展，日本政府从各方面缓和了经济规制，提出了“原则自由、例外禁止”的经济规制新方针，并从法律的高度予以推进，各领域相关法律制度有了一定的变化。如1996年6月14日，日本对《关于〈禁止私人垄断及确保公正交易法〉的适用除外等的法律》进行了又一次的修改。修改了该法中有关的行政手续，如简化了企业合并、事业转让申请的内容及申请书的样式；减少了各种申请书的必要数量。1993年11月，日本颁布了《关于促进特定中小企业通过开拓新事业来适应经济结构变化的临时措施法》。1995年5月，日本又对该法进行了修改，从投资税减免、法人税返还、提供开拓新事业、开拓海外新市场的援助金等方面，帮助特定不景气中小企业摆脱困境，开拓新事业、新市场。1993年11月，日本颁布了《环境基本法》，作为今后保护环境、维护生态平衡的基本纲领。该法提出了3个目标，即使后代能继承和享受优美的环境；创造能持续发展又不增加环境负担的社会；与国际社会共同协调，积极推进地球环境的保护。1995年5月，日本将原先的《保险法》《关于外国保险事业者的法律》《关于保险营销管理的法律》组合成新的《保险法》，并作了全面的修改。修改中最重要的内容是，允许人身保险公司通过设立子公司的形式经营财产保险，而财产保险公司也可以同样方式经营人身保险；适应欧、美保险公司的惯例，导入了保险经纪人制度等。

（三）法国经济法

与德国、日本同属大陆法系国家的法国也对经济法价值有独特的见解。法国学者认为，经济法乃是一种政策性法律，它随着国家行为所依据的原则的重大波动而波动。法国经济法倾向于给予个人总的行动方针，这是经济朝向所希望的方向发展所需要的方针。它表现在一个特定时刻在指导主义的集权主义使命和私人企业的继续生存之间实现的平衡，并为此目的而使用极其多样化的方法。单方面规定国家在某些经济部门中占有关键性位置。法国学者们纷纷主张应当用有计划的限制性市场经济取代无计划的市场经济。第二次世界大战以后，法国政府决定应当以有计划的限制性市场经济取代无计划的市场经济，利用计划手段，振兴经济，建立现代化生产体系。从1944年起，法国开展国有化运动，将国有化企业作为实施经济计划的对象。在国有化的同时，法国政府于1946年1月3日发布法令《关于实施中期计划法令》，宣布开始推行经济计划，规定在六个月之内，制定法国本土和海外领土的第一个全面经济现代化与投资计划。1947～1997年，法国政府先后实施11个经济计划。法国型计划的主要特点有：第一，以计划作为宏观调控的主要手段，财政、金融等政策手段均必须以计划为根据发挥作用；第二，计划编制具有民主性、科学性、系统性，从而使计划的编制程序较为合理；第三，其计划有完备的理论作为指导，其计划理论尤其强调计划与市场的相容性和互补性，并试图走一条介乎高度集中的计划与完全的市场调节之间的中间道路。因为经济法是一种符合尚在形成中的文明的规范与需要的法律秩序。它同农业与手工业文明向工业经济过渡联系着，它的标准和它的基本对象就是企业，经济法就是企业法。20世纪90年代，政府着重实施了一系列旨在鼓励中小企业出口的新措施，形成以大企业为龙头、中小型企业紧跟、联合出击的多元贸易出口态势，大大加强中小企业在外部市场的生存能力，其在外部贸易活动中发挥着日益重要的作用。世纪之交，法国政府扶助中小型企业发展的政策法律还有很多，例如，1995年颁布的振兴中小企业计划、1996年通过的有关保护中小企业权益的立法措施以及促进中小企业出口措施、1997年政府颁布的关于简化中小型企业行政管理的37条措施，大大地完善了法国中小企业法的制度建设。

作为企业法，经济法不是解决个人利益之间或普遍利益与私人利益之间的传统的冲突。它既同旨在保持个人利益之间的完全的平衡的私法相分离，也同优先照顾普遍利益的公法相分离。企业是三种利益的汇合点，即普遍利益、每个企业的自身利益和个人的特殊利益，这些个人特殊利益共同实现企业的利益。经济法的任务，就在于实现它们之间的平衡，同时认为，假如企业的利益应服从于普遍利益，则企业利益本身便是一种对个人利益而言的普遍利益。这种情况会使人把企业法规不仅视为经济法的一个部分，而且视为传统法律和经济法显示的新前景之间的一个中间状态。在大多数情况下，应在企业的范围内去寻求对立的或不同的经济利益之间的这种平衡；行政的干预必然地出于普遍的利益。任何地方，各种经济代理人的利益和经济的普遍利益之间的平衡，并非自发地建立。任何地方，经济法一方面要适应当时的适用此经济法的社会的需要，另一方面也竭力建立这种平衡。国家通过对消费者的保护、产品质量要求、社会保障、证券期货监管等，实现这种平衡。1992年1月18日，法国颁布了第92-60号法律，即《消费者利益保护法》。[1]该法共8条，直接设定销售者的义务，以此赋予消费者应享有的各项权利。其消费者权利至少包括三方面的内容，即第一，获得法律救济的权利。第二，获得充分的信息资料的权利。第三，获得公平交易和选择的权利及获得合理赔偿的权利。1995年11月15日，法国右翼政党执政的朱佩政府向法国国民议会提出了《社会保障体制改革法案》，该法案旨在扩大社会保障的收入。社会保障的改革已不仅仅是一个简单的经济措施，而是具有深刻的政治社会意义和影响的利益再分配。"由于经济法是一种为政策服务的手段、一种技术，所以应该到表现经济政策的各方面去寻找经济法。应从宏观经济、部门行动和微观经济方面去清查。"[2]具体为，国家通过强制性的规则能够掌握重大的总量平衡，并且，还在这些平衡的各个组成部分方面采取积极行动，以维护普遍的经济利益。此外，国家还通过在微观经济方面限制企业所代表的私人利益所决定的自发的企业行为，以使企业考虑普遍经济利益。

（四）借鉴

德、日、法等大陆法系国家宏观经济法治具有自身特点。首先，特别注意经济法律的运用。制定了大量的经济法律法规，这些经济法律法规都是以书面立法形式公布。我国在经济法治活动中，大量的经济活动依据不是法律，而是政府的文件，许多政府文件以政策的面目出现，这些政府文件不但其法律约束力存在问题，还因文件这些红头文件没有公开，存在透明性问题。从大陆法系国家经济法治战略经验来看，经济活动的规则应以法律的形式出现，尽量克服和避免以文件（政策）代替法律法规的现象。其次，大陆法系国家充分运用经济法治调整产业结构。德日法的制造业一直引领世界，产业结构合理。这源于其通过产业促进和产业振兴法，专门制定相关法律促进产业发展，德、日、在"二战"后几年，又成了经济强国。其经济法治战略功不可没。我国在去库存、降产能、防风险时，应参考大陆法系的经济法治战略，对产业结构的调整必须增强约束力，出台相关的产业政策法，规定产业调整的相关的法律责任，

---

〔1〕 李克勇译：《法国消费者利益保护法》，载《外国法学研究》1994年第2期。

〔2〕 [法]罗伯·萨维：《法国法律上的经济法概念》，理钧译，王名扬校，载《法学译丛》1983年第5期。

提高产业调整的硬约束力。第三，对经济活动及市场行为的必要管制。我国在经济新常态下，对于高耗能、高污染行业的整治，除了经济手段、行政手段外，应结合法律手段，对相关企业的“关、停、并、转”，应通过法律手段进行。最后，大陆法系国家的规划法对经济发展起了积极作用。我国经济活动也高度重视规划，但我们长期将规划与市场相对立。虽然，我国逐渐认识到了规划的作用，但规划的科学性不足，规划的硬约束不力，规划随意变更现象普遍。我们要保证规划的约束力，规划要做充分调研，保证其科学性和前瞻性。

大陆法系国家对市场竞争的高度保障是我国经济法治战略应吸取的又一经验。以德、日为代表的大陆法系国家，一方面促进企业的振兴，另一方面又对破坏竞争秩序的行为极为警惕。在德国和日本，反垄断法被称为经济宪法，就体现了法律对市场竞争秩序的关切。我国有较长的计划经济传统，对市场的接受也经历了一个渐进的过程，至今形成的共识是市场在资源的配置中起着决定性的作用，故反市场的行为必须得到遏制。我国虽然吸收了国外规制市场的经济法律，制定了反不正当竞争法和反垄断法，但相应的执法力度不够，阻碍竞争的行为经常发生，对违法责任的认定不够明确，对相关责任主体的处罚不够严厉。我国应进一步加大规制市场竞争法律的执行力度，完善竞争法体系，真正使反垄断法、反不正当竞争法成为我国的经济宪法。

德国、日本的制造业闻名世界，这同样得益于德日的经济法治。德国、日本对事关国家重大利益的行业，通过制定经济法规予以保护和促进。重要的行业仍保持国家投资和控股。〔1〕我国经济新常态下的经济改革，其中的一个议题就是国企改革。我国在推行混合所有制、国企在竞争性行业退出时，也应参考德日的经验，在涉及国计民生行业时，要保持国家的控制地位。保持国企的控制地位不一定要投资数额或股权比例，而应保持国有经济的控制力。所谓国有经济参与法，就是吸收德日的国有经济控制力模式。作为我国国有

〔1〕 例如，德国为了保持政府对大众公司的控制权，1960年，德国政府在公司私有化过程中特别出台了《大众公司法》(Volkswagen-Gesetz)。该法规定，不论持有多少股份，任何股东都不得行使超过20%的表决权。涉及公司收购等重大事项时，需要获得80%的多数票才能通过，该法确保了持有大众汽车略多于20%股份的第二大股东下萨克森州政府未来在公司经营中的否决权地位。所以从该法的本质来看，是德国政府为了保证转型为股份制公司后的大众永远受政府控制，特意为该公司量身打造的法律。虽然欧盟和持有大众汽车42.6%股份的第一大股东保时捷公司强烈反对该法，并被欧洲法院裁定违法，但德国议会仍认定该法的效力。

经济的特殊性的一面，国有经济从竞争性行业退出时，要保证国有资产的保值、增值，对造成国有资产流失的，应追究责任。追究法律责任的前提是有法律依据，并有明确的法律责任。这是我国经济新常态下经济法治战略的应有之义。

二、英美法系国家经济法治借鉴

（一）英国之特殊经济法："商事法"

英国先后颁布了许多有关规制市场竞争和政府对各种经济行业管理的法律。但秉承普通法传统，推崇实用主义，英国更注重单项立法和对具体法律的研究，而轻视对法律体系作部门法分类，也不按照预设类别进行立法。因此，在英国非但立法中无"经济法"一说，学界也无人使用"经济法"这一术语。英国最初的经济模式是以市场为基础配置资源，政府不干涉经济的运行，扮演着"自发性的"（autonmous）角色。但国家绝非"无为而治"的守夜人。英国资本主义的兴起和发展，工业得以顺利进行，首先依靠国家通过立法建立起良好、稳定、有效率的法制环境，并在这一进程中不断适时调整，从行业开始大胆干预。英国政府利用法律干预经济、社会的手段越来越灵活，富有伸缩性，通过国家介入以补充市场力量的不足。19世纪30年代工业革命基本完成，国家在经济、社会立法方面又有新的进步，诸如加强了自由贸易、金融监管以及劳动等领域的立法。但至19世纪末，由于其他新兴资本主义国家的赶超，英国很快失去了"世界工厂"的地位，所以愈加重视运用国家角色对经济、社会生活的广泛调节，逐步扩展到全国性的干预立法，以刺激经济的发展，缓和社会矛盾，增加民众的福利。

第一次世界大战爆发后，为了集中一切力量战胜敌国，英国被迫制定了一系列国家直接管制国民经济的法规。例如，1910年10月，议会通过了《授予政府紧急权力法》，赋予政府对战备必需品，如食物、燃料、水的供应，实行强行管制的权力，并对交通运输进行统一管理。第一次世界大战结束后，英国经济长期萧条。其经济立法具有恢复经济和危机对策法的特点。1939年，英国再次面临战争爆发的局面，在执政的英国保守党政府要求下，议会通过了《关于行政机关非常职权法》，该法规定政府可以根据战争需要，对工业生产、物资供应等方面的事务发布单行法规。证券市场的监管方面，英国加强了对突发事件的处理规定和防范应对机制。英国在1929～1933年席卷资本主义世界的经济危机过后，认识到证券合法的重要性，故于1939年制定了《防止欺诈（投资）法》，旨在有效地禁止证券市场上欺诈和操纵行为。这不仅规范了竞争市场的有序运作，而且更有力地保障了广大投资者及相关利益关系人的权益。

20世纪上半叶的英国经济立法多具有恢复经济和危机对策法的特点。没有积极的国家干预，市场经济的前景是不可想象的。鉴此，有学者认为"这一历史时期的经济干预法，是经济法的雏形"。[1]因为这一经济干预法是对市民法秩序作某种修正、补充的法。它具有三个特征：一是建立统一、合理竞争的法律制度。二是维持市场经济的基础条件。三是根据社会经济的具体限制要求，进行经济干预。所以它尚未改变自由市场机制的基本形态，也没有改变市民法秩序，但是，它推动了市民法秩序的演变，促进了传统法律体系的变革。经济干预法涉及国民经济总体运行的法律调整问题。国家通过立法对经济施加一定影响，对实际经济生活起到协调和引导作用。从1947年开始，政府每年颁布法案，在预测的基础上对未来一年经济定出量化指标。如1947年的法案中明确了政府订立经济计划的宗旨目的，是根据国家整体的利益，通用全国的资源，逐步建立比较理想的全国经济计划机构。为此制订的1947年计划着重于规划未来一年全国的总投资，以及国民收入和支出的简单要求。嗣后的每年计划内容就较为翔实。1962年，英国成立了计划主管机构——国家经济发展委员会，还依法设立了国家经济发展总署及三十几个专门委员会。委员会成员由劳工界、工商界和政府的代表共同组成。1975年，议会通过了《工业法》（Industrial Act），该法是在执政的工党政府倡议下制定的，其宗旨在于促使私营、公营部门间，加强信息、经营、决策领域的合作，以期顺利实现经济、社会发展的总目标。

20世纪70年代，英国经济出现了生产萎缩、高失业率和高通货膨胀率同时并存的现象，被称作患上了"英国病"，其经济地位有所下降。之后，随着国情的变化，英国的经济与社会立法也凸显出新的特点，表现为国有经济立法和竞争立法。英国以"经济外部性"（External Economics）为理论基础，以法律为手段大规模干预经济生活，国家通过立法，将汽车、造船、飞机、宇宙航空、石

---

〔1〕 刘瑞复：《经济法学原理》，北京大学出版社2000年版，第60页。

油等企业收归国有，或重组联合。

在市场规制领域，英国立法完善竞争制度，加大消费者的保护。1948年，颁布《垄断与限制竞争法》[Monopolies and Restrictive Practices（Inquiry and Control）Act]，这是英国第一部与竞争有关的成文法，旨在保障公平竞争和限制有违公共利益的反竞争行为。1979年还通过了《公平交易法》（Fair Trading Act of 1973），1980年制定了《竞争法》（Compection Act of 1980）。至此，英国竞争法体系基本形成。1980年《竞争法》在整个体系中具有龙头地位，它对各种不正当竞争行为作了总体控制性的规定，一切不正当行为，无论其是否属于垄断或者合并行为，也不管其是否属于《限制贸易行为法》调整范围，都一律适用《竞争法》的规制。自从1973年，英国加入了欧共体的诸条约后，欧洲煤钢共同体（The Europen Coal and Steel Treaty）和欧洲欧共体（European Communities）的竞争规则也适用于英国，1990年9月21日，《欧共体兼并控制规则》（EC Merger Control Regulation）正式生效。20世纪60年代起，英国制定了大量的关于市场保护管理、产品卫生方面的法规，对消费者加以保护。如1963年《度量衡法》、1968年《交易说明法》、1971年《自动上门提供货物与劳务法》、1973年《公平交易法》、1978年《消费者安全法》等。随着欧洲一体化进程的加速，英国消费者保护法也加快了整合接轨的步伐。1985年7月，欧共体委员会达成协议，同意在产品责任方面采取严格责任主义。1987年，英国也相应修改了《消费者保护法》，并于1988年3月正式生效。

（二）美国经济法的名与实

美国法的基本构成，是不成文的判例法，其所遵循的是实用主义原则，并以司法判例形成的基本法理为核心构建自身的法律体系。同时，在其判例法领域也存在一些过于原则性、概念性甚至是过于简单性的成文立法（制定法）。这不仅为美国法官的判例立法留下较大空间，而且也为法官的判例立法框定了界限。

19世纪末20世纪初，美国正处于一个进步主义时代。这一时期的序数论革命和边际主义思想激起了美国经济学家对法律规则中不同问题的极大兴趣，身处进步时代的经济学家对法律制度方面的问题进行了广泛地分析，尤其是在普通法和福利政策方面。在批判古典经济理论（市场理论）的同时，他们十分推崇国家对经济活动的依法干预，奉行以凯恩斯主义为基础的国家干预经济理论，宣扬实用主义的时代旗帜。1890年，美国国会通过了《保护贸易和商业不受非法限制与垄断之害法》，即《谢尔曼法》(Sherman Act)，被誉为世界第一部反托拉斯法。该法经过多次修改，迄今仍是美国反托拉斯领域最重要的法律。1914年通过的《克莱顿法》(Clayton Act)、《联邦贸易委员会法》(Federl Trade Commission Act)几经修订，也是重要的反托拉斯法规之一。其原因就在于，这些成文法规在百年的反托拉斯经典判例的充实与修正下，仍能灵活地契合于不断变化与发展的美国现实经济生活。

在司法审判上，美国最高法院基本上以《谢尔曼法》的宗旨为经济司法的目标。1897年和1898年，最高法院在美国政府与横贯密苏里的货运联盟涉讼案、美国政府与联合运输联盟诉讼案等案件中，判决铁路公司违反《谢尔曼法》。1899年，最高法院判决阿迪斯顿管道公司和炼钢公司等6家公司组成的市场联营违反《谢尔曼法》。至1901年，最高法院受理了18起联邦诉讼案。其间，尽管在所有案件的处理上，最高法院表现了某种弱化反托拉斯法的倾向，但毕竟在全国性反托拉斯潮流中，仍然十分积极地运用《谢尔曼法》，捍卫全美自由有效的竞争秩序。

第一次世界大战的爆发，成为美国彻底摒弃自由放任经济的推动器和催化剂。联邦政府为了有效地把整个国民经济置于国家的统一管理与监督之下，以动员全国的人力、物力、财力来保证战争的胜利，成立了“战时产业局”，由它和它在各地的地方分局来分配军事订货，分配原料、燃料和劳动力，监督合同的履行，以及决定开设战争所需的新企业等。1933年，美国国会通过授权法案，根据该法案，总统罗斯福实行“新政”(New Deal)，制定了一系列法律。这些“新政”立法主要有金融计划、《农业调整法案》(Agricultural Adjustment Act)、《全国工业复兴法》(National Industrial Recovery Act)、《铁路紧急法令》(Emergency Railway Act)以及涉及紧急救济、社会保险、举办公共工程、复兴工会等法案。

“二战”后，市场经济国家进入经济相对稳定阶段。在这一历史阶段世界重要政治、经济特征呈现着两极分化，两大阵营的对峙、两种经济体制的独立性与冲突，客观地促进了美国这一奉行高度自由的市场经济国家在国民经济调控方面的法律制度发展，从而实现了实质意义的经济法。首先，颁布了一系列保护消费者的立法。如1968年，国会通过了《药品修改法》(Drug Amendnent Act)，责令药品制造商就一切新药向食品和药品管理局提出报告并标明药品的名称，以使在事前检验药品的安全与功效。1968年《消费者信用保护法》(Consumer Credit Protection Act)，规定分期付款买卖合同应明确付款的金额、时间和年利率并采用标准格式化合同；还规定当消费者在其信用利益遭受侵害时，有权解除合同。20世纪70年代随着美国市场竞争日益激化，迫使企业运作由过去的以生产为主转向以营销为中心，而以营销为中心的理念的核心是"顾客导向论"，由此提出了"消费者是上帝"的口号，消费者在交易中享有至上的消费权利。联邦贸易委员会根据国会授权制订和执行了一系列交易规则，其中较具影响的如《减价商品广告规则》(Advertisment of Sales Good Regulation)、《上门推销规则》(Door Visitiy Sale Regutation)、《眼镜验光规则》(Glasses Optometry Regulation)、《邮购规则》(Mail-Order Regulation)等。在反托拉斯立法方面，相继颁布了相应的配套法规。如1962年的《反托拉斯民事诉讼法》(Antitrust Civilawsuit Act)，强化了反托拉斯法的执行，对国内出现的违反法律规定的纵向合并和横行合并，一律予以禁止。20世纪60年代前，绝大多数学者们仅局限于分析反托拉斯法等少数政府管制市场经济的制定法。此后，随着国家经济政策领域凯恩斯主义影响的下降和新自由经济主义的兴起，反思干预主义影响下所形成的社会经济立法成为一种学术时尚。20世纪60至70年代，经过迪莱克特等人的极大努力和艰辛工作，加之斯蒂格勒、贝克尔(Gary.S.Becker)、布坎南(James M.Buchanan)等人对反托拉斯法的经济分析，以及对法律经济的分析，在芝加哥大学法学院形成了一个学派即新制度经济学(New Institutional Economics)，并逐渐发展成为美国学术界公认的"芝加哥学派"。20世纪70年代，美国的法学家们逐渐取代了经济学家，成为运用经济分析法律制度的主导力量。他们以制度经济学和新制度经济学的经典理论为指导，日益深入和系统细致地运用经济学理论和方法评析、评估法律，从而催生了"经济分析法学"(Jurisprudence of Economic Analysis)，也称"法经济学"(The Economics of the Law，亦称为法律经济学)，至此，法经济学成为当代法学领域中一个不可或缺的学派。20世纪80年代以后，美国法经济学得到更为广泛的重视，逐一由北美、欧洲被介绍到世界各地。但是，就经济法的宗旨而言，恰当的经济法概念既不是由经济学决定的，也不能笼统地定义为"有经济意义的法律"，它显然必须被限定于那些能感受到公共利益的强烈影响的法律领域。这一点，可以从美国经济学家和法学家们前赴后继地研究这些法律领域，创立与拓展“法经济学”而得到启示。

（三）启示

英、美作为英美法系的典型代表，其法律的特点之一是案例法，大量的经济行为并没有专门的成文经济法，而是通过大量的案例来解决现实问题。这一特点对我国经济法治的参考意义明显。我国经济发展新常态表明，经济形势变化快，情形复杂，事前很难对经济形势作出准确的判断，这给经济决策增加了难度。尤其是经济立法，很难囊括所有的经济问题，也无法完全界定未来的许多经济纠纷。我国许多经济规范先行先试，成熟后再颁布经济法规，从英美经验看具有一定的可行性和合理性。

特别值得关注的是，英美法系的英、美两国，与大陆法系一样，同样对竞争秩序极为重视。即使作为判例法的美国，仍制定了成文法的反垄断法规。美国反垄断法关注的重点除竞争秩序外，还把国家利益纳入反垄断的考量目标。美国电报电话公司因独占市场份额而被肢解，而波音公司与麦道公司合并后，在美国的大飞机制造市场份额也达到了独占地位，但后者却得到了美国政府的支持，原因就在于美国希望波音与麦道合并后，能在与欧洲大飞机制造商空中客车的竞争中取得更大优势，而电报电话公司被肢解有利于美国的消费者。因此，在我国经济法治战略中，对竞争秩序保护的同时，必须将国家利益作为考量因子。从我国反垄断视野分析，能够对竞争秩序产生损害的，主要在行政性垄断、外资垄断和互联网垄断领域。无论行政性垄断和外资垄断，都可能损害我国的竞争秩序和消费者利益，从国家利益来看，必须加大这两个领域的反垄断执法力度。而在互联网领域，我国企业还处于发展期，面对强大外资互联网公司的竞争。在互联网领域反垄断执法，就需要平衡保障竞争秩序和保护国家经济竞争力的关系。

英、美国家还特别会借助经济法治战略来实现国家的经济安全。美国对经济活动的审查非常普遍，许多外资在美国的投资因安全审查不过关而失去在美国的投资机会。我国应充分吸收美国的国家安全审查制度，在经济活动中，对涉及国家重大利益的项目，除从耗能、环保等因素审查外，国家利益应作为审查的依据。美英的投资审查还涉及劳工保护、就业岗位的增减等方面，这也是我国经济法治战略中应该考虑的因素。

英、美经济法治战略中，通过非关税壁垒来实现贸易保护的现象非常普遍，包括反倾销、反补贴、安全标准、税收竞争等。我国也应在这方面有所作为，作为WTO成员，利用关税壁垒实现贸易保护几乎不可能，在需要保护的产业，我国应充分利用非关税壁垒，并对相关国家实行对等原则。

经济法治战略在我国经济活动中的运用，能提高我国的经济竞争力，使我国经济新常态下的去产能、去库存目标实现，促进我国经济健康发展。

第三节　我国经济法治战略的变迁

我国的经济法治战略是随着社会主义市场经济体制的逐步建立而不断完善的。中国共产党第十五次全国代表大会确立了“依法治国，建设社会主义法治国家”的基本方略，明确提出到2010年形成中国特色社会主义法律体系。按照这一目标要求，为保障和促进社会主义市场经济的发展，适应加入世界贸易组织的需要，中国抓紧开展经济领域立法，制定了证券法、合同法、招标投标法、信托法、个人独资企业法、农村土地承包法、政府采购法等法律，修改了对外贸易法、中外合资经营企业法、中外合作经营企业法、外资企业法、专利法、商标法、著作权法等法律；为规范国家立法活动，健全立法制度，制定了立法法，把实践证明行之有效的立法原则、立法体制、立法权限、立法程序、法律解释、法律适用和备案等制度系统化、法律化；为发展社会主义民主、繁荣社会主义文化、保护生态环境、发展社会事业，制定了行政复议法、高等教育法、职业病防治法等法律，修改了工会法、文物保护法、海洋环境保护法、药品管理法等法律；为保证法律有效实施，全国人大常委会还对刑法、香港特别行政区基本法等法律的有关规定作出法律解释。经过这个阶段的努力，中国特色社会主义法律体系初步形成。[1]我国经济法治战略也经历了一个逐步完成的过程。

一、我国经济法治的萌芽

经济法治是法治的一个方面，没有法治，就没有所谓的经济法治。我国的

---

〔1〕 中华人民共和国国务院新闻办公室:《中国特色社会主义法律体系(白皮书)》，2011年11月27日。

法治深受西方法治的影响。我国法治作为大陆法系，对德日的法律思想和学说有较大的接受。德国、日本两国作为经济法发达的西方国家，对国民党政府的经济立法和经济法要领影响巨大。1929年，国民政府时期立法院制订了《训政时期立法工作按年分配简表》，其中有"经济立法规划"项，与"民法之起草""财政立法之规划""关于军事立法之规划"等项并列，包括自治县经济建设法规、中央协助地方兴业置产之法规、银行法、合作社法、粮食整理法、森林法、采矿法、公路条例等的制订计划，完成期限为1930年。财政立法规划项下则有税法、公债法、预算法、财务行政法、会计法、审计法等的起草安排，以及国家与地方收入和支出划分之法制建设。

由于国民政府的经济立法较为重视，经济立法较多，为此国民政府对经济法进行汇编。1938年8月至1939年1月，当时成立不久的经济部编成《经济法规汇编》三集，收入《修正国货审查委员会规则》《非常时期华侨投资国内经济事业奖励办法》等法规；1947年又编成七集，分别为"官制类""工业类""矿业类""商业类""电业类"和"国际贸易类"，包括《倾销货物税法》《取缔棉花搀水搀杂暂行条例》《非常时期粮食调节办法》《非常时期取缔日用重要物品囤积居奇办法》《各省市重要物品价格联系调整办法》《矿业监察员规程》《特别工业保急及补助条例》《度量衡法》《标准法》等法规。此外，国民政府其他部门、地方政府和民间还编过关于抗战时期经济管制、农矿、交通、铁道、审计、合作社、建设等方面的分类或专业的法规汇编，如1929年农矿部编《农矿法规汇编》、1932年广东省建设厅编《建设法规会刊》六集、1933年铁道部参事厅编《铁道法规汇编》、1935年交通部法规委员会编《交通法规汇编》、1941年沈雷春等编《中国战时经济法规汇编》、1946年孟光宇主编《地政法规》等。但国民政府在经济立法的贡献仅限于经济法规汇编，并未对经济法治做系统研究，也未形成相应的经济法体系。

从中华人民共和国成立后至改革开放前的中国社会主义经济法，更多属于计划经济时期的经济行政法。先后涉及计划、财税、金融、价格、行业管理以及企业组织管理等领域。涉及企业组织管理的法规包括《私营企业暂行条例》（1950年）、《矿业暂行条例》（1950年）、《对外贸易管理暂行条例》（1950年）、《海关法》（1951年）、《国营企业内部劳动规则纲要》（1954年）、《公私合营工业企业暂行条例》（1954年）、《基本建设工程设计任务书审查批准暂行办法》(1955年)、《关于改进商业管理体制的规定》(1957年)、《关于工业企业下放的几项规定》(1958年)、《关于实行企业利润留成制度的几项规定》(1958年)、《关于发展农副业生产的决定》(1962年)、《工商企业登记管理试行办法》(1962年)等。这些法规主要规定了企业的组织形式、各投资主体间的权利义务、各主体的法律责任等。这些规定对企业的管理起了积极的作用,使各投资主体依法管理,其合法权益也得到了法律的保护。

中华人民共和国成立后至改革开放前,一直奉行计划经济,1952年中央设立国家计划委员会,同时政务院对国家财政作出规定,实行了统一领导、分级管理的方针和三级管理制度,把一部分国营企业和财经业务划归地方管理,各地中央直属企业政治工作由当地政府领导,并受当地政府监督、指导和协助。我国不仅设立了比较系统的计划机构,而且确定了条块结合的经济管理形式。为保证计划工作正常开展,我国相应地制订了有关的计划法规,这要包括《关于各种负责综合平衡和编制各该管生产、事业、基建和劳动计划的规定》(1957年)、《关于改进计划管理体制的规定》(1958年)、《关于加强综合财政计划工作的决定》(1960年)等。这些是新中国关于建立计划经济体制的最早的法律文件。这些计划法规涉及计划的制定主体、相关编制主体的职责范围、计划的编制程序,还包括国家各种计划的具体制定程序等,对我国计划制定的规范化起了较好的效果。

财政税收、金融事关国家大局,新中国经济法中的一个主要内容是制定相关的财政税收及金融法规。这些规定主要包括《全国税政实施要则》《公营企业缴纳工商业税暂行办法》以及利息所得税、印花税、屠宰税、货物税等暂行条例(1950年);1951年制定了特种消费行为税、城市房地产税、车船使用牌照税等暂行条例;《关于发放农业贷款的指示》(1953年)、《农业税条例》(1958年);《工商税条例(草案)》(1972年);《关于整顿和加强银行工作的几项规定》(1977年)、《关于实行现金管理的决定》(1977年)等。这些财税、金融法规,为我国税收征收提供了法律依据,为金融管理提供了法治保障。

除上面涉及的经济法规外,我国还制定了价格管理、行业管理、社会福利等方面的经济法规,这些经济法规包括《劳动保险条例》(1951年公布,1953年修正公布)、《关于精简退事例的老职工生活困难救济问题的通知》(1965年)、《关于各地不得自动提高国家统购和收购的家副产品收购价格的指示》(1956

年)、《关于物价管理权限和有关商业管理体制的几项规定》(1958年)、《关于物价管理的试行规定》(1963年)、《关于国营工商企业商品作价的规定》(1964年)、《关于安置老弱病残干部的暂行办法》(1978年)、《关于工人退休、退职的暂行办法》(1978年)等。这些规定都涉及社会公众利益,这符合经济法为了社会整体利益、可持续发展的基本原则。同时,这些法规也为保护弱势群体提供了经济法依据。

从中华人民共和国成立之初至改革开放,国家通过经济立法将国民经济纳入经济计划轨道,实行生产资料的社会主义公有制和按劳分配。企业必须完成国家计划任务,企业间的关系也是一种计划联系。在此意义上计划经济排斥私有制和按资分配,私法以及维护自由放任经济的民法归于消失。对应的经济方面立法实践是应计划体制的需要而产生,其立法指导思想及制度体例均带有浓重的计划色彩,如果从严格的经济法范畴来看,这一阶段的经济法大多属于规划法,其中有一部分企业法。

二、我国经济法治的发展

在传统计划经济体制下,中国经济在宏观经济环境、资源配置制度以及微观经营机制等方面都存在严重的问题。为解决这些严重的经济问题,中国开始改革过去高度集中的计划经济体制,实行计划经济与市场调节相结合的体制。国家经济管理模式自此产生了明显变化,逐步重视发挥价值规律和市场机制对国家经济运行的作用。从1978年开始,中国在农村全面实行了以家庭联产承包责任制为核心的农村经济制度改革,大大解放了农民的生产力。在城市,中国的改革以扩大企业自主权为中心,进行了综合和专项改革试点。与以往的改革停留在行政层面不同的是这次改革是行政向企业的放权让利,赋予企业部分收益权以激励企业经营者与劳动者的劳动积极性,提高资源利用效率,力图实现以权利换效率的目的。在金融体制改革方面,我国打破了“大一统”银行体系,初步建立起中央银行领导下以专业银行和综合性银行为主体,以保险、信托、证券和城乡信用社为辅助的金融体系,同时改革了信贷资金管理体制、利率管理体制和信用制度,促进了金融市场的发育。

这一阶段,重视以法律手段调控经济,1981年成立了“国务院经济法规研究中心”(1986年并入国务院法制局),从事经济法规起草、修订的组织协调工作，颁布了大量的管理经济的法律法规，其中最主要的法规包括《森林法》（1979年）、《中外合资经营企业法》、《中外合资经营企业所得税法》、《广东省经济特区条例》、《关于扩大国营工业企业经营管理自主权的若干规定》（1979年国务院发布）、《国务院关于推动经济联合的暂行规定》（1980年）、《关于发展社队企业若干问题的规定（试行草案）》（1979年国务院发布）、《个人所得税法》（1980年）、《外汇管理条例》（国务院1980年发布）、《优质产品奖励条例》（1979年国务院批准发布）、《标准化管理条例》（1979年国务院发布）、《中华人民共和国环境保护法（试行）》（1979年）、《经济合同法》（1981年制定）等。

微观经营机制的改革，一方面使企业有了一定的经营自主权，在此基础上产生了新的资源配置要求；另一方面旧的高度集中的资源计划配置制度对初具活力的微观经营机制的制约作用越来越明显。为了解决它们之间的冲突，继续增强国有企业的活力，从1984年起资源配置制度的改革在物资、外汇和金融等各个领域全面展开并取得了实质性的进展。其中物资管理体制的改革最具成效，通过改革，缩小了计划分配物资的品种、数量和范围，建立了多种形式不同规模的生产资料市场。在外贸体制方面，通过从扩大外贸经营权、实行外汇留成制度到推行外贸承包经营责任制再到确立“统一政策、平等竞争、自主经营、自负盈亏、工贸结合、推行代理制、联合统一对外”的管理体制和运行机制的一系列改革，极大地促进了中国外贸的扩张。

在推进微观经营机制变更的同时，我国也注重经济管理的改革。国家颁布了大量经济法规，体现了国家管理经济的权力的削减和限制，注重科学管理的推行。其主要法律法规有：《土地管理法》（1986年）、《全民所有制工业企业法》（1988年）、《中外合作经营企业法》（1988年）、《烟草专卖法》（1991年）、《外商投资企业和外国企业所得税法》（1991年）、《关于发展高产优质高效农业的决定》（1992年）以及《关于加快发展第三产业的决定》等。这十几年间，由全国人大及其常委会、国务院制定的有关经济管理的法律法规近千件。各省、直辖市、自治区以及经济特区等地方权力和行政机关也在其各自的立法权限内，制定和颁布了大量的地方性经济管理法规。这些法律法规的内容涉及企业管理、国有资产管理、计划、财政、金融、价格、市场、自然资源、环境保护、工业、农业、建筑、交通运输、商业、科技、邮电、财务等各个方面，包括了国民经济的各行业，各部门，各环节。其时，国民经济的各个基本方面和基本部门中，大多都有一个综合性的法规加以全面管理，与之配套的还有诸多单项法规。经济法的法律规范大量地蕴含于各种形式意义的法律之中。从整体上考察，这一时期的中国经济法将大量应属于民商法调整范围的社会关系纳入立法范围，为国家直接介入经济活动提供法律保障。国家管理国民经济的主要方式是，投资开办国有企业并直接进行管理，使国家投资和国有企业立法构成经济立法的主要组成部分。这或多或少地反映了计划体制或有计划的商品经济体制的局限性。

在此阶段值得一提的是，为保障经济法律法规能得到执行，各级人民法院于1979年开始设立经济审判庭，主要受理商品购销、农村承包经营、银行和信用社借贷、建筑工程承包和加工承揽等经济合同纠纷，也审理经济损害赔偿、知识产权和海外经济纠纷等。1980年恢复设立铁路运输法院和水上运输法院，并在大面积国有林区设立森林法院。1984年开始在沿海港口城市设立海事法院。1986年人民法院又陆续组建行政审判庭，受理工商、税务、土地管理、海关、环境保护等方面的经济行政纠纷。这些法制实践为经济法创设及其发展提供了坚实的基础，也为我国经济法治战略提供良好的路径。

三、我国经济法治的完善

1992年秋，中国共产党第十四次全国代表大会召开，江泽民代表党中央作了题为《加快改革开放和现代化建设步伐，夺取有中国特色社会主义事业的更大胜利》的报告，明确提出了中国经济体制改革的目标是建立社会主义市场经济体制，即要使市场在社会主义国家宏观调控下对资源配置起基础性的作用，并通过价格杠杆和竞争机制，按照效益配置资源，把培育和建立一个完善的市场作为继续推进经济体制改革的最为重要的目标。这一理论突破表明中国经济体制改革的目标模式已经确立，进一步改革已不再具有意识形态上的根本障碍。社会主义市场经济体制的建立和完善必须有完备的法制来规范和保障。中国立法机关按照建立社会主义市场经济体制的要求，加快经济立法，在规范市场主体、维护市场秩序、加强宏观调控、促进对外开放等方面，制定了公司法、合伙企业法、商业银行法、乡镇企业法、反不正当竞争法、消费者权益保护法、产品质量法、拍卖法、担保法、海商法、保险法、票据法、城市房地产管理法、广告法、注册会计师法、仲裁法、审计法、预算法、中国人民银行法、对外贸易法、劳动法等法律。价格是资源配置的最重要的信号，我国的价格改革沿着计划结构单轨制到计划价格和市场价格双轨制再到市场价格为主、计划价格为辅的方向不断深化发展，1997年《价格法》颁布，除了少数关系国计民生的物资价格由国家控制外，其他价格均由市场根据供求关系决定，从而极大地增强了市场信号对企业配置资源的影响力。

在汇率方面，改革先是改单一官方汇率为多重汇率，即官方汇率、内部结算汇率和调剂汇率，接着是改多重汇率为双重汇率，即官方汇率和调剂汇率，最终是改双重汇率为单一的市场汇率，实现有管理的浮动汇率制。1993年国务院决定改革外汇管理体制，从1994年1月1日起实行外汇结汇制、银行售汇制、人民币汇率并轨等相关制度，并于1996年重新制定了《外汇管理条例》（1997年修改，2008年修订），《外汇管理条例》加强了外汇管理，促进国际收支平衡，促进了国民经济健康发展。

在利率方面，设立政策性银行，将目前商业银行承担的政策性的金融业务独立出来，然后按照国际标准打造中国的商业银行，力图实现商业银行根据市场上的资金供求变化决定利率的改革目标。《中华人民共和国中国人民银行法》和《中华人民共和国商业银行法》于1995年出台，标志着我国金融体制改革和经济法制发展到了一个新的阶段。《中华人民共和国人民银行法》确立了中国人民银行的地位，明确其职责，保证国家货币政策的正确制定和执行，建立和完善中央银行宏观调控体系，维护金融稳定。《中华人民共和国商业银行法》出台目的是保护商业银行、存款人和其他客户的合法权益，规范商业银行的行为，提高信贷资产质量，加强监督管理，保障商业银行的稳健运行，维护金融秩序，促进社会主义市场经济的发展。

在宏观经济领域还有一项重大的改革是税收财政体制管理改革。1994年1月1日，我国对中央与地方的事权及收入、支出作了划分，规定建立以增值税为主体的流转体系，统一企业所得税制，并由国务院制定了关于增值税、营业税、消费税、土地增值税、资源税、企业所得税等的暂行条例，由全国人大常委会颁布了关于外商投资企业和外国企业适用增值税、消费税、营业税等税收暂行条例的决定。《中华人民共和国个人所得税法》从1993～2011年先后进行了六次修订。《中华人民共和国税收征收管理法》也多次进行了修订（最近一次修订是2015年4月），税收征收管理法对加强税收征收管理，规范税收征收和缴纳行为，保障国家税收收入，保护纳税人的合法权益，促进经济和社会发展起了积极作用。

市场经济是一种法制经济、制度经济。在改革初期的实践中，各种经济活动往往都是非制度化的，这是改革必然要经历的初级阶段。但是经过了二十年的市场风雨的洗礼，中国的市场主体已经充分地成长起来了，市场竞争越来越激烈，在某些领域甚至进入白热化程度。在利益的诱导之下，市场主体之间的恶性竞争现象层出不穷，市场出现无序化的倾向。而政府及其官员对市场的无理干预也日益增多，寻租设租、权钱交易现象严重损害了我国经济肌体的健康。为保护市场的竞争秩序，我国颁布了《中华人民共和国反不正当竞争法》(1993年9月2日公布，1993年12月1日施行，以下简称《反不正当竞争法》)，反不正当竞争法是中国由计划经济向市场经济转轨时期制定的一部重要法律，借鉴国际经验，规定禁止仿冒、商业贿赂、虚假宣传、侵犯商业秘密、不正当有奖销售、诋毁竞争对手等不正当竞争行为，维护经营者公平竞争的权益。《反不正当竞争法》与《中华人民共和国反垄断法》(以下简称《反垄断法》)一道被称为"市场经济宪法"，我国《反不正当竞争法》自1993年12月1日起施行，至今已有24年。经过20多年的发展，市场经济的成熟程度大幅提高，市场竞争程度和竞争状况都发生了极为广泛而深刻的变化。现行《反不正当竞争法》存在法律空白点多、条款缺失、行政执法分散、执法标准不统一、法律责任制度不完善、处罚力度过弱等问题，已明显不适应经济发展需要。2017年2月份，《反不正当竞争法(修订草案)》正式提交全国人大常委会审议。此次《反不正当竞争法(修订草案)》首次增加互联网不正当竞争条款。近两年以来，随着互联网行业竞争加剧，涉及新型互联网不正当竞争行为的案件数量呈现爆发趋势。山寨抄袭、域名抢注、阻碍软件安装运行、诱导或恶意卸载软件、搜索排名、安装恶意插件、虚假宣传、窃取信息、商业诋毁和流量劫持等恶性竞争、不正当竞争手段，已成为互联网领域经营者间不正当竞争的主要矛盾焦点。修改稿给所有市场主体普遍设置了"兼容"义务，过度泛化，不利于中小企业创新。修订草案还将对商业贿赂的范围适当扩大，细化各类恶意仿冒行为，并进一步完善了行政执法权，增加了检查、查封、扣押、查询等强制措施，还突出了对不正当竞争行为的民事赔偿责任。

市场竞争的另一个法律是《反垄断法》(2007年8月30日颁布)，反垄断法的立法目的在于禁止垄断和其他限制竞争的行为，创造公平竞争的良好环境，使市场在资源配置中的基础性作用能够充分发挥，以保证市场经济健康发展。通过法律的强制性作用排除各种对竞争机制作用的干扰，保护市场主体参与市场竞争的权利，维护竞争的市场结构，保护消费者的合法权益。反垄断法对垄断协议、滥用市场支配地位、排除、限制竞争的经营者集中等垄断行为作了禁止性规定。市场竞争过程中，消费者作为弱势群体，国家通过颁布产品质量法和消费者保护法予以保护。为加强对产品质量的监督管理，提高产品质量水平，明确产品质量责任，保护消费者的合法权益，维护社会经济秩序，颁布了《中华人民共和国产品质量法》(1993年2月颁布、2000年修改)。为保护消费者的合法权益，维护社会经济秩序，促进社会主义市场经济健康发展，颁布了《中华人民共和国消费者权益保护法》(1993年施行、2014年作了较大的修改)。2016年6月国务院颁布《关于在市场体系建设中建立公平竞争审查制度的意见》(国发〔2016〕34号)，要求建立公平竞争审查制度，按照加快建设统一开放、竞争有序市场体系的要求，确保政府相关行为符合公平竞争要求和相关法律法规，维护公平竞争秩序，保障各类市场主体平等使用生产要素、公平参与市场竞争、同等受到法律保护，激发市场活力，提高资源配置效率，推动大众创业、万众创新，促进实现创新驱动发展和经济持续健康发展。

中国积极履行在世界贸易组织框架内承担的义务，不断完善对外贸易法律制度，确立了社会主义市场经济条件下的对外贸易体制，规范了对外贸易经营者的权利和义务，健全了货物进出口、技术进出口和国际服务贸易管理制度，建立了具有中国特色的对外贸易调查制度和对外贸易促进体制，并根据世界贸易组织规则完善了贸易救济制度、海关监管和进出口商品检验检疫制度，确立了统一、透明的对外贸易制度。中国对外贸易快速增长，进出口总额在世界贸易中的地位不断提升。为了扩大对外开放，发展对外贸易，维护对外贸易秩序，保护对外贸易经营者的合法权益，促进社会主义市场经济的健康发展，1994年5月12日我国通过了《中华人民共和国对外贸易法》，自1994年7月1日起施行。我国还多次修改了《中华人民共和国中外合作经营企业法》《中华人民共和国外资企业法》《中华人民共和国中外合资经营企业法》《外资企业法实施细则》。自2013年10月起，我国先后在上海、广东、天津、福建四个自贸区，实施外商投资准入前国民待遇加负面列表管理模式，将不涉及国家规定实施准入特别管理措施的外商投资企业设立及变更由审批改为备案管理。2015年国务院颁布《关于实行市场准入负面清单制度的意见》(国发〔2015〕55号)，以清单方式明确列出在中华人民共和国境内禁止和限制投资经营的行业、领域、业务等，以及各级政府依法采取相应管理措施的一系列制度安排。市场准入负面清单以外的行业、领域、业务等，各类市场主体皆可依法平等进入。为深化外商投资管理体制改革，2016年9月3日，第十二届全国人大常委会第二十二次会议审议通过对《中华人民共和国外资企业法》等四部法律的修正案，决定将不涉及国家规定实施准入特别管理措施的外商投资企业设立及变更由审批改为备案管理。为确保法律修订的顺利实施，经国务院批准，国家发展改革委、商务部发布2016年第22号公告，对外商投资特别管理措施的范围予以明确。同时，商务部发布了《外商投资企业设立及变更备案管理暂行办法》(商务部令2016年第3号)，对备案适用范围、备案程序、监督管理和法律责任等内容作出规范。

我国国有经济立法中，有影响的第一部法律是1988年颁布的《中华人民共和国全民所有制工业企业法》(2009年修改)，该法宗旨是保障全民所有制经济的巩固和发展，明确全民所有制工业企业的权利和义务，保障其合法权益，增强其活力。为维护国家基本经济制度，巩固和发展国有经济，加强对国有资产的保护，发挥国有经济在国民经济中的主导作用，促进社会主义市场经济发展，2008年，我国颁布了对国有经济管理有影响意义的法律《中华人民共和国企业国有资产法》。该法所称的国有资产，泛指国家对企业各种形式的出资所形成的权益，这意味着包括金融企业国有资产在内的各类企业国有资产都适用本法规定，从而结束了金融资产游离于国资管理体系外的争议，对今后金融国有资产的整合以及整个国有经济的战略调整都具有积极意义。但鉴于金融资产的特殊性，同时也为了与现行国有资产监管体制相衔接，新法在附则中规定，金融企业国有资产的管理与监督，法律、行政法规另有规定的，依照其规定。金融企业国有资产的监管既适用于新法，又与商业银行法、银行业监督管理法、证券法、保险法等金融类法律和有关行政法规对金融企业监管的特别规定相衔接。

第三章 宏观经济法治战略

在国家管理经济活动中，有效的方法是让市场发挥配置资源的基础性作用。但市场本身也存在问题，市场运行存在不稳定现象，也存在外部性。国家需要发挥其调控功能，宏观调控是为了克服经济不稳定性和经济活动的负外部性。[1]市场机制的有效运作有赖于社会供给与社会需求之间的平衡。但在现实经济世界里，市场机制只能大体做到供给与需求的平衡，有时会出现需求与供给无法平衡的局面，当供求关系严重失衡时，市场机制是无力恢复平衡关系的。因此，就要由国家采取措施增加供给或增加需求，来平衡供求关系。市场机制以价格机制作为配置资源的主要方式，它本身无力解决负外部性问题，这就需要国家的宏观调控。而政府本身也会失灵或具有外部性，要保证政府行为的正当性，就要保证政府宏观调控的法治化。政府宏观调控的法治化，是提供社会公平与社会正义的需要。市场机制无法提供完全的社会公平与社会正义，因为存在信息不对称等市场失灵情况，市场机制的自动运作会导致“穷者越穷，富者越富”的情况出现，因此需要国家介入，通过二次分配进行干预，避免此类现象出现，以实现社会公平与社会正义；国家介入干预的法治化，可以防止出现行政行为恣意等政府失灵情况，侵害市场主体之利益。法治原则的形式要求是指法律具有可预期和稳定、确定的特征。而宏观调控的法治化，就可以

〔1〕 所谓的外部性是指市场活动过程中，市场主体给他人和社会造成的后果。如果其给社会带来的效果是良好的，则称为正外部性，如果给社会带来不良后果或损害的，则称为负外部性。

使市场主体对自己的市场行为进行预测，使宏观调控的体系、程序稳定与确立，从而减少国家行政机关的行政恣意行为。通过宏观调控法治化，可以使议会（在我国为全国人大）对政府的财政预决算等进行控制与监督，以便形成民主政体之下的有限政府，而非专制时代的无限政府，确保广大人民的自由与财产的权利。通过宏观调控法，便于追究政府违法行为的法律责任与政治责任，有助于形成一个负责的政府。宏观调控法在保障国家在经济调控中集中反映了国家之意图。对调控主体行为具有明显的导向性，即引导、控制市场主体行为符合国家的要求，让市场主体清楚国家希望他们怎么做，以加强相互沟通，使市场主体能按国家调控要求去做。

我国的宏观经济活动涉及的范围广泛，政府宏观调控措施多样，有财政、税收、金融、规划、产业政策等，这些措施都需要通过法治思维、法治方法予以指导，宏观经济活动的法治战略意义也在此。

第一节 金融法治战略

金融涉及的范围非常广泛，广义的金融包括银行、证券、保险、信托、融资租赁等，而金融甚至经济的核心是货币。一国的货币发行、管理等，一般归集到央行。央行通过金融调控来达到货币的稳定。金融法治战略的关键是金融调控。所谓金融调控是指中央银行通过制定和实施货币政策来实现的宏观调控，它是经济宏观调控中最重要的一种，金融调控主体是中央银行。在我国中央银行即为中国人民银行，其他任何机构与组织都不能成为金融调控的主体。

金融调控的手段主要是货币政策。所谓的货币政策，是指中央银行为实现特定目标调节和控制货币供应量及处理货币事务的路线、方针、规范和措施的总称。由于货币政策是具有宏观性、间接性与长期性的经济政策，因此，决定了金融调控也具有宏观性、间接性与长期性的特点。

金融调控的手段虽具有灵活性与适应性，但金融调控须在法制范围内运行。由于货币政策不是法律，法律具有确定性和稳定性，而货币政策的突出特点则是处理现实货币问题的灵活性和适应性。但是，制定和实施货币政策是法律赋予中央银行的一项权力，必须在法律的框架内运作。因此，中央银行宏观调控实质上是在法律授权的范围内灵活运用权力的行为，它不能脱离法定宗旨恣意行事。

一、金融调控的目标

金融调控的目标是保证货币政策目标的实现，防止金融系统的系统性风险。而金融调控目标是否实现，主要看货币政策目标是否达到。货币政策目标是中央银行实施货币政策所预定要对宏观经济产生的明确效果。与社会经济形势相适应，中央银行货币政策目标有一个多元化的发展过程，一般包括稳定物价、充分就业、经济增长和平衡国际收支四项。根据我国的历史经验和现实情况，为协调稳定与发展的关系，《中华人民共和国中国人民银行法》规定，我国货币政策目标是保持货币币值的稳定，并以此促进经济增长。在市场经济国家中，立法对金融调控目标的表述不尽相同，但其目标在现实经济中却是一致的，即稳定物价、充分就业、经济增长和国际收支平衡。

1.稳定物价。物价的不稳定严重干扰了各国经济的顺利发展，因此各国政府与各国中央银行都将稳定物价作为宏观调控的重要目标。而在货币政策中，稳定物价就是要稳定货币币值。所谓稳定物价，其含义就是将物价总水平的上升控制在一定的幅度之内，一般认为年物价上涨率控制在3%就是实现了物价稳定。

图3-1是2006～2016年我国的CPI变化图和2016年每个月我国居民消费价格指数。2016年每个月的上涨都在合理范围内。

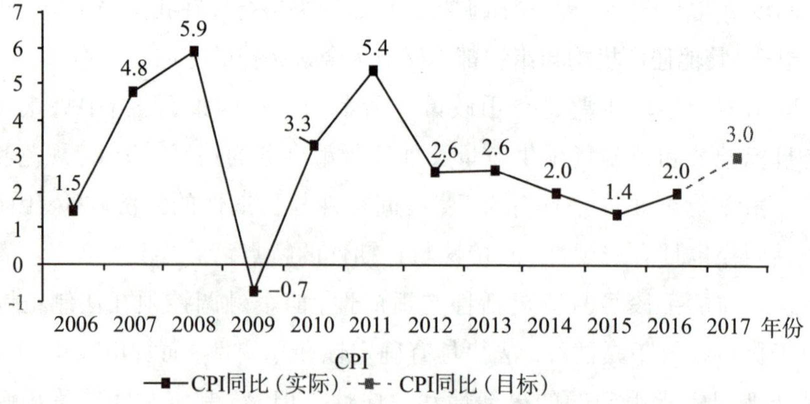

图3-1 我国2006～2017年CPI变化

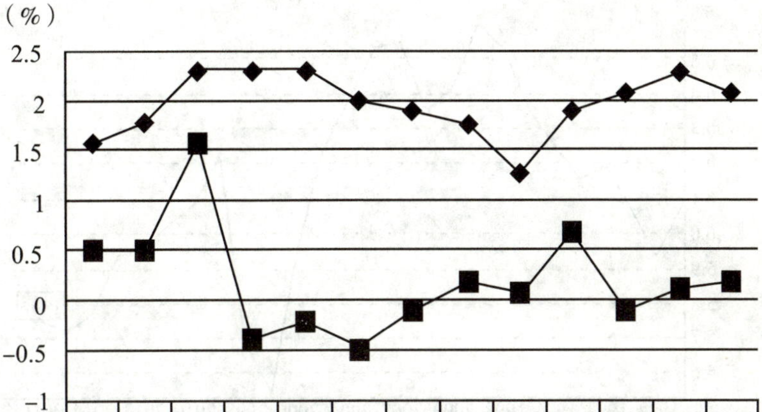

	2015.12	2016.1	2016.2	2016.3	2016.4	2016.5	2016.6	2016.7	2016.8	2016.9	2016.10	2016.11	2016.12
同比	1.6	1.8	2.3	2.3	2.3	2.0	1.9	1.8	1.3	1.9	2.1	2.3	2.1
环比	0.5	0.5	1.6	−0.4	−0.2	−0.5	−0.1	0.2	0.1	0.7	−0.1	0.1	0.2

图3-2　2016年全国居民消费价格涨跌幅

资料来源：国家统计局。

2.充分就业。充分就业的标准是以一国的失业率来衡量的。根据工业国的经验数字，若将失业率控制在4%以内就实现了充分就业。

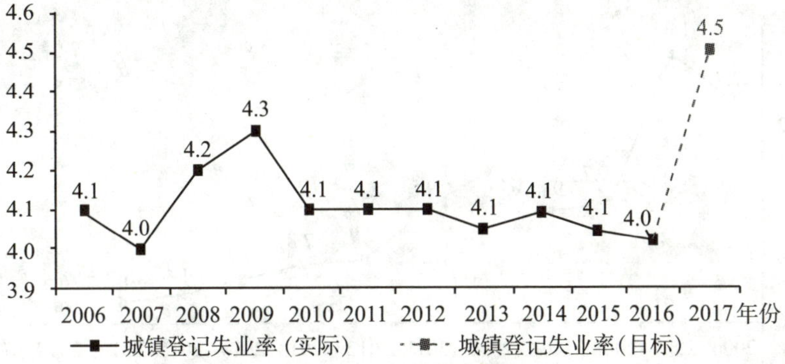

图3-3　我国2006～2017年城镇登记失业率

人社部公布的我国2016年的失业率为4.02%，基本在正常范围内。根据2017年的政府工作报告，我国2017年的失业率控制在4.5%。

图3-4是国际劳工组织提供的1992～2016年全世界的失业率。

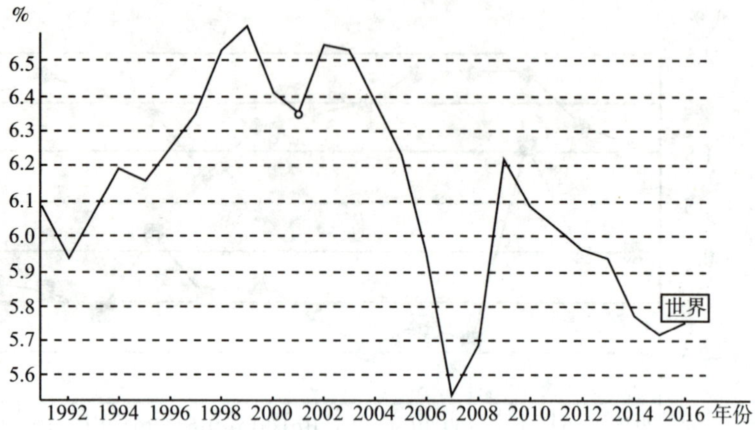

图3-4　全世界1992～2016年失业率

3.经济增长。经济增长的衡量标准一般采用“人均国民生产总值”的增长率来表示。由于各国在各时期对经济增长的要求不同，因而有所区别。发达国家以1%～4%作为经济增长的目标，而发展中国家则为4%～8%。

我国经过仅30年的经济高速增长后，逐渐进入到中高速增长，也就是经济新常态。

图3-5为我国近10年的国民生产总值的增长率。

图3-5　2006~2017年中国GDP的年均增长率

2016年我国国民生产总值的增长率为6.7%，2017年的预定目标是6.5%。这一目标符合我国现有经济环境，也与我国去产能、去库存、去高杆的目标相一致。

4.国际收支平衡。随着国际市场竞争的日益激烈，维持国际收支的相对平衡成为各国普遍性、持久性的重要政策任务。国际收支是否平衡，是衡量一个经济实力的一个标准。国际收支相对平衡的标准只能根据各国所处的不同经济发展阶段和具体情况而定。因保持国际收支平衡的主要手段是尽可能多地储备外汇，我国主要以储备美元为主。我国外汇储备到2014年7月达到最高点3.99万亿美元，至2017年4月30日，我国外汇储备规模为30，295亿美元。央行持有的外汇储备几乎是中国基础货币投放的唯一渠道，外汇储备资产的增长一度造成了中国的流动性过剩和银行信贷扩张，为此央行不得不持续不断地提高法定存款准备金比率。但央行持有的外汇储备持续下降反过来对基础货币起到了收缩之效。

金融调控要同时实现上述四大目标，在现实经济中几乎不可能，但由于“四大目标”均为国民经济稳定运行所必需的，因此，金融调控的货币政策目标还存在选择问题：金融调控、财税调控、产业调控的选择。一国的宏观调控政策主要有金融调控、财税调控与产业调控，三者的目标都是实现上述四大目标，因此，在实现上述四大目标时，要结合一国政治经济情况的发展，在三类政策中进行选择。关于稳定物价与实现充分就业之间的选择，著名的经济学理论中的“菲利普斯曲线”，[1]描述了稳定物价与充分就业这两个货币政策之间的选择难点所在。在失业率与物价上涨率之间，无论货币政策措施如何，都存在着此消彼长的替代关系。稳定物价和充分就业能同时实现，光依靠货币政策达到这一目标是困难的。关于稳定物价与促进经济增长之间的选择，有关统计资料表明，任何一国在经济增长时期，其物价水平平均呈上涨趋势。这说明，中央银行在为实现经济增长目标而努力时，必须考虑如何处理经济增长与稳定物价之间的关系。关于促进经济增长和平衡国际收支之间的选择，消除国际收支逆差通常要求压缩国内总需求，带来国内经济的收缩；而若要扩张国内经济，则需要采取扩张性货币政策，刺激国内总需求增加，从而会导致国际收支出现逆差或减少顺差。因此，在纠正国际收支失衡和改变国内经济衰

---

〔1〕 菲利普斯曲线是由新西兰的统计学家威廉·菲利普斯研究发表的，主要是用来研究失业情况和通胀情况间的取舍关系的曲线。后来，一些经济学家对这个曲线理论进行了大量的研究和理论解释，使得后来的菲利普斯曲线变得更加完善。菲利普斯曲线的原理就是：如果当前某国家的失业率比较低，工资的增长率反而会升高；相反，如果失业率比较高的时候，工资增长率反而会比较低。由于，在某种程度上，工资的情况可以和当前的通胀率挂钩，所以菲利普斯曲线就可以用来表示失业情况和通胀情况之间的关系，也就是说失业率高的时候，工资水平低，通胀率低；失业率低的时候，工资水平高，通胀率高。

退的货币政策与措施之间，通常需要中央银行依据特定的情况和条件进行合理的选择。这表明，央行行使金融调控时，必须与调控我国经济活动的其他部门协调、配合，以实现金融调控的目标。而央行调控则依赖于各种货币政策工具，金融调控成功与否，关键在于货币政策工具运用是否恰当。

二、金融调控的手段

中央银行调控金融的主要手段是货币政策，货币政策是中央银行为实现特定的经济目标而采取的各种控制和调节货币供应量或信用量的方针、政策、措施的总称。货币政策通过调整货币供应与信用的总量和结构，影响货币支付能力，从而间接控制社会总需求，促进供求总量平衡。法定存款准备金、中央银行基准利率、再贴现与再贷款、公开市场操作，是中央银行进行宏观调控的主要手段。

1.法定存款准备金。法定存款准备金是指依照法律规定，商业银行等金融机构必须存放于中央银行准备金账户的无息存款。金融机构交存准备金占其吸收存款总额的比例称为法定存款准备金率。央行对法定存款准备金只支付极低的利率，高法定存款准备金比率政策提高了商业银行的机会成本，我国的存款准备金制度直接造成了两方面的后果：人为地制造存贷款利差给予商业银行相应的利益补偿（即利差管理），商业银行为了追求利润目标而更大幅度提高贷放的利率，加重了实体经济融资难与融资贵。中国人民银行有权要求商业银行等金融机构缴存法定存款准备金，并调整存款准备金率。[1]中国人民银行根据社会货币供应量和信用量过大或过小情况，提高或降低法定存款准备金率，从而减少或增加货币供应量。存款准备金率是建立其他有效货币政策工具体系的前提，我国现在各项存款已达157万亿余元，为了避免法定存款准备金比率的变化对经济和金融市场带来较大的冲击，在利用存款准备金率时，央行应考虑每次调整的百分点再小一点，而不是0.5个百分点，这可以尽量利用存款准备金率调整的益处而防止其不利后果。

---

〔1〕 我国最近一次法定存款准备金的调整是在2016年的2月29日，央行宣布自2016年3月1日起，普遍下调金融机构人民币存款准备金率0.5个百分点，以保持金融体系流动性合理充裕，引导货币信贷平稳适度增长，为供给侧结构性改革营造适宜的货币金融环境。现在我国大型金融机构的存款准备金率为16.5%，中小型金融机构的存款准备金率为13%。

2.中央银行基准利率。基准利率指在利率体系中起主导作用的基础利率。其水平和变化决定其他各种利率的水平和变化。鉴于我国金融体制改革尚处过渡阶段，相当时间内还难以形成完全以市场为基础的基准利率，我国以中国人民银行对商业银行的存贷利率作为基准利率。2015年10月24日，我国利率市场化进程迈出了实质性的一步，央行宣布对商业银行和农村合作金融机构等不再设置存款利率浮动上限。利率市场化关系到整个资金配置，对资源配置效率的提高，对金融市场的格局都会有重大影响，我国应积极稳妥地推进利率的市场化，也不能急于求成。

3.再贴现率。贴现指以未到期的票据向金融机构融通资金，金融机构扣除从贴现日至票据到期日的利息后，以票面余额付给持票人资金的票据转让。商业银行将其贴现获得的商业票据拿到中央银行再次贴现，中央银行所扣除的利息率，称为再贴现率。再贴现意味着中央银行向商业银行贷款，从而增加了货币投放，直接增加货币供应量。再贴现率高低不仅直接决定再贴现额的高低，而且会间接影响商业银行的再贴现需求，从而整体影响再贴现规模。如果商业银行对再贴现率缺乏敏感性，则再贴现率的调节作用会降低。

4.再贷款是指中央银行对商业银行的贷款。再贷款政策是现阶段我国主要的货币政策工具之一，中国人民银行通过控制贷款额，可影响商业银行缴存的超额准备金，指导和调节商业银行的信贷活动，从而控制、调节货币供应量和信贷规模。当金融机构经营不善引发支付危机，中央银行可以发挥最后贷款人的职能，对出现危机的中小金融机构发放紧急贷款，缓解支付压力，控制支付危机，迅速有力地稳定金融局面。对关闭、撤销清算的金融机构提供再贷款用于个人债务兑付，化解金融风险。再贷款的投放对于弥补重点资金缺口、调整产业结构、调整地区或部门间资金余缺，对推动经济的高速增长起到了至关重要的作用。中国人民银行根据货币供应量增长计划，适时向金融机构发放再贷款，灵活调剂商业银行的流动性，从而影响商业银行的贷款扩张能力。

近几年来，央行对再贷款工具的运用有了新的发展。一方面设立新的再贷款工具，另一方面是扩大再贷款合格抵押品的范围。央行运用的新再贷款工具包括小微企业再贷款、扶贫再贷款、支农再贷款、信贷资产质押再贷款、抵押补充再贷款等。经过央行的不断调整，可以充当央行再贷款抵押品的金融资产包括：高信用级别的债券，如国债、中央银行债券和政策性金融债券；商业银行持有的信贷资产。将地方债纳入央行常备借贷便利（Standing Lending Facility，SLF）、中期借贷便利（Medium-term Lending Facility，MLF）和抵押补充贷款（Pledged Supplementary Lending，PSL）的抵押品范围内。尽管央行贷款功能的扩展和抵押品范围的调整，使货币政策的传导更直接，也可以影响市场利率总水平与结构，无论是流动性管理功能、结构调整还是引导市场利率结构变化，单单有央行贷款是不够的。央行贷款要更有效地发挥流动性管理功能、引导利率总水平和利率结构，就需要协调央行贷款与公开市场的使用。尤其货币政策要更好地引导利率走势和利率（期限）结构，采取重要的措施进一步完善中国的公开市场操作，尤其是搭配不同期限的国债甚至金融债券的现券操作，通过改变债券市场需求结构来引导市场利率期限结构。在全球主要央行日益强调前瞻性指引的时候，应进一步提高我国央行贷款操作的透明度，提升央行贷款操作在公众预期管理中的作用；央行贷款作为流动性管理，应当更多的是为陷入困境的金融机构提供紧急流动性援助，以防止市场流动性因个别金融机构的困境而枯竭。〔1〕

5.公开市场业务。是指中国人民银行在公开市场上买卖国债、其他政府债券和外汇的行为。中国人民银行开展公开市场业务可通过买卖证券，增减基础货币数量，从而调节货币供应量。中国人民银行公开市场业务债券交易主要包括回购交易、现券交易和发行中央银行票据。其中回购交易分为“正回购”和“逆回购”两种，正回购为中国人民银行向一级交易商卖出有价证券，并约定在未来特定日期买回有价证券的交易行为，正回购为央行从市场收回流动性的操作，正回购到期则为央行向市场投放流动性的操作；逆回购为中国人民银行向一级交易商购买有价证券，并约定在未来特定日期将有价证券卖给一级交易商的交易行为，逆回购为央行向市场上投放流动性的操作，逆回购到期则为央行从市场收回流动性的操作。央行通过公开市场操作来引导货币与债券市场利率走势，也可以此来探求中国基于利率的市场化货币调控新机制。

除此之外，央行还有其他多种直接和间接工具使用。这些工具包括：（1）消费信用控制。消费信用控制主要规定分期付款的首期最低付现额和分

〔1〕 彭兴韵：《中国过高杠杆率是过去激进货币政策的结果》，载《中国资本》2017年4月29日。

期付款的最长付款期，由此来调节社会对商品的有效需求。在我国消费信用最大的个人住房贷款，[1]在房地产市场的宏观调控过程中，我国充分运用了消费信用控制，对个人贷款的首付比例、贷款期限、贷款利率等进行调节，从而实现对房地产市场的调控。（2）优惠利率。中央银行根据产业政策的需要，可以对与国民经济发展关系重大或重要的部门、行业、企业实行较低的贴现率或贷款率。也可以为了某些行业的鼓励，给予较低的利率。（3）窗口指导，亦称道义劝告，是中央银行利用其说服力影响金融机构经营活动的行为。当中央银行具有较高威望和强有力的地位与权力时，窗口指导则能较好实行。窗口指导可以随时进行，无须耗费庞大行政费用，又因其是以婉转的形式来表达自己的意图，就少有诸如采用直接控制工具所带来的令人不快的心理反应，能够弥补政策时滞，在间接工具效力尚未达到政策目标之前予以劝说，大大减低了时滞的危害。（4）信用分配。信用分配是指中央银行对商业银行的信用进行合理分配与限制的措施。央行进行信用分配时需要有足够的信息收集和数据分析，并结合其他货币政策，信用分配的运用可以单独进行也可结合其他货币政策使用。央行还可以直接干预商业银行对货币政策的执行。中央银行直接对商业银行的信用业务进行干预的手段包括直接限制贷款的额度、直接干预对活期存款的吸收、拒绝经营不当者的贴现要求、实行惩罚性利率等。

三、央行的职能

中央银行制定和执行货币政策，并承担金融监管职能。中央银行与政府的关系，因国家历史、法律制度不同而有差异。有的国家中央银行直接对议会、国会负责，具有很大的独立性，如美国、德国、瑞典；有的国家中央银行直接受控于政策，独立性较低，如意大利、法国、比利时；有的国家中央银行名义上隶属财政部，实际具有较大独立性，如英国、日本。中央银行既不同于一般商业银行，也不同于一般政府机构，而是一种特殊的金融机构。中央银行虽办理存款、放款、贴现、票据清算和证券交易等业务，但其受控于政府，经营目标、经营原则和业务对象不同于一般银行；虽代理国家行使金融管理职能，但主要依靠货币供应量、利率、贷款等经济手段而非行政手段。

---

〔1〕 我国2016年年底的个人住房贷款余额为19.14万亿元人民币。

中央银行作为特殊的银行，其具有一般银行的基本功能。银行是指依法成立的经营存款、放款汇兑、储蓄等业务的金融机构。银行是商品货币经济发展的产物，起源于西欧古代社会的货币兑换业，早期银行便是在货币兑换业经营借贷业务的过程中产生的。中世纪时期，商业逐渐发达，一些专门经营货币业务的机构得到很大发展，银行业务逐渐兴起，出现了威尼斯银行、米兰银行、阿姆斯特丹银行、汉堡银行等一批近代银行。这些银行以政府为主要贷款对象，具有高利贷性质，不能适应资本主义工商业发展需要，从而产生了按照资本主义原则组织起来的股份制银行，1694年成立的英格兰银行是最早的股份银行。现代西方国家的银行结构和组成形式种类繁多，按照不同的分类方法，可分为：政府银行、官司商合办银行、私营银行；股份银行、独资银行；全国性银行、地方性银行；全能性银行、专业性银行；企业性银行、互助合作性银行；等等。按职能划分，有中央银行、政府性银行、商业银行、投资银行、储蓄银行和各种专业信用机构。以中央银行为中心，股份商业银行为主体，各类银行并存，构成现代西方国家的银行体系。我国现行银行体系经历了三个发展阶段：

第一阶段为1949～1982年，是我国开创和确立高度集中的银行体系时期。中华人民共和国成立后，国家接管了国民党政府的银行，对私营金融业进行整顿和改造，合并改组各解放区银行，按行政区划设立中国人民银行分行、中心支行和支行，逐步建立起以中国人民银行总行为中心的全国统一的银行体系。以后，虽先后成立了管理固定资产投资的中国人民建设银行，经营农村金融业务的中国农业银行，经营国家外汇的中国银行等三家专业银行和其他一些金融机构，但基本上仍是中国人民银行对金融业的“大一统”。中国人民银行具有双重职能，既作为中央银行发行货币和管理金融业，又兼营商业银行业务。这一时期高度集中的银行体制，适应并服务于当时的计划经济体制，为1949年后经济恢复和发展起过积极作用。但由于银行与政府没有分离，致使银行调节经济的职能难于发挥。由于实行国家垄断，没有竞争机制，因此缺乏发展动力。

第二阶段为1983～1993年，是我国银行体制改革的初步探索时期，1983年国务院颁布《关于中国人民银行专门行使中央银行职能的决定》，明确中国人民银行为我国的中央银行。1984年成立了中国工商银行，承办原由中国人民银行承担的城市工商信贷和存款业务，和已建立的三大专业银行一起构成以中国人民银行为中心，以各专业银行为主体的银行体系。这期间，还组建了一批股份银行和非银行金融机构，并设立了一些外资金融机构。这一时期，我国银行体系的改革对“大一统”式的金融体制有所突破，给金融业注入了活力。但由于体制没有根本转变，银行缺乏自我约束机制，金融行为缺乏规范，信贷资产质量不高，影响金融市场的发展。

第三阶段始自1994年起，是我国在明确市场经济体制改革目标开始建立与市场经济相适应的以商业银行为主体的新银行体系的时期。1993年10月党的十四届三中全会通过《关于建立市场经济体制若干问题的决定》，1993年12月国务院发布《关于金融体制改革的决定》，1995年3月18日和5月10日，全国人大先后审议通过了《中华人民共和国中国人民银行法》和《中华人民共和国商业银行法》，开始了以建立“统一、开放、竞争、有序”的金融市场为目标，以转变专业银行为商业银行为核心内容的金融体制深化改革。

我国的中央银行是中国人民银行，《中华人民共和国中国人民银行法》第2条规定：“中国人民银行是中华人民共和国的中央银行。中国人民银行在国务院领导下，制定和实施货币政策，防范和化解金融风险，维护金融稳定。”中国人民银行全部资本由国家出资，归国家所有，并实行独立的财务预算管理。因此，中国人民银行独立于财政，但受国务院领导，是国务院的直属机构。中国人民银行不按行政区划设置分支机构，其活动不受地方政府和其他机关、社会团体和个人的干涉。中国人民银行履行的职责包括发布与履行其职责有关的命令和规章；依法制定和执行货币政策；发行人民币，管理人民币流通；监督管理银行间同业拆借市场和银行间债券市场；实施外汇管理，监督管理银行间外汇市场；监督管理黄金市场；持有、管理、经营国家外汇储备、黄金储备；经理国库；维护支付、清算系统的正常运行；指导、部署金融业反洗钱工作，负责反洗钱的资金监测；负责金融业的统计、调查、分析和预测；作为国家的中央银行，从事有关的国际金融活动；国务院规定的其他职责。中国人民银行实行行长负责制。

在市场经济国家，一般设有专门进行货币政策决策的机构，一种是以英、美、德为代表的设在中央银行的理事会或董事会；另一种是以法、日为代表的中央银行之上单独设立的由政府、中央银行等方面代表组成的委员会。我国曾于1986年在《中华人民共和国银行管理暂行条例》中规定，中国人民银行理事会是货币政策决策机构，但实际没有发挥作用，重大货币政策由国务院决策，一般货币政策由中国人民银行决策。为增进货币政策决策的科学性，根据《中华人民共和国中国人民银行法》规定，中国人民银行设立货币政策委员会。中国人民银行就年度货币供应量、利率、汇率和国务院规定的其他重要事项作出的决定，应报国务院批准后执行，对其他一般货币政策事项作出决定后，即予执行，并报国务院备案。

四、货币发行的法治化

货币发行是中国人民银行向流通领域投入人民币现金的行为，也就是中国人民银行通过发行库把发行基金投入业务库，使这部分货币进入流通。发行库是人民银行为国家保管发行基金的金库。发行基金是调节市场货币流通的准备金，是中国人民银行为国家保管的待发行的货币。业务库是各商业银行为了办理日常现金收付，在各个对外的经营场所设置的现金库存，其库存现金处在经常周转形态，是流通中货币量的一部分。发行库和业务库共同组织人民币发行业务。发行库根据调拨命令和出库限额，将发行基金调入业务库，再通过业务库现金支付，将现金投入市场，增加市场货币流通量，称为货币投放。现金从市场流回银行业务库，业务库现金超过存限额（保证银行日常业务的最低库存准备），缴回发行库，称为货币回笼。

人民币是我国的法定货币，人民币发行必须坚持高度集中统一发行和经济发行原则。人民币发行集中于中国人民银行，发行人民币须适应商品流通的需要，按计划发行，不得对政府财政透支。

从我国法律规定来看，货币发行似乎不存在问题，但从我国近十年来发行人民币的规模来看，我国货币发行已经严重影响购买力的稳定。表3-2是我国1990年以来M2（广义货币）与GDP的比值，反映了我国货币发行量的快速增加。

表3-2　我国1990年以来M2（广义货币）与GDP的比值

年　份	M2指标值（亿元）	GDP绝对额（亿元）	M2/GDP
2016年年末	1,550,100.00	744,127.00	2.0831
2015年年末	1,392,300.00	676,708.00	2.0575
2014年年末	1,228,374.81	635,910.00	1.9317
2013年年末	1,106,524.98	588,018.76	1.8818

续表

年 份	M2指标值（亿元）	GDP绝对额（亿元）	M2/GDP
2012年年末	974，148.80	534，123.04	1.8238
2011年年末	851，590.90	473，104.05	1.8000
2010年年末	725，851.79	401，512.80	1.8078
2009年年末	610，224.52	340，902.81	1.7900
2008年年末	475，166.60	314，045.40	1.5131
2007年年末	403，442.2	265，810.30	1.5178
2006年年末	345，603.6	216，314.4	1.5977
2005年年末	298，755.7	184，937.4	1.6154
2004年年末	253，207.7	159，878.3	1.5838
2003年年末	221，222.8	135，822.8	1.6288
2002年年末	185，007	120，332.7	1.5375
2001年年末	158，301.9	109，655.2	1.4436
2000年年末	134，610.3	99，214.6	1.3568
1999年年末	119，897.9	89，677.1	1.3370
1998年年末	104，498.5	84，402.3	1.2381
1997年年末	90，995.3	78，973	1.1522
1996年年末	76，094.9	71，176.6	1.0691
1995年年末	60，750.5	60，793.7	0.9993
1994年年末	46，923.5	48，197.9	0.9736
1993年年末	34，879.8	35，333.9	0.9871
1992年年末	25，402.2	26，923.5	0.9435
1991年年末	19，349.9	21，781.5	0.8884
1990年年末	15，293.4	18，667.8	0.8192

货币的实际供应数量超过实体经济的实际需要，会引起通货膨胀。适度的通货膨胀是经济发展的润滑剂，因为它可以刺激消费和投资，扩大总量需求。所谓适度，西方国家的中央银行控制目标一般把CPI的控制目标设定在2%至3%之间。[1]判断一国货币供应量是否适当，不能只看该指标的大小，需

〔1〕 蓝裕平、蓝皓贤：《关于中美货币供应量的比较分析》，载《国际融资》2016年11月。

要首先对物价和资产价格变动的情况有基本判断，然后再把货币的流通速度充分考虑进来。人们持有货币常出于交易动机、预防性动机和投机动机。其中，投机动机导致了人们使用货币对虚拟经济中的各种投资性资产进行买进和卖出，以达到保值和增值的目的。金融性资产在被交易的过程中也需要使用货币作为交易的对价，如果市场的货币过多，人们会更积极地去追逐资产，从而把资产价格推高。资产价格的波动通常会反作用于物价，资产价格上涨导致的财富效应必然会提高消费意愿，推动价格上涨，尽管虚拟经济的重要性不如实体经济，但由于其对实体经济的反作用力，从管理当局的角度来说，应该保持合理的货币发行量来保持资产价格的相对稳定。

第二节　税收法治战略

一、税收本质

税收本质，是国家（及其政府）以法律规定向经济单位和个人无偿征收实物或货币所形成的特殊分配关系。具体表现在：分配的主体是国家，它是一种以国家政治权力为前提的分配关系；分配的客体是社会剩余产品，不论税款由谁缴纳，一切税源都是来自当年劳动者创造的国民收入或以往年度积累下来的财富；分配的目的，是为实现国家职能服务。政府依照国家权力机关（立法机关）及其授权的行政机关制定的税收法律，按照法定的标准，通过税收法律制度组织征税活动。行使征税权力的政府包括中央政府和地方政府。税收是政府取得财政收入最佳、最有效的形式。

税收除保证国家收入外，税收的经济调节功能也在市场经济活动中发挥着极大的作用。在市场经济条件下，各经济主体以追求自身利益最大化为目标，更注重短期利益，这就产生企业个体的理性和全体企业的集体非理性的矛盾，结果是社会总供给和社会总需求之间的不平衡。税收作为一种重要的调控手段，政府可以在供给短缺时，降低企业的税率、缩小税基，从而促进供给；同时提高消费的税率、扩大消费税基，从而抑制消费，以达到供需的平衡。当供给过剩时，政府可以反向操作。

税法作为调整税收法律关系的各种法律规范，其本身所具有的规制性、综合性、技术性和经济型特点决定其具有宏观经济调控功能。国家通过税种的设置、征税范围的调节、税率的高低以及税收优惠措施的调整来影响投资与储蓄，调节资产结构和产业分工，作用各类资源的分配。通过税收调节，使经济活动周期更有利于经济的平衡发展。

我国现行税收政策在宏观经济调控中的作用并没有得到完全的发挥，存在各种问题。

我国税赋的国民待遇做得不够理想。税法要求税赋公平、公正。我国曾经有非常长时间的税赋不公现象。以企业所得税为例，我国曾以所有制性质决定企业税率。2008年1月1日之前，我国对外资和内资按不同的企业所得税率征收。对外资按15%的所得税征收，对内资按30%的所得税征收，给予外资以超国民待遇，这种内外有别的税收措施，对于我国吸引外资起了积极作用，大量外资因为我国的税收优惠而投资中国，但内外有别的税收策略也严重影响了内资企业的收入分配，许多企业以假外资来获取低税率待遇。

二、税收特别措施的溢出效应

我国各地区为了尽可能地吸引资金，各地都有力度巨大的税收优惠，税收优惠作为减轻纳税人负担的重要手段，体现在征税对象的确定、具体税目的变更和税率的调整等方面。税收优惠有直接优惠和间接优惠。直接税收优惠是减少纳税额来减少纳税人负担，一般通过税收减免和税收抵免来实现，减免税是我国长期以来的税收优惠措施。间接减税是通过减少税基来减轻纳税人的税负。可以通过税前扣除、亏损结转等措施来实现间接税收优惠。早期税收优惠主要为了吸引外国投资，随着中国市场的巨大消费力，外资加强对中国的投资更在乎市场环境而非税收优惠，这也是我国有理由将外资企业所得税与内资企业所得税统一的主要理由。由于我国长期以来对地方官员政绩考核的主要依据是国内生产总值和财政收入，各地为了做大本地的经济总量，经常不遗余力地吸引各种投资，而税收优惠是其中的主要手段。这导致各地之间的税收优惠竞争。如果把我国认定为一个独立的税收区域，在同等条件下，各地方政府间的税收竞争结果必然是税收越优惠，该地对投资者的吸引力越大。但任何税收的优惠都有极限，过多的税收优惠在造成政府财政收入下降的同时，使区域竞争非规范化。

由于国际经济活动的区域界线不断突破，一国经济活动会产生溢出效应，对他国的经济活动及经济制度产生巨大影响，税收政策也存在巨大的溢出效应。美国政府近期提出减税政策〔1〕引发了全球的广泛关注，就因为这会产生巨大的溢出效应，特别是对我国经济活动的影响，我们绝不能低估。人民日报认为美国减税可能引起税务战并不是危言耸听。〔2〕美国的减税措施会引发市场经济国家展开大规模的减税竞赛。因为税收决定企业成本，也决定商品竞争力，同时还决定了国家吸引资本、技术、人才以及由这些要素组成的企业投资

〔1〕 2017年4月26日下午，美国财长努钦与特朗普经济顾问科恩举行发布会，正式公布了美国总统特朗普的最新税改计划。该税改方案被认为是美国历史上最大的减税计划，在很大程度与特朗普竞选时的方案一致，将令企业、中产和顶级收入者受益，显著增强美国竞争力，激发经济增长活力。税改计划主要集中于减少企业税率、降低个人税负、增加海外税收三个方面。企业税直接从现行35%降至15%，个税起征点也提高近一倍。

〔2〕《人民日报》2017年4月28日文章："减税是在挑起税务战。美国联邦政府26日推出的税改方案，号称力度史无前例。如果这一方案能够在国会全部获通过，对美国的全球竞争力将产生重要影响。税改的好处不言而喻。一则吸引美企扎根美国。仅企业所得税率从35%左右降至15%上下，就将使美企税负大大低于经合组织国家约25%的平均水平，而降低的部分可转换为企业的利润。据美国布鲁金斯学会与城市研究所联办的税收政策中心测算，今年美国企业盈利预期将增加1080亿美元，明年将增2150亿美元。此外，15%的税率已接近部分避税天堂，加上美国经济体量庞大带来的规模效应，有望使实体经济步入良性循环。美国税收基金会测算，在最佳状态，税改将整体使美国内生产总值增加6.9至8.2个百分点，新增就业岗位200万个。二则牵动企业流入或回流美国。虽然美国政府表示会对在海外留置利润不归的美企征税，但已有透露表示，方案中的税率将是带有优惠性质的低税率。据估计，美国企业离岸利润留存约2.6万亿美元。如此一来，苹果等海外存利、持现企业，面临着诸如欧盟等地的额外征税重压和美国的优惠低税率该何去何从，可想而知。三则笼络民众。美个税约占国税总额的70%，若各项税改方案均能落实，自然使税基缩小、税款降低。美民众对联邦政府支持率也会随之上升，有利特朗普续推新政。美国税改，纳税人赚了，谁亏了呢？显然是美国联邦政府，以及可能被波及的其他国家。从他国视角来看，美国减税实际上就是在挑起税务战。作为反应，一些有实力的国家会加入这场竞争，或竞相减税，或以邻为壑，或设立避税天堂。目前，这一迹象在英、法等发达国家已露端倪。这样做不仅会使国际税收秩序陷入混乱，更会使业已形成的G20等国际经济政策协调框架下的《税基侵蚀和利润转移（BEPS）行动计划》等反国际税收恶性竞争成果缩水。此外，美国税改将使部分无力搞税收竞争的出口导向型国家直接受损。就美国联邦政府而言，财政巨额减收将不可避免。据多家机构估计，如此税改将使美政府未来10年财政减收2万亿至6万亿美元。这对于一个债台高筑、过段时间就得裱糊一下债务上限这个"顶棚"的美国政府而言，风险不小。同时，参与美国联邦政府牵头的投资项目风险也随之变高。未来美国经济建设不但要减税，还需大兴土木搞基建。一面少收钱，一面多花钱，且还要吸引私人投资者往基建上投钱。试问，钱从哪里来，谁又敢跟投？此外，对企业而言，减税省下来的钱干什么，这既是问题，也是风险。若美实体经济投资率仍弱，利润率不高，而炒股等金融交易仍很挣钱，企业则会回购股票装点股价，其他投资者亦将尾随。减税省下的钱便会像量宽时期那样，推高金融泡沫。这样，税改不但失效，还可能成为引发系统性金融风险的导火索。总体来看，美国税改方案即便在国会通过、顺利铺开，未来也需要在国内做好引导，善用这笔钱，同时与其他国家搞好国际税政协调，防止相互伤害，危及全球经济。"

的能力。非市场经济国家多数都不是征收企业所得税，而是征收流转税。之所以征收流转税，本质上是税收管理水平跟不上时代，所得税根本没有能力征收起来。在国际市场上的竞争，不是靠企业实力，而是靠政府对企业的反哺政策，用全民的税收来补贴出口企业。“面对美国如此减税，不管对那些出口企业怎么补贴，恐怕再也无力与之竞争了。企业没有自身的创造力和竞争力，靠政策输血终归不是长久之计。今天，这不可长久之计恐怕只能到此为止了。美国大规模减税，在客观上对非市场经济体而言一定会造成致命打击，事实上就是在用市场的手段来关闭美国市场的大门，把世界上最好的企业吸引到美国，把一切没有真实竞争力的企业挡在美国的市场大门之外。”[1]当各个市场经济国家纷纷跟着美国搞减税竞赛时，非市场经济体就一定会被国际市场排除在市场之外。本已经衰退不止的经济就会雪上加霜，陷入严重的衰退甚或危机之中。

三、税收重课的负担转移

税收宏观调控的另一个措施是税收重课措施。所谓的税收重课，是指依法加重纳税人税负的各种措施。其表现的宏观调控目的是对纳税人行为的限制和禁止。税收重课的主要措施是加倍征收或加成征收。根据相关税法规定，在纳税人由于故意或过失而导致账目混乱，从而不能明确地核定其应纳税额时，征收机关享有税额调整权。如果纳税人经营的项目所适用的税率高低不一，则税务机关可以依法从高适用税率。税收重课一般具有惩罚性，在具体的税收调控中，其运用的场合比较少。我国在房地产调控过程中，多次使用了税收重课措施。为防止房地产市场的过度投机和投资，我国就先后规定自住未满2年（中途改为5年）的住宅出售时，须缴纳营业税和个人所得税，以抑制频繁的住宅买卖。美国在国际贸易中出现逆差时，就利用惩罚性关税措施进行贸易限制。

税收宏观调控面临两个方面的问题：税收优惠，会形成税收制度的区域（国家）竞争；税收重课，会形成税负的转移。关于税收的区域竞争，其结果正如前文所述，造成税收区域间的非规范化运作，还可能由于减税，影响地方的财政收入。国家间的税收优惠，又如前文所述，会打破国家间的经济平衡，引

---

〔1〕 引自《美国大规模减税：这才是真正的供给侧改革？》，载http://www.gold678.com/dy/A/1159055，最后访问日期：2017年5月2日。

起税务战。所谓税负转移，是在对纳税人提高纳税负担后，税负承担人会提高商品成本或获取更高利润以抵销税务支出，最后被重课的税额转移给商品的最后消费者承担。我国房地产市场调控过程中，对住宅征收的营业税和个人所得税，最后都被转嫁给了购房者，从而进一步抬高了住宅价格，使税收调控房地产市场的目的落空。

四、税收调控的路径选择

为保证税收调控能达到理想效果，防止因税收优惠而引发的税务战和因税收重课而产生的税负转移，必须选择合理的税收调控路径。税收调控必须明确的一个前提是：任何税收的增加，最终都会以成本的形式转移到商品的最后消费者。合理的税负就成了调控是否有效的关键。如何确定合理的税负，可以从“拉弗曲线”得到启发。

（一）减税：拉弗曲线的启示

“拉弗曲线”理论是由美国南加利福尼亚商学教授阿瑟·拉弗提出的。该理论主张以大幅度减税来刺激供给从而刺激经济活动。“拉弗曲线”的基本含义是，税收并不是随着税率的增高在增高，当税率高过一定点后，税收的总额不仅不会增加，反而还会下降。因为决定税收的因素，不仅要看税率的高低，还要看课税的基础即经济主体收入的大小。过高的税率会削弱经济主体的经济活动积极性，因为税率过高企业只有微利甚至无利，企业便会心灰意冷，纷纷缩减生产，使企业收入降低，从而削减了课税的基础，使税源萎缩，最终导致税收总额的减少。当税收达到100%时，就会造成无人愿意投资和工作，政府税收也将降为零。

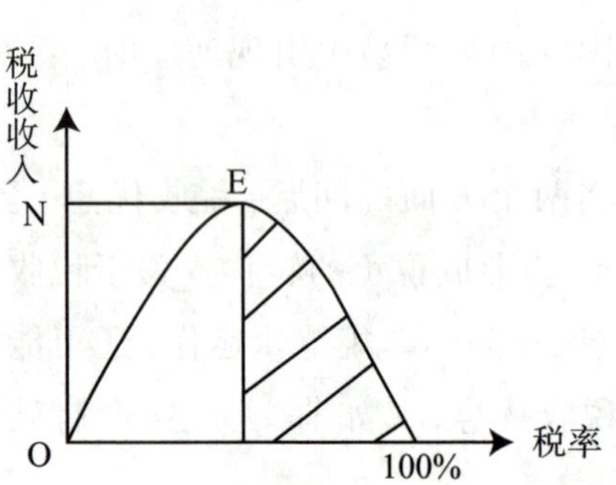

图3-5 拉弗曲线

在开放经济条件下，在国际较易自由流动的是资本要素，而不是劳动力。资本天生具有追逐剩余价值的特性，投资者会选择税率低的国家和地区，低税率给资本输入国家和地区带来就业和税收收入的大幅增长。资本的低税率“比较优势”，使开放经济的税率与税收的函数关系表现为一条单调递减的曲线。拉弗曲线描述的是长期经济条件下税率对税收和经济的影响。在短期，各项政策从制定到实施，再到结果，具有一定的“时滞性”。正是这种“时滞作用”，使短期税率与税收的函数关系表现为一条单调递增的曲线。拉弗曲线的经济学常识告诉我们，税率与税收的关系并非简单此消彼长的直线关系，而是极限条件约束下的曲线关系。税率不高情况下，税收规模的确会随着税率上升而增加，但税率一旦高到极限，反之会使企业成本增加，利润下降，甚至生存和发展都会出现问题，税基就必然开始随税率增长而下降，税收规模也随之下降。

从我国的现实税负分析，我国税负也不轻。因为宏观税负有不同的衡量口径，如果只算税收收入占GDP的比重，中国为18.5%左右，并不高。财政部公布的财政收入总额，包括了一般公共预算收入、除国有土地使用权出让收入之外的政府性基金收入、国有资本经营收入，以及社会保险基金收入。2015年中国广义财政收入口径下财政收入总额为198，480亿元，占GDP的比重为29.33%，中国略高于美国的26.36%。由于我国财政收入很大一部分是非税收入，中国税收没有社保税，社保是以缴费的形式缴纳，如此中国的实际数值将远超于29.33%。即便经济增速逐渐下降，各年度的非税收入增速都在2位数，非税收入占财政收入比重逐年上涨，2016年达到18.3%。非税收入主要包括专项收入、行政事业性收费、罚没收入和其他收入，名目繁多的收费项目是中国企业和个人感觉税负较重的重要原因。从主要税种来看，中国涉及企业税费目录超过10种，其中企业所得税、增值税、营业税3种占比较大。根据2016年的税收数据，企业所得税、增值税、营业税分别占总税收的比重为22.1%、31.2%、8.8%，合计占比达到62.2%。

我国也充分认识了税收对经济的影响，近几年我国采取了很多减税降费措施。减税措施及减税政策的效果比税收优惠更为可行。减税可以避免税收优惠所产生的税收区域竞争，防止税收征收的非规范化。2017年4月19日国务院常务会议公布了6项减税举措，预计2017年将减轻各类市场主体税负3800多亿元，加上一季度已经出台的多项降费措施减负2000亿元，今年合计就可以实现全年减税降费5800亿元。减税降费取得一定成效，全国公共财政收入增速逐渐下降，2015年财政收入增长5.8%，低于GDP增速1.1个百分点，是20世纪90年代初以来首次低于GDP增速。2016年全国公共财政收入15.96万亿元，同比增速进一步下降至4.5%，连续2年低于GDP增速。2016年财政收入占GDP的比重为21.44%，是1995年以来首次下降。

但相较于美国的减税计划，我们目前的税改力度和幅度仍显不足。除了营改增以外，其余的税改措施进展非常缓慢，从具体内容来看，2017年2月企业所得税法10年来首次修正，提供了更多税收优惠，但最为核心的企业所得税率并未下降，仍然是25%。各界期待已久的个税改革未列入2017年立法计划，财产税、遗产税等调节能力更强的个税更是遥遥无期。当前是经济增长动能转换的关键期，消费税改革迎来窗口期，但消费税改革缓慢，已经成为制约消费增长、导致消费外流的原因之一。

（二）规范非税收入

我国除了社保费不纳入税收外，还有实际缴纳国库的土地出让金也没有统计为税收收入。我国企业除了缴纳所得税、增值税、消费税等税收之外，还要在此基础上缴纳约13%的附加税费，其中包括约7%的城市维护建设费、5%的教育附加费和1%的防洪费等。这些财政的非税收入，其征收没有严格的规范及约束，征收的任意性较大，在增加社会负担的同时，却无法进行准确统计。在这些费用的使用方面也不够规范，许多地方政府将非税收收入看作自己的小金库，任意列支项目，造成资金的浪费，相关部门难以监督。

税收调控的理想模式是尽可能将财政收入都通过税收形式征税，便于企业对自己的各项支出及成本有一个合理的预期及安排。政府通过正常的税收途径获取收入，可以纳入政府预算，相关部门及社会可以对政府的开支进行监督。通过非税收入的税收化，可以准确认定我国企业、公民个人等实际税负，为我国制定税收政策提供可靠的数据。

（三）合理调整个人所得税

由于税制的差异，美国个人税在财政收入中所占比重很大，大部分年份占比在45%~50%。我国个人税贡献很小，占比在6%~8%。美国个税结构很丰富，具有很强的“均贫富”作用，开征的个人税种主要包括个人所得税、财产税、遗产税、财产赠与税等。我国开征的个人税种主要是个人所得税，没有资本利得税，也没有开征财产税、遗产税、财产赠与税等税种。我国个人所得税主要是对工薪阶层的工薪所得征税，而对大部分高收入者的所得并未征收。

我国在研究个人所得税时，要注意的几个方面：(1)提高起征点，其目的是降低我国大部分工薪阶层的个人所得税的税收负担。[1](2)扩大抵扣范围。美国在确定应税所得时规定了许多详细的所得扣除项目，主要包括商业扣除和个人扣除，例如纳税人的子女抚养、65岁以上老年人赡养、伤残人员抵免等都可列为抵扣项目。我国应考虑以家庭支出为扣缴依据，将工薪阶层用于按揭购房、贷款上学等费用都纳入扣缴范围。(3)增加富人对个人所得税的贡献比例，包括对投资所得开征利得税，完善与财产有关的个人税收。与个人财产相关的个人税收尤以房产税为关键。个人住宅是个人财富的最主要部分，我国对个人拥有住宅征收的税收非常有限，只是从2006年开始，为了房地产市场的宏观调控，对个人住宅的交易开展征收营业税和个人所得税，但仅限于交易环节。个人拥有住宅，在持有环节并不需要缴纳税收，这使持有住宅的富人没有任何负担，对社会也不具有税收贡献。虽然我国多次提出对个人拥有住宅开征房产税，但因我国房地产信息并不联网，对个人开征房产税一直往后延期。我国从2015年开始施行不动产统一登记制度，全国房地产信息联网也在逐步推进中，按国务院规划，2017年年底，全国的房地产信息必须联网，如此，则我国房产税的征收已具备条件。(4)进一步调整个人所得税的措施还应增加遗产税，遗产税是调整贫富差距最有效的税收工具。因遗产税的征收需要相关的基础条件，包括不动产的统一登记和联网、个人征信系统的完善、个人及家庭间的身份关系等。

---

〔1〕 个人所得税征收的目的是调节个人间的收入分配。我国个人所得税的征收目的也是调节个人分配，我国个人所得税早期称为个人收入调节税，1986年9月，针对我国国内个人收入发生很大变化的情况，国务院发布了《中华人民共和国个人收入调节税暂行条例》，规定对本国公民的个人收入统一征收个人收入调节税。由于我国在1986年的个人收入并不高，符合纳税条件的个人并不多。随着人们收入的不断提高和货币购买力的下降，个人所得税的起征点提高不大，我国的个人所得税变成了公民的普遍税，已失去了调节个人收入的功能。

第三节　宏观经济法治战略的具体化

一、经济规划法治化

（一）经济规划的本质

经济规划是宏观调控战略的重要组成部分。所谓规划，是在历史经验的基础上，通过对所掌握的资料和信息的分析，对未来发展趋势做出判断和预期，制定一定的未来目标，并制订实现目标的具体步骤和方案。规划的类型很多，我国有城市总体规划、镇总体规划、土地利用总体规划、土地年度计划、国民经济和社会发展规划等。经济规划，也称国民经济规划，是一个国家根据历年的经济发展规律、依据已有的数据和资料，制定国家经济未来的发展目标，以及国家为了实现总体目标而应采取的步骤和方案及政策指引与协调。国家根据时间的长短，可以制定不同时期的规划，有短期规划、中期规划、长期规划。也可以根据侧重点不同制定不同目的的经济规划，如小康目标、脱贫攻坚计划、中西部振兴计划等。根据规划层级，可以将规划划分为国家级规划、省（区、市）级规划、市县级规划。按规划功能，可将规划划分为总体规划、专项规划和区域规划。经济规划既是国家经济活动的重要组成部分，也是国家进行宏观调控的重要手段。国家规划可以协调和促进财政、税收、金融、产业等其他宏观调控手段。

规划有三个基本的功能：预测功能；指引功能；协调功能。国家在制定经济规划时，会对涉及经济及社会发展的有关资料和信息做系统的收集和整理，通过对相关资料的分析，对未来可能发生的经济和社会形势作出判断，从而制定相关的目标和对策，这对国家的经济活动起了预测作用。国家经济规划编制公布后，各级管理部门及市场活动主体能够以此作为未来经济活动的依据，并根据国家规划制定自己本部门的目标及方案，最终达到社会总体经济的发展。规划的协调功能也是明显的。通过国家规划的制定、实施，使国家的经济活动能够有序地推进，国家的财政、税收、金融、产业政策以国家经济规划为依据，实现经济总供给与总需求的协调、国家财政收入与财政支出的平衡、国家产业机构的合理化，从而实现国家的总体目标。

从中华人民共和国成立之初，我国就利用规划进行经济活动，其中最有名的经济规划活动就是“五年计划”。[1]至今，我国已进入第十三个五年规划（计划）（2016~2020）。我国经济活动过程中，充分利用了经济规划的作用，实现了经济的健康发展。

为保证规划的可行性、科学性、合理性，规划资料的收集、整理，规划的编制、实施，需要依法进行。规划法是调整规划活动的各种法律规范的总和。根据规划法的基本内容，规划法包括规划实体法和规划程序法。我国曾尝试用法律来调整规划，1952年制定了《国民经济计划编制暂行办法》，对编制国民经济计划的具体机构、职责范围、编制程序等做了规范。改革开放后，为进一步完善计划体制，我国于1984年10月颁布了《关于改进计划体制的若干暂行规定》，1991年7月颁布了《关于试编两年滚动计划暂行办法的通知》。2005年，国务院颁布了《关于加强国民经济和社会发展规划编制工作的若干意见》，进一步强调了规划的重要性。党的十八届三中全会、四中全会决议对规划的法制化进一步提出了要求，三中全会提出“健全以国家发展战略和规划为导向、以财政政策和货币政策为主要手段的宏观调控体系”，四中全会提出“制定和完善发展规划、投资管理等宏观调控法规”。这些暂行办法和指导意见对规范计划编制与实施起了积极的作用，但仍存在许多不足，特别是至今还没有一部全面规范规划编制的法律。我国经济规划的法治化，就是要保证各项规划在法治的框架内进行。通过规划的法治化，保障规划部门的规划活动依法进行，确立规划的基本原则、明确各部门的职责、规定违反规划法的责任等。

规划法制定必须确立一定的原则。在原则的指导下，规划的立法、执法工作会遵循正确的方向。根据规划的基本特点和要求，规划法的原则应包括这几个方面：科学原则、统筹原则、前瞻原则。因规划事关全局，影响深远，一旦规划付诸实施，将难以逆转，故规划必须遵循基本规律，科学决策。任何规划都会涉及多个部门，这需要各个部门相互协调，要高度重视规划衔接工作，使

〔1〕 五年计划，是中国国民经济计划的重要部分，属长期计划。第一个五年计划（1953~1957，简称“一五”计划），是在1951年春开始由中央人民政府政务院财经委编制。1955年3月31日，中共全国代表会议同意中央委员会提出的第一个五年计划报告。1955年6月，中央对“一五”草案作了适当修改，全国人大一届二次会议审议于1955年7月30日通过。2006年3月，十届全国人大四次会议通过《国民经济和社会发展第十一个五年规划刚要》，首次将计划改称为规划。

各类规划协调一致，形成合力。规划衔接要遵循专项规划和区域规划服从本级和上级总体规划，下级政府规划服从上级政府规划，专项规划之间不得相互矛盾的原则。

编制跨省（区、市）区域规划，还要充分考虑土地利用总体规划、城市规划等相关领域规划的要求。统筹兼顾各方面的利益，既考虑规划的积极作用，也分析可能的负面影响，尽可能将规划可能带来的不利后果降到最低限度，同时制定应对的相关计划。规划还必须有前瞻性，规划的影响是长期的，有些规划对几十年甚至几百年后的社会经济产生影响。短视的规划，会束缚甚至阻碍未来的发展。规划必须有远见，为未来的发展预留足够的空间和可能。

法治的前提是主体明确，规划也不例外。根据规划内容和层级的不同，规划也有不同的主体。每个主体行使何种权力，也是规划法治化的要求。国民经济规划涉及全国的长期发展，对国家的各个主体会产生长期影响，规划的主体必须有足够的权威。我国现行涉及规划的，其审批机构包括全国人大和国务院。规划主体还涉及具体的编制主体、执行主体、监督主体。规划的法治化就是具体明确各主体的职责范围，规定不同规划的编制程序，界定规划编制过程中各主体应承担的法律责任。

（二）重大规划的类型

1.国民经济和社会发展规划

我国现行具有战略性指导意义的规划是国民经济和社会发展规划。国民经济和社会发展规划是国家加强和改善宏观调控的重要手段，也是政府履行经济调节、市场监管、社会管理和公共服务职责的重要依据。科学编制并组织实施国民经济和社会发展规划，有利于合理有效地配置公共资源，引导市场发挥资源配置的基础性作用，促进国民经济持续快速协调健康发展和社会全面进步。

国民经济及社会发展总体规划是国民经济和社会发展的战略性、纲领性、综合性规划，是编制本级和下级专项规划、区域规划以及制定有关政策和年度计划的依据，其他规划要符合总体规划的要求。专项规划是以国民经济和社会发展特定领域为对象编制的规划，是总体规划在特定领域的细化，也是政府指导该领域发展以及审批、核准重大项目，安排政府投资和财政支出预算，制定特定领域相关政策的依据。区域规划是以跨行政区的特定区域国民经济和社会发展为对象编制的规划，是总体规划在特定区域的细化和落实。跨省（区、市）的区域规划是编制区域内省（区、市）级总体规划、专项规划的依据。编制国民经济及社会发展规划必须做好前期工作，包括基础调查、信息搜集、课题研究以及纳入规划重大项目的论证等。规划编制必须有社会的参与和科学的论证制度，要充分发扬民主，广泛听取意见。各级各类规划应视不同情况，征求本级人民政府有关部门和下一级人民政府以及其他有关单位、个人的意见。除涉及国家秘密的外，规划编制部门应当公布规划草案或者举行听证会，听取公众意见。

2.区域规划

区域规划是我国的一项重大规划。我国各种特区、新区、经济开发区在我国经济建设中发挥着重大作用。我国经济特区源于1979年4月邓小平首次提出要开办“出口特区”，1979年7月，中共中央和国务院同意在广东省的深圳、珠海、汕头三市和福建省的厦门市试办出口特区。1980年3月，“出口特区”改名为“经济特区”。按其实质，经济特区也是世界自由港区的主要形式之一。以减免关税等优惠措施为手段，通过创造良好的投资环境，鼓励外商投资，引进先进技术和科学管理方法，实现促进特区所在国经济技术发展的目的。经济特区实行特殊的经济政策、灵活的经济措施和特殊的经济管理体制，并坚持以外向型为发展目标。1988年4月13日，第七届全国人大第一次会议通过决议撤销广东省海南行政区，设立海南省，建立经济特区。海南经济特区是全国最大的省级经济特区，并且是唯一的省级经济特区。2010年5月，中央新疆工作会议上中央正式批准喀什和霍尔果斯两座西北边陲小城为经济特区，截至目前中国大陆地区共有7个经济特区。

国家级新区，是由国务院批准设立，承担国家重大发展和改革开放战略任务的综合功能区。新区的成立乃至开发建设上升为国家战略，总体发展目标、发展定位等由国务院统一进行规划和审批，相关特殊优惠政策和权限由国务院直接批复，在辖区内实行更加开放和优惠的特殊政策，鼓励新区进行各项制度改革与创新的探索工作。国家级新区是中国于20世纪90年代初期设立的一种新开发开放与改革的大城市区。1992年中国改革开放后，国家级新区成为新一轮开发开放和改革的新区。

1992年10月上海浦东新区成立，浦东新区设立之初，其宗旨是行政审批制度的改革。浦东新区通过简化行政审批制度，集中行政审批窗口，取得了良好的社会效果。浦东新区将市场监管部门统一，也同样有良好的示范作用。2006年3月天津滨海新区成立，之后，新区成立的速度加快。2010年6月重庆两江新区成立，2011年6月浙江舟山群岛新区成立，2012年8月兰州新区成立，2012年9月广州南沙新区成立，2014年1月陕西西咸新区成立、贵州贵安新区成立，2014年6月青岛西海岸新区成立、大连金普新区成立，2014年10月四川天府新区成立，2015年4月湖南湘江新区成立，2015年6月南京江北新区成立，2015年9月福州新区成立、云南滇中新区获批成立，2015年12月哈尔滨新区成立，2016年2月长春新区成立，2016年6月14日江西赣江新区成立，2017年4月1日河北雄安新区成立。至此我国由国务院批准设立的国家级新区19个。早期设立的国家级新区，在地理位置上多偏重于直辖市、沿海、沿江的地区，包括上海浦东新区、天津滨海新区、重庆两江新区、浙江舟山群岛新区、广州南沙新区。只有2012年8月成立的兰州新区身处西部内陆。2014年以后成立的国家级新区更多位于中西部、东北地区，旨在激发更多内陆地区的经济活力，如西咸新区、贵安新区、天府新区、哈尔滨新区。同时新建新区也与国家的空间开发战略契合，如在长江经济带上的有南京江北新区、江西赣江新区。

除国家级新区外，还有省级、市级新区。据深圳市规划和国土资源委员会巡视员、中国工程院院士郭仁忠透露，国务院城乡规划主管部门会同国务院有关部门组织编制全国城镇体系规划，其中一个关于12个省会城市和144个地级市的调查显示，省会城市平均一个城市规划4.6个新城（新区），地级城市平均每个规划建设约1.5个新城（新区）。某一个西部省会城市提出建3个新区、5个新城，总面积是现有建成区面积的7.8倍，全国新城新区规划人口达34亿。

我国各种区域规划取得有效成果的同时，其存在的问题也不少。区域规划中各特区、新区、经济开发区的产业结构、竞争模式、制度环境等方面的趋同性严重，各新区间形成恶性竞争。为吸引足够的投资，各新区提供各种优惠，新区间形成优惠大比拼。制度创新严重不足。新区的核心竞争力应该是制度创新，我国经济特区设立之初也赋予了制度创新的大任。早期的特区（尤其是深圳经济特区）确实为我国的制度创新提供了有益的经验。随着相关经验在各地的推广和复制，新的制度创新也越来越少，也越来越难。制度创新之所以难，需要对现有制度的深刻认识和解剖，需要对现有制度的突破，会触及既得利益集团的利益，这不是一个新区的设立就能够解决的。

基于规划的预测和引导功能，在规划制定过程中，需要考虑经济危机的应对策略。危机应对是任何单位和个人必须制订的计划。没有危机应对计划，一旦危机发生，不但不能及时应对，还可能增加危机造成的损失。完善的危机应对计划有利于减少危机造成的损失。

二、房地产调控法治化

房地产市场事关我国经济的健康发展，也关系到公民的居住权问题，我国政府对房地产市场极为重视，出台了一系列的调控措施。我国的房地产调控始于2003年。当年6月5日，中国人民银行颁布了(2003)121号文件，该文件要求加强房地产的信贷管理，并规定房地产自有资金不低于总投资的30%。该规定对我国的房地产投资产生巨大影响，改变了我国房地产投资“空手套白狼”的模式。但我国房地产调控的许多措施，其合法性存在问题。

(一)房地产宏观调控的逻辑

政府对房地产市场进行调控，是基于对房地产市场对政府、社会和市场(包括企业和个人等)的巨大影响。对政府而言，我国房地产市场对我国GDP的贡献率极高，据相关国家统计局数据，近几年，房地产投资对我国GDP的贡献率为14%左右。房地产税收也是我国政府的主要财政收入，2015年我国涉房地产税收高达20,945亿元(2014年和2016年分别为1.2万亿元和15,018亿元)。政府财政预算中的政府性基金预算的最大收入是土地出让金的收入。我国2014年全国土地出让金的收入更是高达4.29万亿元(2015年32,547亿元，2016年37,457亿元，具体见表3-3)。

表3-3　全国土地出让金数额

年份	土地出让金数额	年份	土地出让金额
2006	7000亿元	2012	28517亿元
2007	13000亿元	2013	41000亿元
2008	9600亿元	2014	42900亿元
2009	15910亿元	2015	32547亿元
2010	27111亿元	2016	37457亿元
2011	31500亿元		

房地产业对相关产业的影响也非常巨大，与房地产业关联度极高的产业包括钢铁、水泥、建筑、家电、装修、园林绿化、勘察、设计、监理等多个行业。房地产业的盛衰直接决定这些产业的发展。房地产还决定我国金融稳定，我国的银行贷款包括居民购房贷款。据银监会统计，2016年12月末，金融机构人民币各项贷款余额106.6万亿元中的19.14万亿元为居民个人住房贷款。据此，政府必须调控房地产市场，防止发生系统性风险。

房价高涨的原因分析。

我国房地产调控的目的之一是防止房价的过快增长，预防房地产泡沫，避免金融风险。是什么推高房价呢？推高房价的因素很多，主要有以下几个方面：

我国资金面宽松，流动性充足。我国每年的新增贷款增长极快，尤其是2009年，我国新增贷款几乎是2008年的两倍，造成了2009年的房价疯涨（见表3-4）。

表3-4　我国近十年新增贷款

年份	新增贷款	年份	新增贷款
2007	3.59万亿元	2012	8.2万亿元
2008	4.9万亿元	2013	8.89万亿元
2009	9.6万亿元	2014	9.78万亿元
2010	7.95万亿元	2015	11.72万亿元
2011	7.47万亿元	2016	12.65万亿元

在新增贷款大量增加的同时，我国个人住房贷款余额也直线上升（见表3-5），大量资金投向房地产市场，进一步推高房价。

表3-5　我国2006～2016年个人住房贷款余额

年份	个人住房贷款余额	年份	个人住房贷款余额
2006	22700亿元	2012	81000亿元
2007	26700亿元	2013	90000亿元
2008	29800亿元	2014	107400亿元
2009	44115亿元	2015	141800亿元
2010	58115亿元	2016	191400亿元
2011	72000亿元		

各级地方政府对土地财政的依赖，也是推高房价的主因。客观地分析，地方政府是乐见房价上涨的，房价高，土地出让价格自然高。土地价格与房屋价格互为因果。

由于货币超发（央行2016年金融统计数据报告显示2016年12月末，广义货币M2余额155.01万亿元），购买力下降。持有货币为增值保值需要，迫切需要避险工具。我国的股票市场不规范，价值投资无法体现，交易风险巨大，股票市场无法吸引避风险型的投资者，不动产就成了最好的避险工具。在我国土地所有权不能转让，土地使用权虽然可以转让但有年限规定，并限制较多，资金就趋向房产。而房产有工业用房、商业用房和住宅用房之别，我国对工业用房、商业用房的转让规定较多的税收种类（如土地增值税），而住宅交易的税收相对较低，故我国房地产市场各类交易品种中，价格上涨最快的是住宅，我国的大量房地产调控措施，也主要针对住宅。

实体经济经营困难促使大量制造业关闭，大量制造业资金转向房地产业。制造业面临的压力来自多个方面。这几年政府加大对劳动者的保护，最低工资标准、劳动者解除合同的相对自由、企业对劳动者的社会保障等方面，都使得用工成本增加。政府对企业的社会责任也提出了更高的要求，包括环境保护、产品责任、保护消费者利益等，企业经营的经营成本增加较快。现行企业的税收成本、融资成本也在增加，而世界经济疲软、贸易保护主义使得出口利润明显下降。从制造业撤出的资金将房地产业作为实现增值、保值的优选。

除投资、投机可以推高房价外，对住宅的真实需要（所谓刚需）同样会推高房价。根据国家统计局数据，我国到2016年年底的城市化率为57.35%，这意味着如果这57.35%的常住人口都要在城市安家的话，我国将有7亿多人需要在城市购买房屋，除已在城市有房外，还有大量需要购买房屋者。另外，家庭分户也构成刚性需求，家庭成员成家立业，与父母分户居住，有条件的家庭会购房。已购房家庭，因经济收入增加，也会产生换房需求，以改善居住条件。

房价高的根本是供求关系，既然需求旺盛，则增加供应是抑制房价不断上涨的有效措施。但我国的现行土地供应是垄断式的供应方式，政府为保证房价的稳定以及对土地财政的依赖，各地住宅用地的供应一直处于半饥饿状态。[1]房地产开发企业为获得有限的开发土地，不断抬高土地的出让价格，高土地价格使房价居高不下。社会保障房供应不足，也使没有购房实力的刚需群体举债进入住宅市场。

（二）我国采取的房地产调控措施

为保证房地产市场的健康发展，防止发生系统性的风险，我国采取了一系列的调控措施。自2003年房地产调控以来，我国采取了经济的、法律的、行政的手段。运用的调控工具也包括金融、财政、税收、规划、产业政策、土地供应等各个方面。

1.金融政策

基于房地产企业的自有资金不足而产生金融风险，央行对房地产调控就是从资金开始的。2003年6月5日，中国人民银行颁布了（2003）121号文件，其主要内容就是要加强房地产的信贷管理，该文件规定房地产企业在房地产开发时，自有资金不低于总投资的30%。2004年4月26日，国务院又以国发（2004）13号文件将房地产自有资本金比例提高到35%作为开发的条件。

金融调控措施中运用得较多的金融工具还包括对个人购房贷款的首付比例要求。2004年8月30日，银监会发布银监发（2004）57号文件，将个人住房贷款首付比例由20%提高到30%，同时提高贷款利率。这是我国首次利用个人住房贷款首付比例调控房地产市场，之后的金融调控措施涉及首付比例调控的文件反复运用，[2]对于第二套房甚至将首付比例提高至70%。

2.产业政策

房地产业到底是我国的支柱产业还是一般产业，曾有不同的意见。不同类型的产业，国家的相关税收政策、金融政策是不一样的。为此，2003年国务院专门颁布文件，明确房地产业为我国的支柱产业，并应给予相关政策的支

---

〔1〕 正因为意识到调控的针对性，国土资源部加强了对土地的供应。2017年4月6日住建部、国土资源部《关于加强近期住房及用地供应管理和调控有关工作的通知》就要求地方政府对消化周期在36个月以上的，应停止供地；36～18个月的，要减少供地；12～6个月的，要增加供地；6个月以下的，不仅要显著增加供地，还要加快供地节奏。

〔2〕 如人民银行和银监会于2007年9月颁布的银发（2007）359号文件，该文件首次对已利用贷款购买住房、又申请购买第二套（含）以上住房的，贷款首付款比例不得低于40%，贷款利率不得低于中国人民银行公布的同期同档次基准利率的1.1倍，且贷款首付款比例和利率水平应随套数增加而大幅度提高。又如2016年3月25日上海《促进房地产市场平稳健康发展的若干意见》（“沪九条”）规定，从紧实行差别化住房信贷政策，对拥有一套住房再次购买普通自住房首付50%，购买非普通住房首付70%。严禁房地产企业和中介机构从事首付贷及过桥贷等场外配资金融业务。

持。[1]2003年之后，房地产市场对我国经济影响的认识渐趋统一，相关政府文件、法规都围绕房地产市场的稳定与健康发展而颁布，这从政府文件的标题可以得到体现。[2]

3.税收政策

房地产调控过程中，税收政策的运用也极为平常。涉及房地产业的税收范围广泛，据不完全统计，涉及房地产业的税收主要包括土地增值税、城镇土地使用税、耕地占用税、房产税、城市房地产税、契税、营业税、印花税、企业所得税、个人所得税、固定资产投资方向调节税、城市维护建设税和教育费附加13项。

由于我国一直把住宅作为居住的生活品，在对土地、工业用房、办公用房、商业用房等征收相关税收的同时，对住宅交易是免征的。这些对住宅免征的税收包括土地增值税、营业税、个人所得税、房产税等。这也使趋利的资金投向住宅市场，2003年以来，在房地产价格不断上涨的过程中，住宅价格尤其明显。为此，我国于2005年首次对住宅交易开征营业税和个人所得税。2005年5月11日，国务院办公厅针对炒房行为颁布了国办发（2005）26号文件（国六条），该文件规定，住宅购买人购入房屋后，在两年内又将该房屋出让的，则出售人应按交易额全额缴纳营业税。[3]2005年10月18日，国家税务总局又进一步规定，个人出售住宅，应按所得额20%缴纳个人所得税。在我国的住宅交易中，一直免缴营业税和个人所得税的现实被改变。从2007年起，又将房地产企

〔1〕 国务院于2003年8月12日颁布的（2003）18号令明确规定，房地产业是我国的支柱产业之一。要求政府支持房地产业健康发展的同时，要增加经济适用房、廉租房的供给。

〔2〕 围绕稳定房地产市场的文件不下十个，包括2006年5月29日，国务院办公厅出台《关于调整住房供应结构稳定住房价格的意见》（国办发〔2006〕37号）；2010年1月10日，国务院办公厅出台《关于促进房地产市场平稳健康发展的通知》（国办发〔2010〕4号）；2010年4月19日，国务院颁布《关于坚决遏制部分城市房价过快上涨的通知》（国发〔2010〕10号）；2011年1月26日，国务院办公厅颁布《关于进一步做好房地产市场调控工作有关问题的通知》（国办发〔2011〕1号）；2015年3月25日，国土资源部、住建部联合下发《关于优化2015年住房及用地供应结构促进房地产市场平稳健康发展的通知》。

〔3〕 2006年5月31日，国税总局又颁布了国税发74号文件，对国六条中二手房营业税新政策的具体执行问题予以明确。2006年6月1日后，个人将购买不足5年的住房对外销售全额征收营业税。个人将购买超过5年（含5年）的普通住房对外销售，应持有关材料向地方税务部门申请办理免征营业税的手续。

业的土地增值税由“预征制”转为实打实的“清算制”。[1]土地增值税执行清算制，在一定程度上打击开发商囤地或捂盘的行为，同时通知的出台对于鼓励开发商多开发普通住宅具有一定的导向意义。长期以来，税务部门认定居民住宅不属于营业用房，故居民住宅是免征房产税的。[2]为进一步防止投机行为，增加持有环节的税费，2011年1月28日，上海和重庆两市试点对住宅征收房产税，[3]期望通过房产税，增加持有住宅的成本，从而减少对住宅的投机行为。

4.土地供应政策

我国房地产的最大成本是土地。由于土地的垄断性供应模式，土地的供应数量完全由政府把控。降低房价的途径之一是降地价，降地价就需要增加供应。但在利用土地政策方面，政府并没有先通过增加土地供应来降低房价的，而是通过规范土地市场来稳定房地产市场。2004年3月，国土资源部颁布了国土资发（2004）71号文件，（该文件被业界称为8·31大限），根据该文件规定，从2004年8月31日起，经营性土地使用权，必须以“招拍挂”方式出让。71号文件对规范土地市场确实起到了积极作用。因文件要求住宅土地出让必须实行“招拍挂”，这也推高了地价，71号文对高房价起了推波助澜的效果。国土资源部在调控过程中不断调整措施，在2007年又对防止开发商囤地[4]和保证小户型土地供应作出了规定。[5]

---

〔1〕 2007年1月24日，国家税务总局颁布《关于房地产开发企业土地增值税清算管理有关问题的通知》，该通知规定，从2月1日起，房地产企业土地增值税的交纳将由先前的“预征制”转为实打实的“清算制”。

〔2〕 我国房产税的征收依据是1986年国务院颁布的《房产税暂行条例》，该条例规定的纳税主体是房屋的产权人和承典人，规定的税率分别是房产余值税率1.2%，房屋租金税率12%。

〔3〕 上海市房产税文件规定，从2011年1月28日开始，本市居民家庭在本市新购且属于该居民家庭第二套及以上的住房，非本市居民家庭在本市新购的住房符合缴纳条件的，需缴房产税。重庆市房产税文件规定，个人拥有的独栋商品住宅，个人新购的高档住房［高档住房是指建筑面积交易单价达到上两年主城九区新建商品住房成交建筑面积均价2倍（含2倍）以上的住房］，在重庆市同时无户籍、无企业、无工作的个人新购的第二套（含第二套）以上的普通住房。符合缴纳条件的，须缴纳房产税。

〔4〕 2007年10月10日，国土资源部《招标拍卖挂牌出让国有建设用地使用权规定》（39号令）强调建设用地使用权证书必须在完全付清土地款的情况下才能获得，不得进行按比例分期发放。以少量资金囤地的行为将被明令禁止，同时限制开发商靠买房人的钱滚动开发。对于土地出让金的交付，财政部也作出了相关规定。2009年12月17日，财政部等五部门发布《关于进一步加强土地出让收支管理的通知》（财综〔2009〕74号），该通知强调土地出让金首次缴纳比例不得低于全部土地出让价款的50%。土地租赁合同约定的当期应缴土地价款（租金）应当一次全部缴清，不得分期缴纳。

〔5〕 2007年10月8日，国土资源部下发《关于进一步加强土地供应调控的通知》，要求开发商每宗地的开发建设时间原则上不得超过3年。要求地方政府对廉租住房、经济适用住房和中低价位、中小套型普通商品住房建设用地，其年度供应总量不得低于住宅供应总量的70%。

基于对房地产市场用地缺乏前瞻性，土地市场产生了各种“地王”，国务院要求加强对土地供应的计划编制。2010年3月10日，国土部颁布《关于加强房地产用地供应和监管有关问题的通知》，该通知要求地方政府加快住房建设用地供应计划编制；促进住房建设用地有效供应；切实加强房地产用地监管等。为保证足够的住宅用地供应，国务院办公厅于2011年1月26日颁布《关于进一步做好房地产市场调控工作有关问题的通知》（国办发〔2011〕1号），文件规定，保障性住房、棚户区改造住房和中小套型普通商品住房用地不低于住房建设用地供应总量的70%的要求。今年的商品住房用地供应计划总量原则上不得低于前2年年均实际供应量。所有保证住宅用地供应的文件中，最有针对性的是2017年4月6日住建部、国土资源部联合发布的《关于加强近期住房及用地供应管理和调控有关工作的通知》，该通知要求对消化周期在36个月以上的，应停止供地；36～18个月的，要减少供地；12～6个月的，要增加供地；6个月以下的，不仅要显著增加供地，还要加快供地节奏。

5.规划政策

房地产宏观调控也运用了规划调控，特别是房地产规划中，对房型规划做了特别要求，以解决百姓对普通房型的需求。2005年5月11日国务院办公厅颁布国办发〔2005〕26号（国六条），首次提出保证中小套户型供应，并在次年对中小户型供应做了量化规定。[1]国务院办公厅还发布国办发〔2006〕37号文件，该文件规定自2006年6月1日起，凡新审批、新开工的商品住房建设，套型建筑面积90平方米以下住房（含经济适用住房）面积所占比重，必须达到开发建设总面积的70%以上。过去已审批但未取得施工许可证的项目凡不符合上述要求的，应根据要求进行套型调整。

6.监管措施

房地产市场宏观调控的载体是房地产市场，为此，宏观调控主体对房地产市场进行了规范化管理。其中对房地产交易产生巨大影响的“期房限转”，就

---

〔1〕 2006年5月29日，国务院办公厅出台《关于调整住房供应结构稳定住房价格的意见》（国办发〔2006〕37号），对"国六条"进一步细化，而且在套型面积、小户型所占比率等方面作出了量化规定。该文件提出每个项目中90平方米以下的中小户型的比例不低于70%的标准。2011年1月26日，国务院办公厅在《关于进一步做好房地产市场调控工作有关问题的通知》（国办发〔2011〕1号）中进一步强调，保障性住房、棚户区改造住房和中小套型普通商品住房用地不低于住房建设用地供应总量的70%的要求。

是在房地产宏观调控过程中形成的。2005年5月11日，国务院办公厅颁布了国办发（2005）26号（国六条）规定，购买人购入的商品房在房屋实际交付前，不得再转让给他人。该规定的目的是防止对住宅的过度投机和投资。[1]另外限制交易的措施是限制特定人交易住宅。2006年7月24日，建设部联合其他5部委下发171号文件（被业内称为"外资限炒令"），该文件加强了对外商投资企业房地产开发经营、境外机构和个人购房的管理。因大量房地产商囤房，国务院办公厅发布国办发〔2006〕37号，要求对捂盘惜售、囤积房源、恶意炒作、哄抬房价的房地产企业，要加大整治查处力度，情节恶劣、性质严重的，依法依规给予经济处罚，直至吊销营业执照，并追究有关负责人的责任。2006年7月6日建设部联合国家发展和改革委员会、国家工商行政管理总局联合下发166号文件，要求房地产开发企业取得预售许可证后，应当在10日内开始销售商品房。

限制交易最直接的方法就是限购。最早实行限购的城市是北京市。2010年4月17日，北京市人民政府发出《贯彻落实国务院关于坚决遏制部分城市房价过快上涨文件的通知》，该通知规定，自本通知发布之日起，暂定同一购房家庭只能在本市新购买一套商品住房。之后，全国各大一线城市纷纷出台限购规定。自2017年开始，从限购、限贷到规范市场各方面的政策风暴，已经席卷了部分三线城市以及环一线城市的四线城市。三、四线城市在加入限购大军的同时，其限购、限贷标准的严格度，则大有向一、二线城市看齐的趋势。以环北京为代表，崇礼区、涞水县和涿州市，以及河北省的三河市、大厂县、香河县、固安县、怀来县等一批陌生的名字，首次登上了房地产限购政策的历史舞台。

（三）房地产调控存在问题

1.调控措施存在违法性

在调控过程中，为了达到良好的调控效果，相关部门会有意无意地忽视我国的现行法律规定。法律、法规已有规定，但因法律、法规不利于调控，相关调控部门就出台规定，直接与法律、法规产生冲突。如国土资源部颁布的国土资发〔2004〕71号《关于继续开展经营性土地使用权招标拍卖挂牌出让情况执

〔1〕 类似限制交易的措施地方政府也出台过，如2017年3月24日，厦门市国土房产局网站公布《关于进一步完善调控措施促进我市房地产市场平稳健康发展的通知》，规定新购买住房的，须取得产权证后满2年方可上市交易。

法监察工作的通知》规定："商业、旅游、娱乐和商品住宅等经营性用地供应必须严格按规定采用招标拍卖挂牌方式。8月31日后，不得再以历史遗留问题为由采用协议方式出让经营性土地使用权。"这与我国《城市房地产管理法》第13条规定不符，该条规定："土地使用权出让，可以采取拍卖、招标或者双方协议的方式。商业、旅游、娱乐和豪华住宅用地，有条件的，必须采取拍卖、招标方式；没有条件，不能采取拍卖、招标方式的，可以采取双方协议的方式。"反看土地管理法及城市房地产管理法的规定，商业、旅游、娱乐和豪华住宅用地并不是一律实行招拍挂，而国土资源部作了与法律规定不一致的扩大性解释。

虽然商业、旅游、娱乐和豪华住宅用地一律实行招拍挂有利于防止腐败，使土地出让更具透明性，但在法律仍允许协议转让的前提下，则应先修改法律，而不能由有关部门通过出台一个解释来变更法律。

2.为调控而损害行政相对人利益

许多调控措施损害行政相对人利益。政府为了尽可能达到调控效果，经常出台一些矫枉过正的措施。这些措施短期效果明显，但也可能造成行政相对人的利益受损。以国务院办公厅颁布的国办发〔2006〕37号文件为例，该文件规定："自2006年6月1日起，凡新审批、新开工的商品住房建设，套型建筑面积90平方米以下住房（含经济适用住房）面积所占比重，必须达到开发建设总面积的70%以上。过去已审批但未取得施工许可证的项目凡不符合上述要求的，应根据要求进行套型调整。"这一规定对于中小户型住宅的供应起到了积极的作用，为了保证政策的效果，对于已经审批的项目也要改变，即与行政许可法的相关规定不符，[1]也损害了已经取得行政许可的行政相对人的利益。因行政许可的改变而给行政相对人造成损失的，还应该赔偿，但涉及房地产调控的户型调整文件，并没有因为政府调整户型供应而给相关受影响的房地产商以补偿。

3.调控措施可操作性不足

许多调控措施的规定不够具体明确，处罚无依据，界定不清楚。模糊的

---

〔1〕《中华人民共和国行政许可法》第8条规定，公民、法人或者其他组织依法取得的行政许可受法律保护，行政机关不得擅自改变已经生效的行政许可。行政许可所依据的法律、法规、规章修改或者废止，或者准予行政许可所依据的客观情况发生重大变化的，为了公共利益的需要，行政机关可以依法变更或者撤回已经生效的行政许可。由此给公民、法人或者其他组织造成财产损失的，行政机关应当依法给予补偿。

规定，造成的后果是调控措施得不到落实。再以国务院办公厅颁布的国办发〔2006〕37号为例，为规范房地产市场的乱象，该文件规定："对捂盘惜售、囤积房源、恶意炒作、哄抬房价的房地产企业，要加大整治查处力度，情节恶劣、性质严重的，依法依规给予经济处罚，直至吊销营业执照，并追究有关负责人的责任。"这处罚似乎很严厉，但到底如何界定这些房地产市场的乱象，其构成要件是什么，处罚依据在哪，文件都无法适用。结果是房地产市场的违法后果依然非常普遍。

4.中央与地方的调控目的冲突

中央调控房地产市场的理由之一是房地产价格过高，已严重背离了满足普通百姓居住的需求。而地方政府更看重房地产对政府的经济贡献，包括GDP、财政收入、就业率等。所以出现中央政府要求严厉控制房价的同时，地方政府却鼓励购房的怪象。有个典型的例子，2010年1月10日国务院办公厅发出《关于促进房地产市场平稳健康发展的通知》(国11条）提出，合理引导住房消费抑制投资投机性购房需求、落实地方各级人民政府责任等要求，同日杭州市出台《关于加强保障性住房建设，支持自住型和改善型住房消费，促进房地产市场健康稳定发展的若干意见》，该《意见》明确，在杭州市区因首次置业或改善型需求购买普通住房，均可享受房款总额1.3%的购房补贴。虽然文件的目标都是为了房地产市场的健康发展，但中央要求抑制需求，而地方却鼓励需求，其结果自然大相径庭。类似的南辕北辙还有很多，〔1〕这充分说明中央与地方在房地产市场调控上存在的差异。

（四）房地产调控路径选择

1.明确政府责任

房地产市场是一个综合性的市场，既有遵循市场规律的商品房市场，也有政府担当责任的保障房市场。现在的许多争议和调控，混淆了政府、社会、市场间的关系。商品房的本质是商品，既然是商品，政府对于商品市场的管理，就要按照一般商品的管理，肩负监管、规范的责任。

〔1〕 如在中央关于要求地方加强房地产市场调控的背景下，安徽芜湖市在2012年2月9日，由市政府公布了《关于进一步加强住房保障改善居民住房条件的若干意见》，该意见有较大力度的鼓励购房规定，包括契税100%补助、特定面积及特定人群购房补贴、购房落户等政策。该意见施行不到一周时间就被中央相关部门叫停。

房地产调控的本质是平衡供求关系。我们需要明确的是，我国现有商品房供求的关系的现状，只有认清形势，才能采取有针对性的措施。根据我国第六次人口普查数据，至2010年11月止，全国住宅建筑总面积为393亿平方米，人均30.4平方米。其中，城市住宅建筑总面积为106.6亿平方米，人均29平方米；镇80.4亿平方米，人均31.6平方米；乡村206亿平方米，人均30.7平方米。至2016年年末，我国的住宅施工面积52，1310万平方米。2016年底全国住宅待售面积4.03亿平方米。从2011～2016年止，全国共销售住宅57.114亿平方米。以上数据总计，到2016年年底，我国的住宅总供应量可以达到516.79亿平方米，这还未包括2011年以来农村的新增住宅。按我国人口平均计算，至2016年全国人均住宅面积在40平方米左右。

就人均居住现状来看，我国住宅并不缺。虽然人均住宅不缺，但住宅的人均分布并不均匀，部分地区房价仍有上涨的空间，即基于住宅供应量的不足。以上海为例，根据上海市统计局数据：至2015年年底，上海的常住人口2415.27万人，户籍人口1442.97，人口密度3809人/平方公里，总户数536.76万户。户籍人口户均人数2.69，全部人口以沪均2.69人计算，需895万套住宅。上海现有小区住宅760万套（农民住宅没有计入），考虑到上海住宅的空置率，上海的实际户均人数2.4，则上海需要1006万套住宅（2415/2.4），这表明，如果要让上海人人拥有住宅的话，上海还需要供应200多万套住宅。

房地产的地区差异性大，调控措施不能“一刀切”，需要因地制宜，根据各地的不同情况。最根本的原则是一定要遵循市场经济规律。

商品房既然是商品，就应按照经济规律来管理。根据政治经济学的基本原理，商品的价格是以商品的价值为中心，根据供求的变化而上下变动。这意味着商品房的价格是其价值（建造商品房的成本）和供求关系决定的。商品房最主要的成本是土地成本，而政府是土地的独家供应者，土地成本降，商品房价格降，这是必然的。政府如果有降低商品房的价格，其中的一个有效措施是降低土地供应价格。降土地价格并不难，增加住宅用地的供应，改变长期以来政府饥饿的土地供应模式。住宅用地增加是控制房价最好的方式，不仅因为土地增加会降低土地的价格，土地增加另一个直接效果是增加了住宅的供应。商品房成本降低，同时供应量又增加，这必然会降低商品房的价格。

2.加快社会保障房的供给

政府在房地产市场的责任是保障公民基本的生存权，即保障社会保障房的供给。我国房地产市场的主要问题不是房价太高，而是保障房供应的不足和房地产租赁市场的缺陷。如果没有能力拥有商品房的群体的居住权能够保证，则政府就无责任。

申请社会保障房的条件极高。根据我国现行的保障房政策，只有一小部分群体能够满足条件。根据上海2014年社会保障房申请条件，[1]会有一大批无力购房户不能申请社会保障房。上海2014年的廉住房申请标准：将3人及以上家庭的人均月可支配收入限额从2100元调整为2500元、人均财产限额从8万元调整为9万元。2人及以下家庭的申请条件还可以在前述标准基础上上浮10%。经济适用房（共有产权房）申请标准：将3人及以上家庭的人均月可支配收入限额从5000元调整为6000元、人均财产限额从15万元调整为18万元；2人及以下家庭的申请条件，还可以在前述标准基础上上浮20%。一批无力购买商品房又不满足社会保障房条件的居民就会对商品房市场价格关注。

社会保障房市场存在的另外一个问题是社会保障房的适居性问题。所谓的适居性存在两个方面：社会保障房的质量和配套。我国社会保障房的质量问题已经多有反映。由于政府社会保障房的建设是微利或无利可图的，政府需要补贴建设，大多数地方政府资金不足，为了完成社会保障房的任务，地方政府就会尽最大努力减少建设成本。社会保障房质量无法保证还源于政府将社会保障房作为房地产开发商获得住宅用地的条件。许多财政困难的地方政府要求房地产开发商配建社会保障房，开发商为最大限度获取利润，降低社会保障房的建设标准，使得社会保障房出现各种问题。我国社会保障房配套不齐全也是问题所在。住房的核心价值是配套，最主要的公共配套设施包括医疗设施、教育设施、交通设施、购物设施等。各地的社会保障房大都地处偏远，各种配套欠缺，基本没有生活设施，极大降低了住房的适居性。

另外，社会保障房分配环节出现了不少问题，不符合条件的通过各种关系获取房源。有大量的社会保障房闲置，住房保障部门不愿分配已建社会保障

---

〔1〕 各地的社会保障房申请标准由当地政府根据经济发展现状及居民收入的变化会做适当的调整。

房，[1]个中原因各不相同，有的留着社会保障房不分配，可以作为不建社会保障房的说辞：似乎说明社会保障房不缺。有的社会保障房确实没有申请，因为偏远、配套不完善，根本不适合居住。

所以，房地产调控的一个主要任务是政府承担起社会保障房提供者的责任，切实有效地为社会低收入者解决住房问题。

3.完善房地产租赁市场

在房地产市场中，政府除提供社会保障房外，另一个责任是建立有效公平的房地产租赁市场。当公民无力购买住宅，又不符合申请社会保障房条件时，为解决自己的居住问题，可以转向租赁市场。通过承租他人住宅解决居住问题，但这必须以一个良好的租赁市场为前提。一个良好的房地产租赁市场应该是充分竞争、规则完善、有效保护承租人的市场。我国现在较缺乏的是房地产租赁市场的完善法规。相关的房地产租赁法律、法规对承租人的保护不够充分。这造成的后果是房东侵犯房客利益现象发生频繁，房东撕毁合同的案例普遍。由于租房的诸多不便，使得本不具备购房能力的人被迫加入购房人群。房地产市场宏观调控的另一有效途径是建立完善的住房租赁体系，这也是政府履行房地产市场宏观调控的责任之一。

4.减少行政手段

我国房地产调控运用了限购、限贷、限价、限卖措施，[2]对房地产市场的健康发展起了积极的作用，但这毕竟是行政手段，用行政手段调控市场经济活动，不利于市场经济的健康发展。有些措施还与现行法律相冲突。房地产宏观调控在充分利用经济手段和法律手段的同时，逐渐减少行政手段，尤其要拒绝采用与法律冲突的行政手段。

调控要有针对性，防止政策的负外部性。

采取房地产调控措施时，要充分调研分析，防止调控措施的异化。我国在

---

〔1〕 审计署2015年11月审计公告：5个省的5个市县已建成的5.75万套保障性住房闲置。贵州省贵阳市30855套保障房未分配；江西省南昌市则有21840套未分配；河南省新乡市的3509套保障房未分配。

〔2〕 所谓限售是规定购入商品房后，未满一定年限禁止出售。厦门、惠州都出台过相关规定。2017年4月8日，惠州市人民政府办公室发布《关于进一步完善我市房地产市场监督管理工作的通知》，出台一系列楼市调控措施，相关措施于4月9日起施行。其中规定：新购买（新购买是指自通知施行之日起购买）的商品住房（含新建商品住房和二手住房）须取得不动产权证满3年方可转让。

对二手房转让调控时采取对出让方征收营业税、所得税后，由于供应没有及时跟上，卖家将税收转嫁给买家，结果是进一步推高了房价。调控措施的可行性、科学性决定调控的效果。

三、政府采购的法治战略

政府采购源于英、美国家，特别“二战”以后，发达国家都相继建立了政府采购制度。随着对财政资金使用的规范要求，以及增加财政的透明度，发展中国家也日益重视政府采购制度。我国政府采购制度的完善也经历了20年的发展历程。1996年，我国在上海试点政府采购工作，2000年政府采购制度向全国推广，同时还颁布了政府采购的一系列规定。[1]在试点的基础上，于2002年6月颁布了《中华人民共和国政府采购法》，该法于2003年1月1日施行。我国初期政府采购制度大多从公开透明角度出发，保证财政资金的合理运用，但现代政府采购已由单纯的财政支出手段蝉变为公共财政制度与经济宏观调控双重政策功能的制度手段，政府采购成为支持特定产业发展，实现国家经济政策目标的重要工具。我国政府采购法立法时，对政府采购实现经济和社会的可持续发展，更多的是政策性的宣誓，[2]就具体操作层面而言，缺乏清晰的法律界定。欧盟也将政府采购视为实现可持续发展的工具，并将特定的社会和环保作为其实现的目标。但如何协调可持续发展标准与政府采购的关系，欧盟原有的政府采购法律并没有清晰的界定。为此，欧盟颁布了政府采购指引，该指引为欧盟各国在制定政府采购法律时提供了一个参考依据。

（一）欧盟政府采购制度的借鉴

在欧盟，越来越多的政府采购机构利用其手中的购买权来促进社会政策。这些社会政策包括了可持续发展目标。欧盟委员会认为，欧盟政府采购机构可以利用其手中的购买权力对本地区、本国和国际的可持续发展目标作出实

---

〔1〕 我国先后颁布的涉及政府采购的规章主要有:《政府采购管理暂行办法》《政府采购投标管理暂行办法》《政府采购合同监督暂行办法》《政府采购品目分类表》《政府采购信息公告管理办法》《采购运行规程暂行办法》《政府采购资金财政直接拨付管理暂行办法》《中央单位政府采购管理实施办法》等。

〔2〕 涉及社会可持续发展的规定是在《政府采购法实施条例》第6条作了规定，国务院财政部门应当根据国家的经济和社会发展政策，会同国务院有关部门制定政府采购政策，通过制定采购需求标准、预留采购份额、价格评审优惠、优先采购等措施，实现节约能源、保护环境、扶持不发达地区和少数民族地区、促进中小企业发展等目标。

质性的贡献。这主要源于欧盟政府采购的巨大数额及规模，据有关机构估计，欧盟每年的政府采购量约占欧盟当年GDP的19%。[1]政府作为主要的经济活动主体，在经济活动中应有明显的环境保护和社会利益目标，借此来塑造市场经济的走向。政府采购代表了强有力的经济驱动，政府采购的规则和具体行为对欧盟内部的市场和全球市场都会产生根本性的影响。政府采购能对可持续发展做出巨大贡献，对此已得到了广泛的认同。许多创新在政府采购中得到运用，以期政府采购达到更好的可持续发展目标。

然而，将政府采购行为与社会可持续发展目标相联系的做法也招致批评，人们怀疑这会增加贸易保护主义。虽然具有可持续发展目标的政府采购并不意味着保护国内市场，但对可持续发展如何理解确实是模糊的。为防止政府采购中的地方保护主义，提高政府采购的透明度，欧盟颁布了涉及政府采购的两个指引。[2]这两个指引设立了政府采购中"如何购买"的详细规则，但在政府采购过程中，政府如何采购才属于符合可持续发展标准，这在指引中并没有清晰的规定。

1994年欧盟及其27个成员国签署了《政府采购协议》(Agreement on Government Procurement,GPA)，该协议是在世贸组织框架下关于政府采购的主要国际协议。这个多边协定通过细节上的变更加强了《关贸总协定》关于政府采购中的非歧视原则和透明原则，其目的是使欧盟的政府采购向国际竞争者开放，从而扩张国际贸易范围并减少对外国商品及服务的歧视。由于GPA并没有自动适用于政府采购的所有程序及所有的采购主体，因而GPA并不能覆盖欧盟的所有政府采购活动。当需要对某项政府采购行为进行合法性评估时，就必须将GPA及政府采购指引同时作为评估依据。

（二）欧盟政府采购协定的核心

政府采购作为全球经济的组成部分，却一直是国际贸易谈判经常忽视的一个领域。传统认为政府采购属于政府自己管理的范围，究竟如何管理由政府自己决定，因此，政府采购被认为是一个敏感的领域。基于政治和实务操

---

〔1〕 载http://ec.europa.eu/internal_market/publicprocurement/docs/indicators2010_en.pdf.，最后访问日期：2016年5月12日。

〔2〕 这两个指引指的是欧盟议会和委员会《关于用水、能源、交通和邮政部门政府采购程序的协调指引》(2004/17/EC)和欧盟议会和委员会《关于政府劳务采购合同、政府商品供应合同、政府服务采购合同程序的协调指引》(2004/18/EC)。

作的原因，几十年来政府采购一直不受国际法管辖，并被排除在WTO多边贸易协定的许多条约之外。即使到现在，对国际贸易中政府采购有约束力的法规还是政府采购协议（GPA）。由于GPA属于多边贸易协定，各国是否加入由各国政府自己决定，该协定仅对签字加入的WTO成员国具有约束力。签字加入GPA的包括欧盟、欧盟成员国及一批发达国家，GPA仅是发达国家间关于政府采购的法律框架。现行的GPA是在1994年通过的，2012年3月30日，GPA协议国达成了一致意见的修改版本，该版本已经提交各成员国批准。与欧盟政府采购指引不同的是，GPA并不对政府采购提供具体的法律规范，仅是一个阻止政府采购过程出现歧视，提高政府采购活动透明性的法律框架。而且，GPA并不自动被成员国的政府采购法规所采纳，也不自动适用于成员国的政府采购程序和政府采购活动。如果欧盟成员的政府采购活动在GPA范围内，则该活动通过适用欧盟政府采购指引来管辖。即使欧盟政府采购指引是调控欧盟政府采购的主要法规，但在欧盟法律体系内，对欧盟成员国有约束力的"欧盟决议"（94/800/EC）真正构成了GPA条款的法律基础。[1]因而，对政府采购法律调控范围定义的理解，既要参考欧盟政府采购指引，又要参考GPA规定。关于GPA与欧盟政府采购指引之间的关系及效力，欧盟议会和委员会《关于政府劳务采购合同、政府商品供应合同、政府服务采购合同程序的协调指引》（2004/18/EC）第7条做了阐明，该条规定，GPA并没有直接的效力，任何政府采购主体（即使其采购活动属于GPA的范围）在从事政府采购活动时都必须遵守欧盟政府采购指引。

由于GPA法律条款的边界模糊，使得对政府采购中社会政策目标的合法性解释上产生了强烈的差别。由于GPA不属于判例法，法理学者在如何解释社会目标方面产生了决定性作用。相关的争论可以分为两个方面。一些法理学者认为GPA应具有"纯净原则"的特点。[2]这意味着达成GPA的目的是政府

〔1〕"欧盟决议"（94/800/EC）是在世贸组织乌拉圭多边贸易谈判达成的协议，该协议旨在代表欧共体作出在成员国能力范围内的贸易条件。

〔2〕See Pries/pitschas, "Secondary Criteria and their Compatibility with EC and WTO Procurement—The Case of the German Scientology Declaration", *Pulic Procurement Law Review* 9/2000, p.190.转引自Luca Tosoni, "The Impact of the Revised WTO Government Procurement Agreement on the EU Procurement Rules from a Sustainability Perspective", *European Procurement & Public Private Partnership Law Review* 2013, p.43。

采购建立一种机制，该种机制能够尽量减少非经济标准介入政府采购活动。GPA对政府采购活动的解释就是尽可能通过谈判来开展各种政府采购活动，而不是以社会可持续发展为名的各种“例外”与“优惠”。另一些法理学者认为GPA条款并没有直接禁止政府采购过程能够兼顾社会可持续发展目标的实现，故政府采购活动应该将促进社会可持续发展作为考量标准。[1]虽然两种观点难以一下分出对错，但有一点可以得到肯定：GPA条款确实为解释政府采购在不同阶段所应包括的社会可持续标准提供了广阔的空间。不管对可持续发展标准如何解释，标准必须无歧视、客观和正当性。GPA新版本的变化证明了上述解释的正确性。

与欧盟政府采购指引相同，GPA并没有明显的空白。事实上，GPA属于WTO及相关国际贸易法律的组成部分。依据国际贸易法律框架的基本要求，对GPA条款应做非限制性的解释。在WTO规则的马拉喀什协定（该协定序言特别提到GPA）对社会的可持续发展作了一个特别的说明：在解释和履行WTO规则时，必须保证纯粹的经济目的与广泛的社会目标的合理平衡。任何政府采购过程中超越经济目标的其他目标都应该予以排除。

过去30年以来，欧盟对可持续政府采购的法律调控范围有了相当多的增加。在法律调控范围增加的过程中，欧盟法院在解释欧盟政府采购规则过程中扮演了一个重要的角色。通过欧盟法院的解释，欧盟要求政府采购活动必须考虑可持续发展的政策得到了合法化。欧盟法院的解释方法对欧盟政府采购指引产生了深刻的影响，欧盟政府采购指引吸收了欧盟法院许多判决内容。例如，欧盟政府采购指引中规定政府采购必须将可持续发展作为政府采购的合法目标，就是基于欧盟法院关于政府采购可持续发展考量目标合法化的认定。欧盟各种创新性的意见（包括欧洲2020战略[2]）认为，政府采购活动必须对公认的社会目标作出贡献。在2011年10月25日通过的欧盟关于政府采购现代化的解决方案中，欧盟议会强调政府采购活动的任何阶段，都应考虑政府采购行为与可持续发展目标的相互统一。欧盟议会还号召各成员国应鼓励政府及政府采购主体在从事政府采购行为时尽量增加可持续发展政策的

---

〔1〕 See Spennemann, “The WTO Agreement on Government Procurement: a Means of Furtherance of Human Right?”, Zeitschrift Eureoparechtliche Studien 2001, p.64.

〔2〕 该战略是欧盟对2020年欧盟内部所应达到的总体目标及策略等宏观性文件。

运用。

欧盟有关机构根据社会发展的要求，对现行政府采购指引进行更新与修改，期望政府采购行为能更好地为可持续发展目标服务，特别是在环境保护、资源和能源的有效利用、应对气候变化和促进社会进步方面能有更大的作为。为此，欧盟对GPA进行了修订，新修订的GPA反映了各界对政府采购所涉及的利益的关注。如果从政府采购中可持续发展的角度来看，一些相关重要条款的修订，其意义不可低估。[1]首先，修订后GPA在其序言中包括了一些非经济内容的表述。例如，要求政府采购具有灵活性，政府采购活动中防止腐败行为等，这在1994年的版本是没有规定的。序言的这种规定有利于解释政府采购过程中的社会可持续发展目标。其次，修订后的第五章直接规定，政府采购中可以利用技术规格来促进环境和自然资源的保护。但为何要将环境与资源的保护从社会可持续发展中单独列出，修订版并没有说明，可能是环境与资源保护的重要性日显突出的原因吧。再次，新修订的版本对政府采购中的技术规格标准的运用更严格了。根据修订条款，如果供应商具有完成政府采购合同的法律上、商业上、技术上和财务上的能力，政府采购主体就不应该借社会目标和环境保护之名设置技术规格上的障碍。最后，GPA协议各方授权政府采购委员会对可持续的政府采购活动做必要的认定，保证政府采购活动能遵循政府采购最有价值原则和政府采购各方履行国际贸易义务原则。

从上述修订内容来看，欧盟委员会在具体改革时，表现出了谨慎的态度。虽然在2011年12月20日签发的改革建议认为现行欧盟政府采购指引在促进可持续政府采购方面存在许多法律障碍，提出了需要改革的相关建议。从建议内容来看，现存的许多法律障碍并没有在建议中提及，这些在建议中没有提及的内容主要包括以下几个方面：

A.在政府采购过程中所应包括的社会标准的范围；

B.政府采购合同中应包括的可持续发展的具体内容；

C.政府采购符合社会发展标准的条件；

D.采购者对供应商的奖励可否成为获得签订合同的优势条件；

---

〔1〕 See Luca Tosoni, "The Impact of the Revised WTO Government Procurement Agreement on the EU Procurement Rules from a Sustainability Perspective", *European Procurement & Public Private Partnership Law Review* 2013, p.47.

E.可持续标准在合同履行条款中的具体作用。

欧盟委员会在改革建议中表现出来的谨慎态度主要受到了两方面的影响：人们普遍关注在GPA框架内欧盟如何遵守其义务；人们怀疑在WTO规则下可持续政府采购如何实现。由于GPA与欧盟政府采购指引间的紧密联系，欧盟政府采购指引对政府采购的可持续性范围的界定是与GPA的规定相关联的。

（三）欧盟政府采购协定及指引确立的标准

1.非歧视标准

GPA的第三章规定了政府采购的两个非常重要原则：国民待遇和最惠国待遇。这两个原则要求在政府采购时不得对国内产品、服务、供应者与国外的区别对待，也不准歧视国外产品、服务及国外供应者。这些规则在“关税与贸易总协定”（General Agreement on Tariffs and Trade,GATT）中就有规定，GPA的规定可能受到了关贸总协定规则的影响。根据关贸总协定的理解，所谓的非歧视指：不管主观上是否有歧视的故意，只要存在法律上或事实上的歧视措施，依规则都是被禁止的。但从WTO的司法实践看，非歧视原则并不禁止“平等的优惠”。是否执行了平等优惠的判断标准是：政府采购措施对相关市场中竞争者条件的修改是否阻碍了国外产品的进口。按照竞争者条件的判断标准，GPA条款允许政府采购中包含非经济内容，即使使外国供应商比国内供应商受到更大的影响，也不属于改变竞争者条件的损害外国供应商的行为。事实上，GPA并没有设置国家间政府采购市场的积极进入权，而仅设置了政府采购不准歧视的否定权。

2.资格标准

资格标准常被政府采购主体用来判断投标人是否有资格完成政府采购合同。GPA认为对政府采购的投标人作出条件限制不属于歧视，其根本目的是保证政府采购的供应商有能力完成政府采购合同。因政府采购不仅仅是获取商品或劳务，还需要促进特定的社会目标。政府采购根据实现特定社会目标的要求设定特定的资格要求，应该得到认同和支持。

3.技术规格

技术规格指政府所采购的商品或服务必须具有相应的使用性能。GPA第六章规定，政府采购主体必须制定技术规格，技术规格必须包括产品的生产过程和产品的使用方法。GPA认定，技术规格不属于在政府采购时对国际贸易设置的人为障碍。根据GPA的基本含义，政府采购活动中设置技术规格是允许的，但如果设置的技术规格是“没有必要的”，则可视作该技术规格是对国际贸易设置的障碍。判断一项技术规格是否属于必要，主要考察该规格的设置有无政策依据、该技术规格是否清楚明了。对国际自由贸易的保护并不意味着政府采购不能设定任何条件，而是要求技术规格不能有多种解释。从GPA第六章的规定来看，政府采购活动中，为了实现可持续发展的社会目标，设置技术规格条件具有正当性。事实上，欧盟许多政府采购协定和政府采购制度创新都以实现社会可持续发展目标为名，增加了不少的技术规格条款。

4.比较标准

比较标准是指政府采购主体通过对投标者的比较，确认最具优势的供应者。GPA第八章规定，若供应商的商品既不是最便宜的，也不是最具有优势的，则政府采购主体不得与其达成采购协议。欧盟政府采购指引也有类似的规定，政府采购主体采购的商品如果不是最便宜的，则必须是最具有经济优势的。因GPA没有规定何为“最具优势”，政府采购主体在采购活动中，可以将社会发展目标、环境保护、道德标准等因素作为考量供应商是否具有优势地位的因素，从而实现政府采购的可持续发展。

5.合同履行条款

合同履行条款规定政府采购合同如何履行。GPA并不禁止在政府采购合同中加入履行条款来促进普遍的社会目的。政府采购主体在与供应商达成政府采购合同时，有权决定是否加入合同履行条款来实现社会可持续发展目标，但这些合同履行条款必须是透明的和非歧视的。合同履行条款可以从GPA中找到依据，GPA第七章规定，政府采购主体在与供应商达成的采购文件上可以包括其他的合同条件或条款。GPA第二十三章还规定了概括性的例外。根据该章规定，如果政府采购措施是为了保护公共道德、社会秩序和安全、人类和动植物的生命及健康、知识产权等，这样背景下采取的措施应该认定为具有正当性。但不管如何，这些措施必须有利于促进社会的可持续发展，而且要符合透明性原则。

（四）我国的政府采购法治

虽然可持续发展、透明性、非歧视等目标之间并不相互排斥，但对欧盟和WTO政府采购体制的限制解释导致了法律的模糊性，这制约了可持续发展政府采购潜力的发挥。欧盟政府采购指引的改革建议进一步强化了政府采购可持续发展的范围，但究竟何为政府采购活动中应包括的可持续发展标准，在法律上仍存在空白。总体而言，欧盟立法者倾向于在政府采购活动中，政府在严格遵守WTO规则下采购者的义务的同时，对可持续发展给予充分的考虑。

借鉴欧盟的经验，为促进我国政府采购可持续发展的价值，必须在平衡实现社会目标的同时，防止出现借可持续发展之名、行贸易保护主义之实（贸易保护既有国际贸易保护，也有地方保护主义）。我国政府采购应通过立法合理界定可持续发展，并保证可持续发展的透明性和非歧视。使我国政府采购法在实现财政资金合理使用、发挥宏观调控功能的同时，能促进我国产业的发展，免受其他国家对我国政府采购存在贸易保护主义的指责。

1.合理界定政府采购的可持续发展

可持续发展本身是一个原则性的概念，我国与许多发达国家、地区（包括欧盟）的界定一样，也是原则性和模糊的。我国《政府采购法》仅在第9条对社会可持续发展目标做了原则性规定，具体政策、标准、措施等都授权政府部门制定相应的实施细则。截至目前，政府部门制定的规章主要涉及节能、环保标准、支持小微企业发展等。[1]从政府部门颁布的清单、通知等分析，依然是原则性的规定多，缺乏欧盟政府采购协定及指引所列的各种标准，而这些标准对政府采购过程履行经济与社会的可持续发展有直接的作用。

我国政府采购法可以吸收欧盟的标准原则，制定具体的技术规格、资格标准、政府采购合同履行应包括的条款等，使政府部门颁布规章时可以遵循。

2.非歧视

欧盟政府采购协定中的非歧视标准，涉及国际贸易的平等要求。根据我

---

〔1〕 政府部门的规章有：财政部与国家发改委共同颁布的《节能产品政府采购清单》涉及空调、变压器、照明产品、热水器、水暖材料等设备和材料；财政部与环保部共同颁布的《环境标志产品政府采购清单》涉及涂料、板材、家具、塑料门窗、塑料管材、水嘴、陶瓷洁具、太阳能热水系统、预拌混凝土等建筑材料。政府采购工程招标文件应载明对产品的节能环保要求、合格产品的条件和优先采购节能环保产品的评审标准。财政部颁布的《政府采购促进中小企业发展暂行办法》(财库［2011］181号)，规定政府采购工程采购不得以注册资本金、资产总额、营业收入、从业人员、利润、纳税额等供应商的规模条件对中小企业实行差别待遇或者歧视待遇。对小型和微型企业产品，评审办法应规定给予6%～10%的价格扣除，用扣除后的价格参与评审。鼓励采购人允许获得政府采购工程合同的大型企业依法向中小企业分包。财政部颁布的《关于政府采购支持监狱企业发展有关问题的通知》(财库〔2014〕68号)，在政府采购活动中，监狱企业视同小型、微型企业，享受预留份额、评审中价格扣除等政府采购促进中小企业发展的政府采购政策。

国政府采购法，政府采购可以为了民族工业发展，主张本国产品优先，为保证平等贸易要求，应通过立法确定“本国产品”。我国《政府采购法》对“本国产品”的含义没有作出明确的规定，因此我国在具体实施政府采购行为时没有具体依据，特别是我国通过积极的财政政策以刺激经济推动国内产业的发展，我国可参考欧盟政府采购协议及指引，通过立法来克服贸易保护的指责。[1]通过立法来确定购买本国产品的同时，必须对“本国产品”标准作出规定，以便于政府采购部门的执行和操作。

3.透明性

保证政府采购制度的透明性，保证任何潜在的或特定范围的供应商或承包商都能够同等获得相同的采购信息，保证政府确定合同相对方的决策过程的透明性。公开也包含对合同相对方的要求。政府有权要求供应商或承包商公开其基于采购合同的财务费用、核算成本、项目进度、质量等各种信息。而这些公开的要求在欧盟政府采购协定及指引中做了相应的规定。我国《政府采购法》仅规定了政府采购过程的一些环节的信息公开，透明度要求不高。

我国必须对采购规制主体、政府采购实施主体（包括采购人、采购代理机构）有进一步的明确规定，规定财政部门对集中采购机构执行政府采购政策的情况进行考核，且规定采购人与采购代理机构“未按照规定执行政府采购政策”应承担相应法律责任。

---

〔1〕 通过立法来保证采购本国产品不仅是欧盟，美国也有类似规定。前任美国总统奥巴马就恢复了《购买美国产品法》的执行，《购买美国产品法》最初制定的目的是作为对当时许多国家出台“购买本国货”（buy-at-home）政策的回应。《购买美国产品法》规定，美国联邦政府机构通过政府采购渠道购得的物资必须是“终端关键部件的组装或生产工序是在美国完成的”，同时这些部件的价值必须超过该产品总价值的50%，除非国产的这些产品价格不合理、购买国产产品有违公共利益、国产产品在质量和数量上无法得到保证。

第四章 经济运行法治战略

第一节 市场秩序规制法治战略

一、市场与规制

市场是人类最伟大的创造，市场是随着交换和社会分工的出现而出现的。社会分工是市场的前提，“由于实行社会分工的不同行业的产量成倍增加，每个工人自己劳动的产品，除供应自己的需要外，还可大量出售，其他工人也完全一样，能用自己的大量产物去交换他人的大量产物和物品。他对他们的需要作出丰富的供应，他们也对他的需要作出同样丰富的供应，于是社会的所有不同阶级都变得普遍富裕起来”。但光有社会分工，如果没有“互通有无、以物易物、彼此交换的倾向，每一个人必须为自己备办自己需要的每一种必需品和便利品。每一个人都有相同的责任要履行，都有相同的工作要做，那就没有什么职业上的不同，也不可能有任何重大的才能上的差异”。[1]

社会早期的市场被认为是商品交换的场所，但随着社会分工和生产的日益专业化，交换已不再局限于某个时间和某个地点。除了传统的商品交易市场，还包括现在的劳动力市场、土地市场、资本市场等。根据市场交易的性质可以对市场进行不同的分类，市场体系就是由不同的市场类型构成的有机整体。健康、完备和有序的市场体系是社会经济发展不可缺少的重要

〔1〕［英］亚当·斯密：《国富论》，杨敬年译，陕西人民出版社2001年版，第22页。

条件。

市场离不开市场主体，市场主体是指在市场中利用自己所占有的资源，通过交易和竞争来实现自己利益最大化的自然人、法人、社会组织和政府机构。市场主体在进行交易和竞争中会形成各种错综复杂而又紧密联系的关系，这些关系既处于形式多样的动态变化之中，又具有某种程度的一致性和反复性。这种兼具反复性和变动性的市场关系就是市场秩序。

作为社会的一种公共产品，秩序可以分为自然秩序和人为秩序。自然秩序是指社会经济发展中自然形成的商品交易、利益分配等人与人之间的关系的规则总和；人为秩序则是指在人（政府）的主观设计下所形成的商品交易、利益分配等各项规则的总和。在西方市场经济发育、发展、发达过程中，人们曾经无比崇尚自然秩序，认为自然秩序能够自动使个人利益和社会利益达到和谐。然而事实的发展却并非如此。进入垄断资本主义的西方社会发生了重大的变化，市场竞争变得越来越不平等。意思自治成了某些垄断者用以维护垄断地位的有力武器，合同自由也被当作任意限制他人权利和自由的绳索。自由的市场经济制度产生了限制自由的对抗市场的力量。市场秩序的维护不得不由市场本身转移至政府，国家开始对社会经济进行干预，而且这种干预逐步加强，一系列主张政府干预社会经济的经济政策和法律也应运而生。人为的秩序由此进入市场经济社会。

市场经济是强调让市场机制在资源配置中起基础性作用的一种经济体制。市场机制作用的发挥，必须以良好的市场秩序为前提条件，没有这一前提，人们所追求的资源配置的效率目标就难以实现。良好的市场秩序决定于两方面的因素，一是市场主体内在的自我调控与自我约束能力，二是市场主体外部的控制力量。当市场主体对自身利益的安排与社会利益基本上达到和谐时，就无须市场主体外部的控制力量，这就是市场机制自发作用下的市场秩序。但是，社会经济发展的历史表明，只有市场机制自发形成的市场秩序并不能充分保证资源合理有效配置，由于市场主体的逐利性和有限理性，常常会发生市场主体自身利益与社会利益的冲突，甚至会为了实现自身利益而损害社会公共利益。自生自发的发展过程有可能会陷入一种困境，而这种困境则是它仅凭自身的力量所不能摆脱的，至少不是它能够很快加以克服的。因此，有必要通过外部控制力量对市场秩序施加影响，以加快和促进良好市场秩序的形成。

对市场秩序的规制就是这样一种外在于市场主体的控制力量。市场经济是由各种市场组合而成的市场体系。随着生产和科学技术的不断发展，市场也不断以有利于资源更加有效配置和利用的客观规律不断分化和组合。市场体系的均衡发展是市场秩序得以稳定有序的重要条件，而市场秩序规制的成效，也对一个国家市场体系的完整性有着决定性的影响。因此，市场秩序规制法的重要内容之一就是通过产业政策法律对这些市场进行培育、发展、调整和限制，运用法律帮助新兴市场生长、传统市场收缩，对市场主体的退出进行妥善调整。

规制是利用外部一定的强制力量对某一事物（或行为）偏离应有状态的矫正和规范。因此，规制的发生必然以规制对象的偏颇为前提。只有对已发生偏离轨道的某种状态施加一定外力，方能使其得到矫正和恢复状态时才需要规制。在市场经济体制下，市场主体都以自身的资源进行自由的交换，谋取利益的最大化。社会化大生产的环境使个体行为对整个社会的利益和秩序产生影响。有时在增进个体利益的同时却会减少整个社会的利益，垄断和不正当竞争行为就是这种影响的典型。因此，政府作为一种外力的介入就显得十分必要。政府在一定的程度上可以代表社会公共利益，对市场机制本身无法克服的缺陷进行矫正、修补，以保证市场机制充分有效地发挥在资源配置中的基础性作用。但是政府是由政府机构和政府官员组成的，每个政府机构和政府官员都有其自身的利益关系，这就决定了政府在对市场秩序进行规制的过程中，也可能存在缺陷。因此，政府对市场经济的介入就可能产生两种结果：对经济的促进作用和对经济的破坏或阻碍作用。国家权力对经济的促进作用，通常是在国家权力的行使符合客观经济规律或者有利于调动作为生产力中最活跃的因素人的积极性时候才发生，反之，则对经济的发展起破坏或阻碍作用。那么，一方面允许政府对市场秩序进行规制，另一方面要对政府对市场秩序进行规制的行为进行约束，也就是说政府的规制行为一定要适度，政府只是在市场失效的领域内才发挥作用。市场秩序规制法就是这样一类既保证政府对市场秩序的规制，同时又对政府的行为进行限制约束的法律制度。

二、市场秩序规制法治的发展

国家对市场中限制竞争、排斥竞争以及不正当竞争的行为进行干预、管制的现象在人类社会的早期就已出现。在现代意义上的市场秩序规制法形成之前，各国就有了单行的法律和判例对经济生活中的竞争行为和竞争关系进行调整，但是这些零散的法律法规和现代明确以维护市场秩序为宗旨的市场秩序规制法在性质上是不同的。现代市场秩序规制法诞生于19世纪末，一般认为，以美国1890年颁布的《谢尔曼反托拉斯法》和德国1896年颁布的《反不正当竞争法》为标志，翻开了市场秩序规制法的篇章。

但另一方面，资本主义制度作为一种自由经济的集中代表，它所带来的灾难与它的贡献同步而行。随着科学技术的巨大进步，大工业生产的迅速发展，资本越来越多地集中到少数大企业手中，资本主义从自由竞争阶段走向了垄断。少数大企业集团为了获取更多的高额利润，愈加疯狂地创造条件垄断市场，防止新的竞争对手进入市场。它们利用市场上所占的优势地位，独占或控制生产和销售，排斥竞争；或通过联合定价、划分市场、共同抵制交易等，以此来约束相互间的竞争。美国在20世纪初的20多年中，工业部门的托拉斯（Trust）发展到300多个，占整个制造业总资本40%以上。欧洲的卡特尔、辛迪加等不断涌现，成为垄断的主要形式。由于垄断能够获得固定的超额利润，垄断组织就不再具有技术创新的压力和动力，新技术的采用和劳动生产率的提高受到极大影响。正如列宁在揭露垄断资本的性质时深刻指出的："垄断必然会带来停滞和腐朽的趋势。"垄断一方面限制了竞争，削弱了由自由竞争而产生的市场活力；另一方面，垄断并未消灭竞争，只是使竞争在更高的层次上、更大的范围内进行。一个垄断集团的成功与失败，将会连带很多企业一荣俱荣，一衰俱衰，波及整个国家的经济稳定，甚至导致国家之间的恶性竞争，引发世界大战。因此，无论是从维护资产阶级的整体利益出发，还是从稳定社会经济秩序出发，国家都会考虑通过政策与法律手段对过度的自由竞争进行强制性干预，市场秩序规制法就此应运而生。

1890年，美国国会通过了《保护贸易与商业免受非法限制与垄断法令》（称《谢尔曼法》），开反垄断立法之先河。该法旨在反对托拉斯垄断行为损害竞争机制的行为，虽然条文不多，但是确立了重要的法律标准，即任何人垄断或企图垄断，或与他人联合、共谋垄断洲际间或与外国间的商业和贸易是严重犯罪。美国竞争法对世界各国产生的影响十分深远，各国根据自己的情况相继制定了类似的法律，如德国制定了《反对限制竞争法》，旨在规制卡特尔的垄断行为。日本1947年通过了《禁止私人垄断和确保公平交易法》。垄断资本主义国家反垄断法的相继出台，表明了反垄断法的诞生在社会发展中的必然性，也标志着现代市场秩序规制法开始成为整个法律体系中的重要组成部分。

与反垄断法出现的同时，一场围剿不正当竞争行为的立法运动也在各国开展。随着经济的迅猛发展，竞争日益激烈，一些商业领域中不诚实、不道德的行为日渐增多。如仿冒他人商标、名称的行为，不正当的倾销行为，以贿赂手段夺取交易机会的行为以及侵犯他人商业秘密行为等，成为良好市场秩序的公害，极大地影响了经济的正常运行。虽然这些行为对经营者和消费者造成了很大的损害，但是依传统的法律却又难以对其进行及时有效的制约。公众强烈要求消除不正当竞争行为，维护公平竞争的呼声促使各国政府不得不考虑设计新的法律法规。1896年，德国首先进行了重要的历史性创新，一改以往传统民法对不正当竞争行为进行规制的做法，旗帜鲜明地颁布了《反不正当竞争法》，1909年在原有基础上经修改后颁布了新法，并一直沿用至今。《反不正当竞争法》在现代经济法律中确立了一个重要的原则，即在营业中为竞争的目的，采取违反善良风俗的行为是非法的。根据这一原则，那些虚假的广告宣传行为、故意混淆的搭便车行为等，都因其违反善良风俗的性质而可得到有效的制止。与此同时，美国的《联邦贸易委员会法》和《克莱顿法》也对商业中或影响商业的不公平或欺骗性的行为进行了规范。除了对不正当竞争行为进行总的立法以外，各国还对各种具体的不正当竞争行为进行个别立法，如日本的《不当赠品防止法》、德国的《折扣法》、美国的《商业秘密法》。这标志着规范垄断行为的法律与规范不正当竞争行为的法律一起，构成了具有社会公共利益保护法性质的崭新的市场秩序规制法律制度，在人类法律制度历史上展开了新的一页。

关于市场秩序规制方面的立法不仅表现为国内立法，区域性和国际性的立法也初见成效。1900年的《保护工业产权巴黎公约》的修订本中，第一次对不正当竞争行为进行了规定，该公约第10条规定“在工商业领域中任何与诚实惯例相悖的竞争行为均构成不正当竞争”。并且以列举的方式对几种特别严重的行为加以禁止，如工商业活动中制造混乱、制造令人误解的商品标记、利用广告诋毁竞争对手等行为。《巴黎公约》的修订，不仅是对欧洲各成员国国内竞争法的概括和反映,同时也推动了其他国家国内立法,如日本的《不正当竞争防止法》就是在这样的条件下制定的。可以认为,后来绝大多数国家的反不正当竞争立法的内容是根据这一公约的原则来确定的。

现代社会的发展以及专业化和社会分工深度和广度的拓展,带来的是信息和通讯等高新技术的兴起,而计算机数字化和网络化的突飞猛进,使知识的创造、学习和使用方式发生了巨大的变化,人类进入了一个知识经济的时代。随着知识成为主要的经济要素,经济增长的方式和社会经济结构也发生了根本性的变化,导致市场秩序规制法律制度的变化。同时,科学技术的发展也推动了经济全球化和一体化的进程,使经济关系的变数更加复杂。早期为规制国内市场中的竞争行为而制定的市场秩序规制法显得滞后,因为竞争的主体不再纯粹是企业与企业之间,在企业的背后往往有各国政府的支持和援助,有时国家直接作为市场主体在统一的国际市场里展开竞争;竞争的手段也不仅局限在产品的价格和质量上,而是扩展到产品之外的服务、技术、人才、投资环境等众多对象和因素。竞争主体、竞争范围和竞争手段的变化,对法律规制的具体内容提出了挑战。同时,由于越来越激烈的竞争,原本处于弱势地位的消费者利益受到更大的威胁。

三、市场秩序规制法治战略的实现

法律的调整对象是指法律直接面对的,并对之进行确认、变更、规范、整合或控制的一定类型的社会关系。市场秩序是一个不断扩展的秩序,其本身是不断地发展变化的。因此,市场秩序规制法的调整对象是政府在矫正市场主体为追求个体利益而损害社会公共利益和社会整体效率的行为时所产生的各类社会关系。如果市场主体追求个体利益最大化时所选择的行为损害了市场秩序,违反了社会整体利益时,则为市场秩序规制法的内在价值否定,必须受到规制。

在商品经济发展的漫长过程中,形成了各种固定化和法制化的基本交易规则。但是,当基础性的交易行为一旦演变为特质的交易行为,或者当交易发生在关系国计民生的重要领域时,它就需要国家以特殊的外部控制进行规制,以超越传统民商法自由交换原则的现代经济法原则予以调整,以实现整个社会交易的正义、公平和效率。

对于一般的交易主体的设立、组织、资格、条件等均由市场经济的基本法律民商法加以调整，但是对于特殊的市场主体，如政府机构、特殊商品的集中交易机构（证交所等）、具有市场优势地位和弱势地位的市场主体，则有必要通过特定的法律规范予以调整，从而确保该类市场主体的资格和条件符合维护正常市场秩序的需要，防止产生不公平交易和竞争，以达到稳定市场秩序的目的。

对于关系国计民生的重要市场（如粮油市场、房地产市场、证券市场、保险市场），因其具有与普通商品不同的特殊交易方式和规则，在民商法基本规则的基础上，还需要规定与其性质和交易手段相适应的制度，如规定对消费合同中格式条款的管理、对粮食最低收购价的管理、对证券和保险市场的监管等都体现了超乎自由交易原则的国家意志，目的就是保证这些市场的健康发展。

（一）遵循的原则

1.维护经济民主原则

经济民主是指社会经济运行过程应该反映全体市场主体的意愿，而不是由少数人控制和决定该过程的经济制度，其具体的表现就是市场主体在市场经济活动中对资源、信息等享有相同和平等的机会与权利，国家应当通过法律政策在社会经济生活中为市场主体创造一个进入市场机会均等、交易商品决策自主和市场竞争公正公平的经济环境。自由交易和自由竞争是商品经济存续和发展的客观要求，这一要求反映了市场经济民主性的本质。从古代罗马法开始孕育自由民主的萌芽，到近代法国民法典中合同自由制度的全面建立，发展经济民主成为自由资本主义时期市场经济赖以建立和发展的最重要的基石。意思自治、契约自由原则正是自由资本主义经济民主的最高概括，同时也是传统民法的核心内容。因为人们相信，通过这些原则的实施，能实现个人利益与社会利益的和谐与一致，也正是这些原则把自由交易和自由竞争推到了绝对神圣的、至高无上的地步。

但是历史发展的事实表明，放任自由并不能自动实现个人利益与社会利益的持续和谐，所谓造物主决定的自然秩序中所包含的经济秩序并不能维持社会达到可能的最大的再生产。进入垄断资本主义阶段之后，社会经济生活中存在大量具有经济优势地位的市场主体通过自由交易和自由竞争的原则，不正当地夺取他人利益来实现自己利益的行为。历史和现实使人们认识到，维护市场经济民主，充分让市场主体自由交易和自由竞争，必须要在一定范围内限制交易和竞争的自由。为此，对交易自由进行适度限制成为社会的共识。

市场秩序规制法从本质上来讲是建立必要的人为秩序，以保证社会整体利益为前提倡导自由交易和自由竞争，是对自由经济制度在更高层次上的确认和保护。贯彻维护经济民主原则，必须维护市场主体的经济民主权利，防止和制止强势主体不正当竞争地危害市场竞争秩序，尤其是防止国家权力对经济生活的不正当干涉和影响。对于我国这样一个从高度集中体制转为市场体制的国家来说，维护经济民主是整个经济改革的重要组成部分，我们应当通过转变政府职能、反对经济力量过渡集中、制止不正当竞争行为等途径，通过立法对危及经济发展的秩序和不正当掠夺他人利益的自由进行限制，尤其是对那些在市场中长期享有特殊地位的主体进行必要的监管和限制，实现整体经济环境的民主化。

2.保障实质公平原则

公平是法律的基本原则之一，它含有“公正”“平等”“合理”等意思，法律应保障人们的社会生活公正合理，地位平等，不允许有特权凌驾于大众的要求、愿望和理想之上。公平本身的要义涵盖形式意义上的公平与实质意义上的公平，是两者的有机结合与适度平衡。但实践证明，现代社会经济生活的现实却把形式上的公平与实质上的公平相分离了。

从历史上看，以公平为目标的法律制度是为社会经济生活提供一个大致的框架，每个市场主体有相同的法律地位，相同的权利和相应的义务，自由地展开竞争，这样的公平是凭借形式而实现的。但是在现代市场经济中，这种形式意义上的公平却并不必然保证实质上的公平。因为市场主体之间由于竞争的结果导致经济实力的差别，实际上是处于不平等地位的。实力强大的企业通过压低价格使竞争对手丧失交易机会，从而独占市场；同行业的企业联合起来控制市场供应和商品价格，使消费者蒙受损失；拥有行政权力的机构可以限定购买者交易或不交易。这些行为产生的原因，就是法律仅规定了形式公平的大致框架，而未对其中某些特殊主体进行区别和限制，结果强势主体滥用市场优势使竞争机制失效。

市场秩序规制法以实质上的公平为目标，限制上述行为在市场中的泛滥，使市场主体在真正相同的地位上展开有效的经济竞争。实质公平原则主要体现在对具备某些特殊条件和能力的行为进行限制，对可能遭受经济特权侵害的主体进行倾斜保护。从形式上来看，这些规定对于某些主体是不公平的。但是，法律的这种倾斜性保护有助于限制经营者的不正当行为，使其回复到竞争机制的框架中，这无疑是体现了真正的公平和正义。

3.社会整体效率优先的原则

社会整体效率优先原则是指通过众多竞争法规范体现出来的在社会整体效率与其他法律目标发生冲突时，优先考虑社会整体利益和效率的基本准则。

效率是法的价值目标之一。竞争机制的最大效用就在于通过对市场的规制，可以顺利实现经济效率的提高。但是人们在从事经济生活的过程中，还形成了其他一些要求，如安全、正义、公平。一般情况下，经济效率的提高意味着更多的物质产出，对大多数市场主体而言，也同时带来了公平、安全和正义。但是由于个体利益与社会利益并不总是一致，因而在另一些具体的情况下，为了经济效率的提高，不得不牺牲某些市场主体的经济利益，有时甚至是非常不合理的、从个体的角度来看绝不应该牺牲的利益，此时效率和公平就处于冲突状态。

产生效率和公平对立的根本原因是因为效率是一种客观的指数，它不随人们主观愿望的变化而变化，而是有一套具体的、公式化的衡量标准；而公平是一种主观的评价，即使是对同样的现象、同样的事物、同样的法律准则，不同的人也可能作出不同的评价，而没有一套具体的、客观的衡量标准。这就使得法律在顾全了社会的整体利益即效率的提高时，很难顾及每一个市场主体对该法规范的主观评价。例如，一个市场主体经过长时间的不懈努力，终于通过优胜劣汰规则，击败了所有竞争对手，取得了市场独占或准独占的地位，并且也没有滥用这种地位，但是，该主体的这种独占地位在事实上影响了竞争的存在，从而影响了社会整体效率的进一步提高。当竞争法以效率为由对它的独占地位进行种种限制乃至取消时，就很难同时保证对它的公平，因为它通过长时间合理合法的努力所取得的独占地位，能够给个体带来许多经济利益，现在却因法律介入而被轻而易举地取消了。然而，对于整体社会来说，这样的取消往往是必要的。

所以，解决效率与公平的冲突，在竞争法中只能是基于全社会的考虑，应当优先选择整体效率。但这也不是完全否认公平，而是说，当冲突发生时，在效率优先的原则下应当尽可能地兼顾公平。事实上，当一个社会的整体效率能够得到持续发展时，社会的公平也就有了物质基础的保障。

4.保护弱者原则

在现代社会中，由于各种因素的影响，如利益集团之间的冲突、人们认识能力和禀赋的差别、商品信息的不适当分布、社会分配不公、消费者需求的个体差异以及竞争和垄断的加剧，在作为个体人与群体人总和的人群中，总有一批容易受到损害或者处于社会弱势地位的人群，这类人群很难以自己的力量与处于强势地位的人群进行抗争。如果这类人群的利益得不到法律强有力的保护，那么以追求社会正义为理念的各种法律就难以实现自身的价值。但是以“个人本位”为理念的民法和以“国家本位”为理念的行政法对社会弱者的保护程度远远要小于以“社会本位”为理念的经济法的保护程度。在市场秩序规制法律体系中，有关限制大企业的独占、消除对消费者权益的侵犯、保护中小企业的权益等一系列法律法规都体现了保护弱者的原则。市场秩序规制法对弱者保护不仅是从维护权利的角度出发，还是从维护市场竞争秩序角度考虑的。这是基于两个方面的考虑：一是一些企业规模过大，可能造成独占和垄断，不利于市场经济的竞争性，一旦市场没有竞争机制，社会进步的动力就会丧失；二是市场竞争主体的强弱不同，容易出现弱肉强食的现象，从而造成市场动荡，影响社会经济甚至政治秩序的稳定。所以，市场制度规制法确立保护弱者的原则，其意义深远。

确立市场秩序规制法的上述基本原则是市场经济健康、稳定发展的重要保障。这些基本原则不是孤立的，而是相互呼应、协调一致的。因此，对这些基本原则的正确认识和贯彻应符合全面、综合和发展的客观要求。

（二）市场规制法治战略的内容

竞争是市场经济的本质特征，但竞争的结果往往导致消除和限制竞争的因素和力量，从而影响竞争机制的正常作用。无论哪一类市场，都有可能出现违背市场有序化的非正常竞争行为。为此，对市场主体的竞争行为进行法律调整是市场秩序规制法的重要内容。

垄断是指垄断主体（市场主体或行政主体）对市场的经济运行过程进行排他性控制或对市场竞争进行实质性的限制，妨碍公平竞争秩序的行为或状态。包括市场独占、强制交易、行政垄断等。垄断对市场经济的危害是十分明显的，它抑制竞争机制，阻碍技术进步和经济发展，因此对不正当的垄断（自然垄断及合法垄断除外）的规制就成为当代经济秩序法制度发展的重心。从美国1890年颁布的第一个反垄断法《谢尔曼反托拉斯法令》开始，世界各国对垄断的规制法律已经走过了100多年的历史，无论在实体法还是在程序法方面都已经有了相当的积累。在我国，一方面，由于计划经济体制形成的极端的行政性垄断和公用企业滥用优势的垄断行为已经成为影响社会主义统一市场建立的桎梏；另一方面，日渐出现的经济性（市场）垄断也开始危及国内市场的公平竞争。因此，对垄断的法律规制实际上已经不可避免地摆到了我们面前，必须引起足够的重视。

限制竞争行为是指企业滥用优势地位，或通过订立协议、团体决定或其他方式排斥或限制市场竞争的行为。如差别对待、限制专售价格、搭售等行为，企业之间通过订立协议的形式限制自由贸易和竞争，如共同划分市场、联合定价、抵制交易等行为。由于垄断在各国受到十分严厉的制裁，因而实际上垄断现象并不普遍。而限制竞争行为恰恰是经济生活中经常出现的现象。对限制竞争行为的法律规制也成了发达国家竞争法的主要内容。大量法律规范的出台，特别是对横向限制竞争行为的规制，对发达国家的经济民主化程度的提高和维护发挥了难以想象的作用。我国市场竞争中限制竞争的行为已经不少见了，特别是在利用合同附加不合理交易条件、限制上下游层面企业之间竞争的现象、行业协会限定最低价格的联合定价行为、大型外资公司在地域上划分销售领地的行为等。同时，此种限制竞争行为往往得到政府部门的默许或者支持，成为实行地方保护主义的重要手段。限制竞争的行为可能严重窒息经济活力，因而有必要给予法律规制。我国在现行的法律中主要规制的限制竞争行为有政府机器所属部门滥用行政权力限制竞争的行为、公用企业以及依法取得垄断地位的企业滥用市场优势限制竞争的行为、串通投标行为（实际上是一种联合定价行为）和搭售或附加不合理交易条件行为等。

在市场竞争中，经营者为了牟取自身的利益，采用损人利己、违背诚实信用的商业原则的竞争手段争夺市场，给市场秩序带来了极大的危害，同时也损害了其他经营者和消费者的利益。因此，以1896年德国的《反不正当竞争法》为标志的规制不正当竞争行为的立法为各国所重视。对假冒行为、混淆行为、贿赂行为、诋毁他人信誉的行为等，以立法的形式进行制约，打击各种不正当竞争行为，保护合法诚实经营的经营者，还保护受到利益侵害的不直接参与交易和竞争的其他经营者和消费者，有利于维持市场的经济秩序。我国在引进市场竞争的同时，也“引进”了大量的不正当竞争行为。1993年颁布《中华人民共和国反不正当竞争法》在以往零星调整的基础上，开始完整地规制不正当竞争行为。对欺骗性交易行为、虚假广告宣传行为、商业贿赂行为、诋毁他人声誉行为以及不正当低价竞销等7种不正当竞争行为进行了专门的规定。

在市场经济的条件下，消费者可以从市场的竞争中获得好处。但是，若竞争者偏离正常的轨道所进行的不公平和不正当竞争常常会让消费者受到损害。因此，在现代社会中，市场秩序规制与消费者保护有着直接的紧密的联系。一个社会具有良好的市场经济秩序，消费者就能以最低的价格获得最好的产品和服务，同时，如果消费者的权利得到最大限度的法律支持和保护，市场秩序就能在消费者的监督和评判中逐步稳定和完善。由于消费者在市场中所处的地位显然弱于经营者，因此无论从经济利益角度还是从法律公平角度，消费者和经营者的关系都已超出平等民事主体的范围。如果按照传统民商法的原则来调整两者之间的关系，消费者的利益只能在所谓的“平等自愿”“合同神圣”中逐步丧失。为了维护市场经济中由于消费者的弱势导致的力量结构失衡，必须要由特定法律来进行调整。在保护消费者利益的过程中形成的社会关系就自然成为市场秩序规制法的调整对象，消费者权利保护问题也就成了市场秩序规制法的重要内容。

市场秩序规制法的主体包括经营者、管理者，它的多样性表现在范围的广泛性和类型的非单一性。从范围上讲，市场秩序规制法的主体不仅包括法人、其他经济组织、公民个人等经营者，还包括规制秩序的政府机关、行业协会等；不仅包括独立的经营者，还包括经营者内部的分支机关和工作人员个人，如侵害企业商业秘密、持股控股的合并，都涉及传统市场法律不涉及的主体的行为。从类型上讲，无论民商法或行政法的主体都是单一类型，民商法主体是“平等民事主体”，行政法中主体具有行政隶属关系。与这种单一性质相比，市场秩序规制法的主体既有平等主体之间的关系也有不平等主体之间的关系，这是由市场秩序规制法的特殊对象所决定的。

与同样调整经济关系的民商法客体相比，市场秩序规制法的客体具有唯一性的特点，这是由市场秩序规制法的目标和任务决定的。市场秩序规制法并不以协调个体利益冲突为基本着眼点，而是通过对市场秩序的整体维护，来缓解和消除因无序竞争导致的社会资源配置低效。因此，民商事法的客体总是具体的、特定的、因人而异的。而市场秩序规制法的客体却显示了抽象的性质，虽然在不同的环境下，对秩序也会有不同的具体要求，如对联合定价的行为规制和对虚假广告的行为规制是有所不同的，主体之间的权利和义务关系也有所不同。但是这些权利义务针对的对象却是共同的，都是为了维护市场秩序的作用。人们在“市场秩序”这一单一客体之下，区别不同的具体环境，调整和平衡各个主体的权利义务和责任。如垄断行为，有时需要禁止，但在有的情况下又需要容忍，甚至还要扶持。不管是禁止、容忍还是扶持，目的都是维护和发挥市场机制的作用，提升市场资源的配置和利用效率。

法律通过权利的赋予或义务的承担，使法律关系主体之间建立起各种联系，形成稳定的、平衡的社会关系。按照调整民商事关系的传统，一个主体享有权利，必承担义务，反之亦然。这种权利、义务的对等性体现了民商法平衡主体间利益冲突时的基本方法是静态的、形式意义上的。在相当长的历史时期中，这种权利、义务的对等性成了调整商品竞争关系的占主导地位的准则。但在市场秩序规制法中，对于同一个主体，其权利和义务往往是不对等的。对于某些具备特殊地位和能力的主体，市场秩序规制法往往规定了他们较详尽的义务，而没有明确相应的权利。例如，独占者被规定负有不得利用独占地位限制其他主体进入市场的义务，经营者不得向消费者隐瞒商品的真实情况，拥有行政权力的公司不得限定他人与其指定的对象交易。这种权利义务的不对等性并非不公平，而是力图在一种动态的社会环境中实现实质意义上的公平和自由。2016年6月14日，国务院印发《关于在市场体系建设中建立公平竞争审查制度的意见》，就是希望实现市场竞争的公平和自由。该意见强调，要按照尊重市场、竞争优先，立足全局、统筹兼顾，科学谋划、分步实施，依法审查、强化监督的原则，建立和实施公平竞争审查制度，规范政府有关行为，加快建设统一开放、竞争有序的市场体系。政策制定机关在政策制定过程中，应当进行公平竞争审查。市场准入、产业发展、招商引资、招标投标、政府采购、经营行为规范、资质标准等涉及市场主体经济活动的规章、规范性文件和其他政策措施，均应当纳入审查范围。

（三）市场秩序规制法治目标

1.关注公众利益

早期的市场秩序规制法以保护竞争者为目标，不管是反垄断法还是反不正当竞争法都是针对竞争者的不当行为加以规制，以维护市场的公平竞争。然而，消费者利益的保护越来越受到人们的关注。美国联邦贸易委员会等几经努力，使带着浓厚的保护消费者权益色彩的一系列竞争法法规相继出台，如有关食品卫生、消费者信贷、产品标示、虚假广告、引人误解的市场促销手段等法律法规成为竞争立法的主要内容，以致法学家们难以区分这些法律的属性是竞争法还是消费者权益保护法。随着始于20世纪60年代的“消费者运动”的广泛深入发展，竞争法的这一立法宗旨尤为明显。在日益以消费者为中心的现代及其未来社会，市场秩序规制法对消费者的保护的趋势将会越来越明显。

2.灵活调节

在反垄断法的早期，大多数国家特别是美国和德国反垄断的力度和严格程度都是比较高的。但是，随着经济全球化和市场全球化带来的国际竞争的激烈化，各个国家开始修改其竞争法。例如，德国的反垄断立法充分考虑到德国境内外事实上或者潜在的竞争，严格化和严厉化开始让位于灵活务实。日本的反垄断立法本来就以例外条款多而著名，因此，竞争法一向比较灵活。美国受判例法的影响，根据每个案件的具体情况来考虑反垄断法的使用情况，体现了反垄断法较强的灵活性。特别是，美国反垄断法创立的与自身违法行为相并列的合理原则，更是为美国灵活处理反垄断问题提供了法律依据。对照美国对美国电信公司和微软公司相同垄断行为而又根本不同的处理结果，就不难发现其反垄断政策由刚性走向柔性和灵活的发展规律。再加上竞争政策要与产业政策、贸易政策、投资政策、技术政策等相关政策结合起来予以考虑，追求各种政策的协调，竞争法越来越从刚性转向柔性、灵活和务实，这是经济全球化对竞争法的重大影响之一。

3.加强国际合作

随着经济全球化和一体化进程的加快，国际市场的统一化程度大大提高，国际竞争日趋激烈，正是在这一背景下，跨国合并浪潮迭起。不受限制的跨国合并势必形成国际市场的垄断地位，产生滥用市场支配地位的情况。另一方面，经济全球化也对国内竞争法有一定的影响，竞争优势的价值倾向越来越浓厚；保护本国利益，在竞争政策上采取双重标准的做法已成普遍趋势。为此，如何规制国际竞争，维护国际贸易自由和公平竞争，成为经济生活的热点问题。同时，加强国际反垄断立法及实施也被提上了议事日程。如美国最近十分注重调查和制裁国际卡特尔，1997年至今美国反垄断案件的一半被告是外国公司。美国之所以紧紧盯住国际卡特尔，采取内外有别的反垄断政策，其目的就是要维护美国的竞争优势。正如欧盟委员会认为的，竞争政策在国际市场中具有双重作用，对内要保护欧盟内部大市场的公平竞争，对外则要保护欧盟企业进入外国市场。国与国之间的竞争使传统竞争法的促进公平竞争的价值开始受到挑战。在国际大市场内，国家正在利用其主权进行人为的市场分割，针对这种情况，秩序规制的法律在规制企业之间的竞争行为时，也必须对国家妨碍国际竞争的行为进行规制，这就需要尽快确立国际层面上的竞争规则。在各国经济相互依赖日趋加强的情况下，施行统一的竞争规则也已成为必然的趋势。但由于经济发展的不平衡，达到这一目标还有很大的障碍。所以，为竞争法的国际化进行的努力还将继续进行。[1]

第二节　市场监管法治战略

一、市场监管的基本逻辑

监管，通常含有监督和管理的内容，但并不是监督与管理二词内涵的简单叠加，监管有其特定含义。监管就是由监管者为实现监管目标而利用各种监管手段对被监管者所采取的一种有意识的和主动的干预和控制活动。可见，监管既不涵盖经济监督的全部内容，也不涵盖经济管理的全部内容，监管应是现代管理的一个独立的从属概念。在现代市场经济条件下，经济管理存在着宏观调控、市场规制和市场监管等多个方面。市场监管是指市场监管主体对市场活动主体及其行为进行限制、约束等直接干预活动。

〔1〕 顾功耘主编：《经济法教程》，上海人民出版社、北京大学出版社2013年版，第368页。

市场监管的主体是有权实施监管的机关、机构、团体，其中以政府机关为主。行使市场监管的有关政府机关，是一国政府体制的重要组成部分，包括综合性监管机关（如审计机关）和各具体市场的专门监管机关（如金融监管机关），其监管权由国家立法直接授予。政府机关附属的一些机构（事业单位性质），也因政府机关依法授权而有权监管市场（如中国证监会），在国外这类机构与政府机关一样被称为公共机构。非官方的社会团体（多为同业公会）和民间机构（如交易所），也承担着辅助政府对市场监管的职责，并且是一线监管，这类团体、机构的监管权来源于其成员的共同约定或普通认可，实施监管也是其履行法定的自律义务的体现。

市场监管的对象是市场活动的参与者及其市场行为。市场参与者主要分为三类，第一类是提供交易产品或服务的经营者（各类企业及其分支机构、个体农户等），第二类是产品或服务的接受者（购买人、存款人、担保人等），第三类是各类市场的投资人（包括机构与个人）。市场监管主要针对经营者与投资人。市场监管的目标是控制市场风险、保障市场安全。即根据各类市场特点及其现实或潜在风险的特性，通过监管，来抵御、防范、降低风险的危害，维护市场稳定、健康、高效运行，保护经营者、投资人和社会公认的合法利益。市场监管的方法是对市场运行全过程的制约。包括市场行为发生前的事先制约（如入市资格）、市场行为发生时的同步制约（如实时监控、及时制止违法行为）、市场行为发生后的事后制约（如定期或不定期的检查、经营财务资料的分析、违法行为的处罚等）。

市场监管不同于宏观调控。宏观经济调控是指政府为实现社会总需求与社会总供给之间的平衡，保证国民经济持续、稳定、协调增长，而运用经济的、法律的和行政的手段对社会经济运行的调节和控制。虽同为对经济的干预手段，但宏观调控与市场监管有着明显的不同：在主体方面，宏观调控的主体只能是政府，尤其是中央政府，而市场监管除了由政府监管机关实施外，还有其他主体辅助监管；在干预的范围方面，宏观调控追求的是总量的供需平衡、经济的稳定增长，而市场监管的直接效果是控制风险、保障安全，从市场角度保证宏观调控目标的实现；在方式方法方面，宏观调控采取综合多样的方法，有直接的方法如指令性计划、命令、直接投资，也有间接的方法如指导、协调、鼓励，而市场监管的方法较为单一，即限制、约束。

市场监管也不同于市场规制。市场经济规制是指政府为维护市场竞争秩序、保障市场机制正常发挥作用，而对经营主体的市场行为进行规范、控制的活动。市场监管与市场规制很接近，同为外部力量对市场行为的干预，但二者之间也是有区别的：首先是基本目标不同，市场规制所追求的是竞争有序化，力图修复、维持市场秩序，保护正当经营者和消费者；而市场监管要实现的是市场的安全，将市场风险控制在最低限度，从整体上保护市场参与者。其次是干预的时间不同，市场规制是事后干预型，是企图使某一事物符合预先要求或设计的一定状态，因为规制的发生必须以被规制对象行为发生偏颇为前提。而市场监管则是对市场运行全过程的制约，事先、事中、事后均须干预。再次是干预的对象和范围不同，市场规制只针对市场经营者的竞争行为，而市场监管则不仅涉及经营者的各类市场行为，还涉及各类投资人的投资行为。最后是干预的主体不同，市场规制仅由政府的特定机关，主要是行使公平竞争管理或消费者保护职责的机关进行干预；市场监管则由较多的政府机关，包括综合监管机关和专门市场的监管机关进行干预，另有社会团体和民间机构辅助监管。

二、市场监管的价值

随着经济不断市场化和专业化，以及经济活动的平稳、持续发展的要求，市场监管逐渐为人们所注意和重视。市场监管的监管者对市场行为实施积极而有效的制约，保证了市场运行不偏离固有的价值目标要求。这种积极的、灵敏的、主动与被动结合的、事先预防与事后处理相统一的监管，越来越体现出其优越性，市场监管已成为现代国家的首要经济管理职能。市场监管的价值主要表现为：

第一，维护市场运行的安全稳定。安全稳定是市场运行的基础，也是市场监管的根本目标。市场不论是作为商品交换的场所，还是作为商品交换关系的总和，只有安全稳定，才能发展，才能发挥其固有的配置资源的作用。市场又是客观存在着风险的，所谓风险就是由市场的不确定性引起的产生经济损失的可能性，市场风险既包括纯市场性风险（如行情波动、利率风险），又包括体制性风险（如规则不完善、社会信用降低、违法犯罪、管理不当）；市场风险产生的原因，既可能是微观层面的企业行为所导致，也可能是宏观层面的调控偏差或制度缺陷所造成，还可能因自然灾害、意外事故所产生；市场风险的影响，可能只涉及个体，也可能涉及一个行业、一类市场或整个市场体系，乃至形成跨国的、区域性的风险。市场风险发展到一定程度，就会引发市场危机甚至经济危机，造成市场瘫痪。现代经济中专业分工精细，而各市场间关系紧密，任何一个市场不安全、不稳定，都会引起其他市场以至于整个市场体系的连锁反应。因此防范市场风险，把风险的危害控制在最低限度，就成了各国政府十分关注的重大问题，而直接的措施就是市场监管。通过对市场运行中风险的严密监视和适时管制，实现避免风险、降低危害、保障市场安全稳定的目的。

第二，保护市场主体的合法权益。市场参与者包括经营者、投资者、消费者等，他们均各自追求自己的利益，但市场稳定运行、健康发展是所有市场参与者的共同利益，市场安全是各类市场主体生存发展的前提，所以全体市场参与者决不会允许个别主体以非法行为引发或扩散市场风险，危害他人利益。市场监管也正是顺应全体市场主体的一致要求而进行的。不能因为市场监管主要应用限制、约束手段，就认为其阻碍市场运行。市场监管所制约的是非法主体和非法行为，所保护的是合法主体、合法行为。正是通过市场监管，创建了规范经营、规范投资的环境，保障了市场安全，才能使市场主体实现自己的利益，也才能调动起人们经营、投资和消费的积极性，从而吸引更多的人参与市场，使市场得到发展。

第三，促进市场的开放和发展。在经济全球化、网络化的今天，市场面临的机遇和风险也日益增大；经济发展要求市场体系更完善、市场效率更高，这一切都要求加强市场监管的广度、细微度和有效性。发展中国家也吸取一些亚洲国家在经济市场化、国际化过程中取消监管、酿成金融危机的教训，纷纷改革市场管理体制，建立健全市场监管制度。中国这样一个尚处在市场经济发展初期的发展中国家，在极度缺乏市场意识的经济土壤上培育各类市场，更需要国家的理性监管。在市场监管的过程中，促进市场体系的完善、市场效率的提高和市场开放、发展。

三、市场监管法治战略的实现

市场监管法治要求在调整市场运行过程中，监管主体对市场活动主体及其行为进行制约必须依法进行。市场监管法不仅是市场参与者规范经营、规范投资的准则，也是市场监管者依法监管、有效监管的依据，对于保障市场安全与秩序、维护市场主体合法权益，促进市场发展具有不可替代的重要作用。在法学界，人们的注意力普遍集中在体现国家干预国民经济总局的宏观调控法和重在维护竞争秩序的市场规制法，对市场监管法有所忽视。有的论著以市场规制法替代市场监管法，但又无法协调两种不同的市场干预措施的差异；有的论述则将市场监管法的内容分解为特殊主体监管、特殊交易行为监管及经济监督等内容，将其分别置于经济法的其他组成部分中，既显得凌乱，又与其他内容不相和谐。市场监管法因其特有的宗旨、作用、主体、对象、方法等，作为经济法中的一个重要组成部分是科学、合理的。市场监管法与宏观调控法、市场规制法等一起调整着经济法所调整的经济关系。

市场监管法的规范，既包括专门规定监管内容的法律法规（如《审计法》），也包括与商法内容结合在一起的监管规范（如《保险法》中的监管部分）；除法律法规外，大量的规章和规范性文件是市场监管法的重要渊源。市场监管法包括适用于各具体市场的市场分类监管法，如金融（银行）监管、保险监管、证券监管、期货监管、房地产监管、技术市场监管和信息市场监管的法律规范；也包括适用于各市场的市场综合监管法，如会计、审计、工商企业监管的法律规范。

（一）市场监管的经济学基础

市场监管的理论基础首先来自经济学。一般认为，对监管最有影响的经济理论是社会利益论、公共选择论和特殊利益论。社会利益论积极主张监管，把监管看作是减少或消除市场失灵从而保护社会公众利益的手段。该理论认为，完全的市场竞争是不可能存在的，市场中存在着信息不对称、外部效应和垄断，因此市场就会失灵，如果让市场单独作用，那么市场运行就会是低效率的，资源就会浪费，就会有分配不公平和经济不稳定。监管是政府应公众的要求，纠正和消除市场缺陷、增进资源配置效率、改善收入分配的有效手段。

特殊利益论又称追逐论或俘虏论，是主张放弃监管的理论。该理论认为监管的出发点虽是善良美好的，却是不切实际的，因为监管与被监管始终处于猫鼠追逐的状态。初始，被监管者会极力反对监管，但在对立法和行政程序变得极为熟悉后，就会动用资源（如权钱交易、院外集团游说）影响、支配监管者，形成所谓“寻租现象”。随着时间的推移，监管者就会越来越迁就被监管者的利益而忽视公共利益，甚至一些实力雄厚的特殊利益集团为保护自己利益而主动要求政府提供监管。而且监管的成本太高，不利于社会。

公共选择论主张合理监管。该理论认为自由市场机制存在缺陷，需要某些方面和某种程度的外部管制即监管，而监管这种公共产品只能由公共利益代表——政府来提供；但政府也会失灵，其不当或过度的监管会妨碍市场机制的正常作用。因此，是否应进行监管、哪些方面需要监管、如何进行监管，应从公共的角度进行判断和选择。

由上可见，社会利益论所阐述的市场缺陷自然导致市场监管的推理是令人信服的，其作为监管的理论基础是恰当的。但公共选择论和特殊利益论所提出的监管失灵、监管成本问题也是十分重要的，可提醒人们在设计监管制度时更注意扬长避短，也促使监管者更好地承担起社会责任。

（二）市场监管的法学基础

“二战”以后，随着专业分工愈来愈细，资源的运用也越来越专业化，资源被投入细而专的市场后，其价值就会受到市场不稳定的影响而可能产生巨大损失，进而在人们心理上产生经济不安全感。于是在人们呼吁尽快妥善管理经济安全问题的背景下，经济安全的理论产生发展起来。近年来，我国经济法学者对经济安全理论也作了较多研究，认为经济与社会的发展已逐渐抛弃了个体与私人交易安全，而谋求更宏观的经济秩序安全，最终达到社会安全，经济安全是现代国家追求的基本秩序和正义。还有人指出，经济安全是经济法的价值取向，经济法对实现经济安全具有特殊作用。有学者还提出了经济安全权问题，认为经济安全权是人们对经济安全所平等享有的权利，包括经济整体安全权和经济持续安全权。笔者认为，由于经济安全可分为个体（企业）安全、市场安全和国民经济整体安全，经济法对经济安全也各有分工：国民经济整体安全的环境应由宏观调控法来营造，实质就是供求平衡、稳定增长；个体安全则有赖微观规制法来维护，实质就是单个企业在竞争发展中其整体性、持续性不被非法竞争行为损害；而市场安全就应由市场监管法来保障，以消除市场过度投机、信息偏在等所致风险。

市场主体的社会责任也是市场监管的重要理由。经济法历来强调社会本位，要求市场主体在实现个体利益时应尊重社会利益，在行使个体权利时应承担一定社会责任。这种社会责任集中表现为遵守市场秩序、维护公共利益。

市场主体在市场行为中是否履行了这种社会责任，就成为市场监管的基本理由。如有学者以金融市场为例论证监管法理基础，指出金融市场具有特殊风险，金融机构也就具有特殊地位，负有特殊的社会责任：一是虽为私人机构却拥有一定的货币调节的公共职能，二是拥有特许权的优势地位，三是负有确保公众信心以维持市场运转的义务。作为对金融权力的制衡、取得优势地位的对价以及对滥用权力或优势地位的防范，金融监管就是必不可少的了。

（三）市场监管法治的原则

市场监管法的原则是体现在市场监管法律规范中的基本准则，是对市场监管立法、司法、执法有普遍意义的指导思想。

1.公正监管原则

公正监管原则是市场监管中的基本要求，适用于市场的各方当事人。公正首先要市场公开：入市条件公开、程序公开；市场活动公开，正大光明、开诚布公，不允许作伪行骗、地下交易；经营者信息公开、管理者办事公开。公正其次要环境公平：主体地位平等、交易机会均等、法律规划统一；创设公平利用信息、公平竞争、公平交易的环境；市场主体共同负担监管成本，共同防范市场风险，共同享有市场繁荣产生的利益。公正更要管理公正：监管者对市场活动主体一视同仁，同样保护、同样制约；监管者依法监管、严肃执法，不滥用权力、也不放弃权力，不搞差别歧视、更不搞权钱交易。市场监管法的任务就是根据各类市场的特点，将公正监管原则细化落实为各市场的具体规范。

2.审慎监管原则

审慎监管原则是市场监管法的宗旨的要求，即市场监管应该促进市场主体的稳健性和市场行为的合法性，从而保证市场体系的运行安全，防范市场风险。

审慎原则源于会计制度，其要求企业的会计核算应尽可能地建立在稳妥可靠的基础上，尽可能减少经营的风险负担，主要办法是对资产和收益的估算要有所保留，而对可能的损失与费用要有充分预计。在金融市场世界各国都将银行业置于一系列审慎监管之下，以限制它们的风险敞口和破产的可能性。我们将审慎原则扩展运用于整个市场体系，意在通过市场监管，最大限度控制风险。因为现代市场中，交易环境日益变化、交易品种日益创新、交易成本日益提高、交易关系日益复杂，风险也与日俱增：任何一个市场主体经营不当、管理不善就会面临破产的风险；任何一种市场行为违法违规、出轨出格就会有扰乱一个市场的风险。市场监管要把安全、平稳放在第一位，一方面要促使市场主体加强内控、谨慎经营，另一方面也要使整个市场体系形成稳健运行、抵御风险的机制。

3.有效监管原则

有效监管原则是市场监管经济性、合理化的体现。监管不是万能的，不能代替市场本身。监管也要尊重市场机制，监管不可过分刚性，不可强制扭曲市场规律，不是确保万无一失，而是刚柔相济、顺势利导，矫正背离市场机制的行为。因此，市场监管就要在必要的范围内有效地发挥作用，这其中包含了监管合法、监管适度的问题。监管合法即监管符合法律规范，监管主体资格的取得、权力的行使均有依据，监管的对象、范围、程序、方式均应合法，监管者不越权、不徇私枉法。监管适度就是在降低监管成本、提高监管效率的基础上，准确把握监管的力度、时机和广度，既要维护市场安全、抵御风险，又不压制市场活力、妨碍合理竞争；既要保护社会公众的利益，又不挫伤市场主体的积极性。这就需要监督者加强调查研究和预测，避免任意性；加强各监管机构间的协调，避免重复、交叉监管；注重经营者、中介机构和行业的自律和辅助监管作用，避免行政机关包揽监管。总之，要努力以最小监管代价，获得最大的监管效果。

4.协调监管原则

协调监管是由市场监管的特性及我国特殊国情所决定的，我国正处在社会转型、体制转轨的关键时期，政府在监管中的地位和作用不容低估，社会各界对监管工作的支持与配合也不可或缺，各监管主体必须协调配合，单纯强调任何一类监管主体的作用都有失偏颇。行政性监管与自律性监管相结合，才能实现有效监管。在深化改革，政府转变职能、弱化行政管理的今天，自律性监管将日益增大其比重，发挥更大作用。外部监管与企业内部控制相衔接，使监管目标真正落实。由于我国市场发展发育程度和各监管主体的成熟度都不平衡，为了防止出现监管真空和监管混乱，就必须强调协调监管。如我国在今后一段时期内，仍将实行分业经营、分业监管的金融体制，而金融市场发展客观上又要求各金融监管机构间形成合力。协调监管，就要求政府各有关部门之间相互配合，共同履行好监管职责，避免扯皮、失职现象。《中华人民共和国银行业监督管理法》对建立健全金融监管合作机制作了相应规定，特别强调金融监管的协调规定，国务院银行业监督管理机构应当和中国人民银行、国务院其他金融监督管理机构建立监督管理信息共享机制。

鉴于经济全球化和市场国际化的大势，市场监管还须加强国际合作，国内监管要与国际监管相协调，以符合市场日益国际化的需要。跨越国境的市场活动越来越频繁，相应市场风险的产生、迅速蔓延与跨境扩散的潜在威胁也越来越大，我国的市场监管机构应当与其他国家或者地区的监管机构建立各种形式的监督管理合作机制，实施跨境监督管理，以有效阻隔风险，有效维护市场安全。

（四）市场监管法治的内容

在市场监管法中，有一些构成市场监管法律规范的基本内容，这些内容是各个单行监管法所必不可少的，可称之为监管法的基本要素。市场监管法的基本内容主要包括市场监管体制、市场准入与禁入、市场运营风险控制、关联交易监管、危机处理与市场退出、对交易场所和中介机构的监管，以及对监管者的监管等。

体制就是各种机构的总和，并通过这些机构的相互作用使选择由观念变为行动，并发挥功效。市场监管体制就是指由立法所确定的、为实现监管目标而对市场主体及其行为实施制约的组织体系和作用机制的总和。各国各市场的监管体制并不一致，完全根据国情或市场发展状况确定，如中央集权型和地方分权型、集中统一监管型和多元监管型、行政主导型和自律主导型。政府监管机关的设置及其权限、职责的规定，是市场监管体制的重点。但发挥交易所、行业公会等自律作用和强化市场主体内控机制的要求，也是市场监管体制的组成部分。

对进入市场的主体资格的监管，也是保障市场运行安全和防范市场风险的首道把关。市场准入门槛的高低，与市场监管的理念、市场发展及监管的成熟度密切相关，发达市场的准入要求相对较低，但绝非自由出入；而发展中的市场因风险抵御机制尚不完善，相对入市的要求较高，特别是在对国外主体开放市场的问题上，一般有个渐进的过程。

立法（或自律规则）对市场进入者的软、硬件条件作出规定，通常包括确保正常运营的必要资产（如资本金）、从事市场活动必要的法律稳健（如章程、协议）、具有市场专业知识的人员、符合市场活动需要的设施场地等。还对各专门市场的从业人员有知识、经验、操守等方面的要求。在准入的执行上，各国有前置式(审核许可)或后置式(登记、核查)的不同模式。但对有违法犯罪或信用不佳纪录，具有市场安全隐患、不适合市场特定要求者(含企业、个人)，各国均有禁止入市的规定，发布禁入命令也是监管机构的常用监管方法。

市场监管法针对不同市场的特点，为市场全体设定了业务经营中抵御风险、监视风险、分散风险和转移风险的防范措施。如业务经营范围和交易品种的限定，往往是为了实现控制风险发生的概率和风险发生后的影响范围、防止风险交叉影响的目的；而最低法定资本和最低实收资本的规定，则是出于增强主体风险承受能力的考虑；对于资本充足率、资产负债比、流动资产比等资产质量的考核，又是因为动态跟踪、监管市场主体经营风险状况的需要。而一些市场中对交易活动实施实时监控，对于及时发现与制止违法违规，将风险消灭在萌芽或初始状态是十分有利的。

风险控制的制度，意在确保市场主体健康发展，防止因市场被动或自身经营问题，造成收支逆差、清偿困难，乃至破产倒闭。在市场主体陷入经营困境或濒临破产，风险成为现实时，为保护社会公众利益、减少市场振荡和连锁反应，政府监管当局一般将进行危机处理，包括挽救措施(如接管、动用政府危机基金或动员民间援助)和善后处理(如存款保险金)。对于因破产倒闭、违法经营被责令关闭，以及因收购兼并等而退出市场的主体，也应当实行监管，使其规范退市、减少波动，并依法追究退市的责任。

最狭义的市场的概念就是指交易场所，包括有形场所如交易所、交易中心、集市等，也包括无形场所如交易网络。市场监管法当然要对交易场所进行监管。交易场所监管的法律规范，涉及交易场所设立的条件、核准和程序，交易场所的功能定位、基本职责、组织形式、治理机构、运作规则等。交易场所既为交易主体提供场地、结算等服务，又对交易活动进行着一线监管，其本身有明显的自律功能。为此，交易场所应针对自身特点，制定完善自律规则，而这些规则应遵循市场监管法原则和制度，并受政府监管机构的制约。

市场中介机构是指是为交易主体提供专业服务的服务机构，如资产评估、会计、审计、法律、信息、财务顾问、投资咨询、市场调研、业务培训等机构。中介机构满足了现代市场分工精细、专性强和社会化服务的要求，提高了市场效率，还起到活跃市场、沟通信息、拓展业务的积极作用。但在一定条件下，中介机构也会因欺诈、误导、助长违法违规等行为，造成或扩大市场风险，危害到交易主体、社会公众的合法权益，增加市场监管的难度。因此，对中介机构的监管就成为市场监管的必要组成部分。对中介机构监管的法律规范，包括中介服务市场的准入资格、专业人员的从业资格、中介活动的原则和方式，中介机构的责任及对中介机构的监督检查等。对监管者的监管既是市场监管的内在含义，也是宪制的必然要求。监管失灵通常是指政府监管的失效，监管失灵的原因复杂性和形态多样性有时超过了市场失灵，这就必须对监管者的监管、对监管失灵现象进行矫正，在加强对市场监管的同时，加强对监管部门的监管，规范市场行为必须规范其中的政府行为。

第五章　国家经济管制法治战略

一个国家的经济活动形式多样，活动主体多元，活动行为复杂。国家可以对经济活动进行宏观调控、市场监管、市场规制，以实现社会利益的可持续发展。但有些经济活动即使采取宏观调控、市场监管或市场规制，仍不能达到理想目标，或有些目标是宏观调控、市场监管、市场规制所无法达到的，国家会通过经济管制手段来管理。经济管制属于政府管制的范畴。政府管制行为按其管理的目标可分为经济性管制和社会性控制。从管制的性质看，管制可分为经济的（对某些部门的价格管制、对相关经济活动的参与、投资等）和社会的（如环境保护），从管制的手段看，有些是确定标准（如排污标准），有些是国家直接投资办企业，直接参与企业的经营。政府管制可以定义为："行政机构为直接或通过改变消费者和厂商供求决策而直接干预市场分配机制所颁布的法规或采取的特定行动"。[1]管制不单是一系列规则体系。政府行政机构根据法律授权，采用特殊的行政手段或准立法、准司法手段，对企业、消费者等行政相对人的行为实施直接控制。政府还可以投资参与市场的活动，从而实现对国民经济的管理与控制。

由于各国现代经济处于世界经济的循环体当中，各国经济基于不同的开放度，或多或少具有涉外经济的因素。我国自实施改革开放的政策以来，日益紧密地参与到世界经济的潮流中，外向型经济的发展非常迅速，这在沿海经济地区表现尤其

---

〔1〕［英］丹尼尔·F.史普博：《管制与市场》，余晖等译，上海三联书店、上海人民出版社1999年版，第98页。

明显，同时，国内的经济与国际经济的联系越来越密切，国际市场的变动成为国内经济波动的重要因素。我国对于涉外经济采取法律、经济和行政的手段加强管理。有些产品的投入产出无法平衡，需要大量资金投入，收回成本周期长或无法收回成本，如果国家不参与，公共产品会缺失，人民的基本生活需要就难以得到满足，如各种基础设施的建设、社会公共设施的提供，这需要国家参与经营或直接经营，以实现社会目的。有些经济活动涉及国家经济命脉，如果任由市场自由竞争，将使国家失去控制地位，直接威胁到国家的安全。这同样需要国家的管制和参与。

国家管制经济事关政府的职能，也事关政府与市场间的合理界限划分，如果不加规范，可能会损害市场的健康发展。为保证经济管制的科学性、合法性，国家对经济的管制必须依法进行，这些法律规范及活动构成了国家经济管制的法治战略。

第一节　对外经济管制法治战略

一、对外经济管制逻辑

对外经济管制是一国政府根据法律法规和经济政策对涉外经济进行的监督、管理和规制的行为。对外经济管制是国家对于整个国民经济进行干预和调整的延伸。对外经济构成国民经济的一个组成部分，对外经济管制应服务于国民经济发展的总体目标。对外经济管制无疑也是国家干预经济的一种表现形式。为实现社会调节的要求，在作为经济法组成部分的涉外经济法里，主要是经济的干预，如以保护、奖励为目的的关税政策、出口退税、出口保险制度；为应对国际市场自动调节制度失调而建立的国际投资、贸易、金融等管理制度；为维护国际市场的竞争秩序，建立禁止垄断和不公平交易、反补贴和反倾销的制度等。

随着涉外经济的发展，在不同的经济发展阶段和经济管理的不同领域，涉外经济的管制有的已经完全纳入国内经济管制的法律体系当中，有的还保持相对的独立性，从而形成比较独立的对外经济管制系统。在我国改革开放的初期阶段，经济体制改革的总体目标还没有定位于社会主义市场经济，国内的计划经济体制居于主导地位。为了引进国外的资金、技术和管理经验，在进行国内经济体制改革的同时，实行对外开放政策。国内立法的重要特征是按照所有制进行不同的立法，形成了泾渭分明的内资法律体系和外资法律体系两个“板块”。随着我国经济的转型，社会主义市场经济体系的建立和发展，使得市场统一、公平竞争、主体平等的理念，逐渐反映在经济立法当中，要求法律对市场经济主体的权利进行公正、公平和平等的一体保护。我国的社会主义市场经济体制和国际上的“流行”的市场体制的趋同因素增多，差异性逐渐减少，大量的国际惯例和别国的适合的立法经验被有意识地借鉴。同时，由于涉外经济在我国的国民经济总量中的比例逐渐增大，外商投资企业的境内销售、境内投资和境内融资与内资企业日益密切和一致，国家的法律和政策也应变化。

一个国家对外国的经济关系，具体为一国的自然人、法人或其他经济组织跨越本国范围与另一国的自然人、法人或其他经济组织之间发生的经济关系。涉外经济关系是一个综合的概念，涉外经济关系的主体、客体或者法律关系的内容至少有一个具有涉外因素，在此基础上的经济管制包含了宏观上的涉外经济管理和微观涉外经济规制。在许多情况下，对外经济管制主要针对宏观上的涉外经济管理关系，如工商、税务、金融、海关。但对于外商投资企业的劳动关系等微观经济关系，也纳入涉外经济管制的范围内，成为我国外商投资法调整范围的一个组成部分。涉外经济流转关系如投资和对外贸易，如果涉及我国的经济全局、社会整体利益、对外经济政策，也对此加以调整，如外商投资的方向、进出口商品的检验、反倾销和反补贴等。

对外经济管制以经济政策和专门的涉外经济法作为管制的依据，而这些规范依据通常具有强制性。强制性的法律规范要求当事人必须作什么和禁止作什么。对外经济管制反映了政府直接和间接干预涉外经济发展进程的意志。例如，国家对外商投资的准入的审批，规定了准入的条件，便于实现经济发展、经济结构调整等目标，控制外资的投向。就对外经济关系而言，WTO针对的主要是管制关系，是对国家干预对外经济关系的一种国际性的“再干预”，即“国际调节”。像WTO这样的国际制度的有效性取决于各国政府在其管辖范围内贯彻制度安排的能力，也取决于各国政府从自身利益出发遵守相关规则的意愿和WTO对贸易争端的强制性管辖权。我们既要“与国际惯例接轨”，积极利用WTO规则的例外条款、过渡安排、发展中国家待遇、新技术和环境标准、保障措施来引导、服务和保护国内产业，同时也应积极主动参与国际经济规则和规范的制定，掌握对外开放的主动权。而更加关键的问题是如何提高我们自身管理经济的能力，即在尊重市场经济规律的基础上，确立政府管制的角色、提高管理效果，减少不当干预，改变消极、被动和粗放的管理模式，在解决市场失灵的同时克服管制失败、管制腐败等难题。

我国对外经济政策的价值趋向和对外经济法律的宗旨是一致的，都是为了保护和促进涉外经济发展，维护涉外经济秩序，保护涉外经济当事人的合法权益。我国对外贸易政策、外商投资政策、涉外金融政策以及涉外税收政策等，都通过具体的涉外经济立法和一系列涉外行政执法措施、规则加以细化并得到贯彻实施。我国涉外经济管制就是通过经济、法律和行政的手段，促进贸易、投资、服务等市场的公平竞争，维护良好的涉外经济秩序。例如，为了防止外国出口恶性竞争，避免、减少国外对我国的出口采取反倾销和数量限制等，我国对外贸易采用出口许可证、配额等措施。我国制定《反倾销条例》，也是为了防止进口产品倾销给我国相关产业造成损害，维护合理的竞争秩序。“国家经济安全”强调的是一国经济整体上的安全性，即一国主动地参与经济全球化，发挥对于世界经济应有的作用，在政治主权可靠的前提下，在其经济发展过程中应具备抗拒内外风险和抵御外部冲击的能力，国民经济能够保持持续、快速和健康发展的一种态势。我国《外商投资产业指导目录》中把属于危害国家安全或者损害社会公共利益的列为禁止类外商投资项目，在限制类领域也有许多是基于维护国家经济安全的考虑；《中华人民共和国对外贸易法》第16条规定，基于“为维护国家安全、社会公共利益或者公共道德，需要限制或者禁止进口或者出口的”的原因，国家可以限制或者禁止货物、技术的进口或者出口。在贸易自由化过程中，继续强调尊重国家主权这一国际法准则有着极为重要的意义。捍卫国家独立和主权，必须具有抵抗外敌入侵，应付重大自然灾害和突发事变的物质基础，这种物质基础除了国土、自然资源等以外，还包括构成经济命脉和综合国力主体的产业，扶植和保护这些产业是国家经济安全的目标。如何解决贸易自由化与国家经济安全、入世与保护民族产业这两对矛盾，是21世纪我国对外经贸政策中的首要课题。只要处理得当，这两对矛盾是可以统一起来的，从而做到既在开放中实施保护，又在保护中扩大开放，关键在于深化经济体制的改革，加速社会主义市场经济的建立。

对外经济管制必须适度和适当，并以发挥市场经济的调整机制作为发挥作用的基础。但如何处理经济管制与市场自由化、经济集中与经济民主、政府与企业、直接控制与间接控制的关系，是相当复杂的问题。涉外经济管制主体必须既要看到经济全球化的趋势照顾涉外经济的特点，又要从整体国民经济的全局出发，追求管制的合理性、正当性与公平性，在保障经济安全的基础上，以较小的成本和代价，调动和引导市场主体自身的创造性、积极性，而不能过度抑制经济主体的自主选择。

二、对外管制的背景与要求

（一）背景

全球化是世界各国在经济上跨国界联系和相互依存日益加强的过程，运输、通讯和信息技术的迅速进步有力地促进了这一过程。经济全球化是各国在经济上相互依存不断加深的历史过程，其突出表现为商品、资本、技术等要素的国际流动日益加强，其主要因素是信息革命以及贸易和金融的自由化。信息传播的全球化、网络化是全球化的重要组成部分，也是经济全球化的重要推动力量。而国际互联网日新月异的发展对传统法学带来了许多挑战。如网络安全、隐私权的保护问题、网络经营的市场准入、电子商务的交易合同、竞争规则、消费者权益保护、网络税收、网络广告、知识产权以及计算机犯罪、网络商务案件的管辖权、网上证据规则。这些新的法律问题具有全球性、技术性和变动性特点，促使各国在网络规制与网络发展，国家安全与网络经营自主，社会公益与经营私益之间寻找平衡、协调的管理措施，谋求国际化协作和法律监管创新。许多国家在网络信息管理方面进行了专门立法，国际组织也进行了网络立法。在国际贸易、国际金融等涉外经济领域，跨国电子商务、国际电子银行业务和网络国际证券发行业务等得到越来越广泛的运用。为应对信息革命的浪潮，我国应当加强政府部门对发展电子商务的宏观规划和指导，并为电子商务的发展提供良好的法律环境。

在信息革命的国际舞台上，发展中国家处于信息弱势的地位。同时，由于发展中国家信息控制和处理能力较差，发展中国家的经济政策和经济计划的制定和执行受到了不可低估的消极影响。我国实行对外开放，要完善会计、统计系统，完善信息披露的法律制度，加强对信息的管理、控制、开发和利用，为调整经济决策和监管提供可靠的信息依据。

市场经济已经成为世界最普遍的经济运行形态，经济全球化也是在全球性选择市场经济体制的基础上才有了共同的环境。涉外经济管制是以涉外法律和涉外政策为主要媒介的经济管理系统的一个组成部分，与我国实现现代化和适应经济全球化这两个命题都是紧密联系在一起的。对外管制有利于实现现代化和有理、有利、有节地适应经济全球化，这是建立和革新涉外经济管制体制、体系的一个总的方向和原则。中国作为吸引外商直接投资最多的发展中国家，政府的商务外交更加频繁，协助产业界争取国际战略物资的产品定价权、争取制定产业技术标准的资格，贸易摩擦成为常态，银行业和证券保险也的开放呈现加速态势。经济领域的开放的力度空前增大，并且成为推动改革进程的重要力量。随着市场的进一步开放，货物、资本、人才和服务的频繁流动，国家安全的要求也日益成为一个显性的问题，需要专门进行管制。全球化对涉外经济管制的影响以金融领域为典型。当今世界各国和地区放松金融管制、开放金融市场、逐渐放开资本项目的管制，使资本在全球的资本市场自由流动，出现了金融全球化的趋势。为顺应金融全球化的趋势，各国以及国际层面加强立法，促进金融的国际化、自由化和金融市场的一体化进程，统一交易规则，减少交易成本，协调各国金融政策，探索金融国际监管的法律框架。

银行业务电子化、网络化以及现代通信手段在银行业务中的应用使得集中统一的跨国经营银行业务变得愈加方便、快捷，成为银行业务国际化的直接动力。在世界经济一体化浪潮的推动下，一方面，发达国家的银行业在转型经济和新兴市场的发展潜力和盈利机会的吸引下，开始向这些地区扩张；另一方面，发展中国家也纷纷加快金融改革的步伐，如推动本、外币的自由兑换、开放金融市场、放松外资银行进入管制和国际资本流动管制，并在国外积极设立分支机构。

金融自由化和金融监管是一对孪生子。金融业是一个特殊的服务行业。金融业的发展促进了货币市场、资本市场在资源配置中的重要媒介作用，提高了经济运行的效率。金融全球化促进了生产国际化和资本国际化，加剧了国际金融机构的全球化竞争，提高了资金的流通效率，降低了国际筹资成本，同时，也积累了很多金融风险，如客户和金融机构的经营风险、全球性的系统性风险、投机活动全球化。由于国际金融业务往来空前增加，风险的累计和扩散十分迅速，在全球支付与清算系统中，一旦某家银行出现问题不能按时清算，必然会引起全球性的连锁反应。对金融业的监管主要着眼于风险控制。金融自由化、全球化使得国内金融市场与国外金融市场的联系日益紧密，货币市场和资本市场逐渐统一，金融监管的难度增大。在金融全球化的背景下，一国的金融政策很难保持独立性和自主性，必须考虑国际金融市场的影响。金融风险的系统化累积，意味着风险的可控性越来越困难，稍有不慎，就会酿成全局性的经济灾难。

我国对开放境内资本市场一向持慎重态度，人民币自由兑换问题、金融市场的混业经营问题都与金融风险的监管、控制政策有着较高的关联度。

世界贸易组织和一些区域性组织的建立使科学技术发展激发的国际经济交往方面的变革法律化、制度化。国界的藩篱不再是国际投资的必然障碍，国家的主权意识变得相对淡薄。

在经济全球化背景下，世界市场中的市场机制突破了国家疆界，价值规律被推向全球，而各国逐渐形成了一种共识：扩大对外经济交往和促进国际经济自由化对各国的利益大于闭关锁国和互相设置壁垒。于是，国家对涉外经济关系的管理趋于放松和弱化。与之形成鲜明对比的是，国际条约所涵盖的国际经济领域不断扩大，对经济关系的调整趋向具体和精细，而国与国之间的相互约束关系不断加深。目前，几乎所有国家的对外贸易管理制度和措施都已置于国际贸易组织的各类规则之下，一国已不能任意确定其关税水平，也不能任意行使配额、许可等进出口管理措施，除非其准备承担由此所产生的国际法后果。

经济全球化，对国家如何加强涉外经济或者国际经济的科学管理提出了更高的要求。全球化是市场经济机制的要求和必然结果，市场经济除具有优化配置资源的优点外，具有盲目性、自发性和滞后性的缺陷，全球化并不能克服市场经济本身的缺陷。对市场的调控制度是建立在一国政府的国内事务基础之上的，在世界范围内，缺乏政府对市场进行有效调节的机构和机制。如果放弃必要的政府规制，全球化必然面临巨大的风险。社会主义市场经济不是无政府状态的完全的自由经济，而是以市场机制为基础的有宏观调控机制配合的现代市场经济。市场经济条件下，经济竞争主体之间的私人协议、跨国公司内部的管理计划需要国家的计划指导、政策和法律的管制，达到一种良性和契合的状态，这也是国家意志与个体意志的协调、公益与私益的结合。市场经济的周期性是一种客观的存在，发挥经济计划的引导和指导作用，可以聚合社会经济力量，为反周期性萧条提供抵制力量。

对开放政策、法律的制定和调整必须在稳定和发展、经济安全和经济自由化寻找协调的制度平衡，不能率尔从事，操之过急。在全球化背景下，对外开放应立足国情，量力而行。近年来，国际货币基金组织、世界银行和一些发达国家一直鼓励发展中国家采取经济自由化，融入全球化，对发展中国家的政府管理经济和控制经济的能力带来的风险认识不足。例如，对资本市场的开放问题就是其中的著例。经验表明，发展中国家开放资本市场后，国外游资突然大量涌入，政府对此监督不严、监管乏力，这些资金迅速、集中投入证券市场和房地产市场。一旦宏观经济环境发生较大变动、市场出现经济萧条的征兆，这些资金或者形成银行呆账、坏账，或者迅速撤出，造成资金循环中断，加剧经济的恶化。所以，开放资本市场必须提高金融监管的水平，并与国内经济承受能力相适应。

经济全球化表明，生产的社会化和国际化上升到了一个新的历史高度，各国的扩大再生产过程必须在世界范围的紧密联系中才能正常运行，这不仅使各国在经济上的相互依存空前加深，也要求资源在世界范围内优化配置，从而在客观上为经济的持续增长开辟了广阔的前景。全球化是一个进步的历史过程，但这一过程是在资本主义制度占统治地位的条件下进行的：少数发达国家的垄断资本起着主导作用，必然带来深刻的阶级烙印和扭曲的表现形式，因此这一过程是跛脚的，即在南北之间是不对称进行的，广大发展中国家在经济上与全球化进程不相适应的矛盾将更加突出。尽管从法律角度看，任何国家都没有义务参加经济全球化的进程，但是，如果经济落后的国家不参与经济全球化的进程，就会处于进一步被边缘化的境地。作为最大的发展中国家，我国的经济也面临着这样的矛盾，必须从战略上加以重视和调整，才能保证我国经济在进入21世纪后持续稳定地增长。

（二）要求

1.依法管制。依法管制是从法治的根本原则中衍生出来的，要求监管机关在实施管制活动时，必须依照法律，不得与法律相抵触。完善的涉外经济立法是依法管制的必要条件。在管制政策与管制法律发生冲突时，必须遵守法律；在行政法规和地方法规与宪法和法律冲突时，应维护宪法和法律的权威。涉外经济管理机关的法律地位和职权均由相应立法予以确认。例如，《中华人民共和国对外贸易法》在第3条中规定国务院对外贸易主管部门依照该法主管全国对外贸易工作；《中华人民共和国海关法》第2条、第6条规定了中华人民共和国海关的法律地位和职责。涉外经济管理机关必须在法律授权范围内行使职责。管理机关的职权包含职责和权力两个方面，并且相互统一。管理机关在行使管理权时，不但要符合涉外经济管制法律有关实体法的规定，尤其要注意符合程序要求。例如，外商投资法就各类企业规定了细致的审批程序，《反倾销条例》和《反补贴条例》就反倾销调查和反补贴调查程序作的严格规定等。依法管制客观上要求管理权也要受到法律限制。涉外经济管制法对管理机关的权力规定、越权行为制裁、受害人的行政救济和司法救济权、对管理人的监督等都是为了限制权力滥用而设。例如，《中华人民共和国海关法》中对海关不当执法的赔偿责任作了明确规定。

2.适当管制。适当管制包括合理管制和适度管理两个方面。由于客观世界复杂多样，我国经济处于转轨过程中，经济全球化也使得涉外经济监管无法以静态的观念处理动态的经济本身。涉外经济管制在强调法治原则的前提下，还要赋予有关机关必要的行政自由裁量权，以便行政机关相机选择，灵活性与原则性有机结合起来。但涉外经济管制自由裁量权不得滥用。适度管理强调涉外经济管制机关的管制行为必须以尊重和利用市场规律为前提，监管的目的是促进公平的竞争秩序，保护涉外经济当事人的合法权益，激励当事人在价值规律支配下进行交易。由于涉外经济关系内联国内市场，外接国际市场，管制者面对复杂的市场，要把重点放在克服市场失灵，促进市场配置资源的自身力量，不能代替市场，不能过多干预微观经济活动，更不能利用权力谋求部门利益。

3.协调管制。首先，涉外经济关系复杂多样，如外贸经济关系、投资关系、金融关系、税收关系，这些经济关系包括市场主体的平等交易关系，也包括管制机关对相对人形成的经济管理关系。涉外经济管制机关在行使行政权时，必须考虑管制对象的合理的要求，在维护经济安全和公共利益的前提下，充分考虑利益平衡，保护当事人的合法利益。其次，由于涉外经济关系相互联系成为一个有机联系的系统，例如，WTO是个追求世界贸易自由化的组织，但是在外贸和投资越来越有着密不可分的联系的环境下，其《与贸易有关的投资措施协定》就对各国的投资领域的法律法规产生了深远的影响，所以，涉外经济管制的目标服从我国国民经济发展的总体战略，客观上要求各个涉外经济管制机关在实施监管时应加强协作。再次，在涉外经济的监管依据，即主要政策和法律上，应当统一、一致，避免相互冲突。最后，由于涉外经济管制具有涉外性，所以，涉外经济法律政策的制定和修改以及实际执法，都要遵循我国参加的国际公约和签订的条约，都要考虑借鉴国际惯例，协调国内法和国际法的关系。在加入WTO后如何达到实施WTO协定的要求和我国国内法的协调，是我国当前立法和司法界面临的迫切任务。

4.效率管制。效率管制指涉外经济监管的成本最小化、涉外经济活动的交易成本最小化，促进涉外经济可持续发展。效率监管的核心问题是通过管制，优化贸易和投资环境，促进市场公平竞争。首先，涉外经济管制的政策和法律应透明，要求明确市场准入的条件和程序。其次，效率管制要求以市场为核心，通过对不正当竞争行为的制裁，维护涉外经济竞争的秩序。例如，反倾销和反补贴制度的主要目的就是维护对外贸易的公平、合理，制裁扭曲国际贸易秩序的不正当竞争行为。再次，市场客观需要的变化是监管者改变政策的基本依据。例如，我国外贸经营资格从审批制到登记和核准制的转变，就反映了这一点。内外资在流转税制上的同一，在所得税率上的调整，也是效率管制原则的体现。最后，效率管制原则与放松管制密切相关。经济自由化要求放松管制，但放松管制不等于放弃管制，而是要求政府塑造合理科学的管制机制，谋求管制效率。

三、对外管制法治战略内容

对外经济政策和法律都是涉外经济管制体系的组成部分，对外经济政策包括外贸政策、外资政策、涉外金融政策等，政策的目标和管制手段是其核心内容。对外经济政策往往是对外经济立法的先声，对涉外经济立法的制定进行了前期的准备和提供借鉴和指导。在有关经济立法没有正式出台之前，对外经济政策业具有“软法”的规范作用。对外经济政策体现为国家公布的关于涉外经济发展的规划、方案、计划、决定等，对涉外经济发展具有指导意义。但对外经济政策具有暂时行、变动性，与法律相比，缺少稳定性。对外经济政策虽然也具有规范的普适性，但没有国家强制执行的效力。涉外经济法律应是经济管制的最有权威性的基本的规范依据。我国加强对涉外经济的管制，必须以明确、透明、充分的法律作为主要的基本的依据，减少政策的数量、调控力度和作用空间，改变政策凌驾于法律、法律政策化的现象。

涉外经济法律提供了涉外经济主体进行经济活动的具有强制约束力的行为规范，应该强调的是，这些法律不应是脱俗的，而应是符合实际需要，并具有系统化特征。

涉外经济立法在最初阶段是推行对外开放政策的工具，但随着经验的积累，逐渐成为对于已然形成的秩序或者制度的确认与规范，为涉外经济活动提供可预见性的行为模式。例如，在改革开放不久，在广东出现的中方出地、外方出资的特殊企业，正是被1987年的《中华人民共和国中外合作经营企业法》以法律的方式确认这种外商投资企业的合法地位。改革是一场革命，而且改革是一个不断发展和深化的过程，对外开放也是如此。随着我国加入WTO，我国的改革和开放都面临新的机遇和挑战。应“入世”之需，我们必须进行必要的政策调整和法律的改革之时，要考虑政策和法律的稳定性、可接受性，做好经济行为规范的对接、磨合，落到实处。涉外经济作为市场经济的一部分，需要体系化的法制的保障。现代经济是相互联系和相互制约的“行动体系”；而行动体系所遵循的就是法律规则。在涉外经济立法中，法律的体系化还有很多工作要做。例如，我国的外贸立法，尽管由《中华人民共和国对外贸易法》作为龙头法，但《中华人民共和国对外贸易法》规定过于原则，不实用，实际起规制作用的仍然是由进出口管制、海关、商检、卫检、税收、运输保险等各个贸易环节的行政主管部门授权立法下出台的一些法律、法规和规章，这些法律规范之间缺乏有机联系，各管一段，没有统一的协调机制。从立法经济、保持法律体系的系统性以及实行国民待遇原则出发，整合外资立法，协调相关部门法，应制定统一的外资管理法，对外资准入、外资审批、外资待遇、外资保护、外资鼓励、外资的管理以及投资争议解决等有关政府管理外资的特殊性问题加以管制。

涉外经济管制的长期过渡性，所揭示的是似乎相互矛盾的两方面含义：一方面，涉外经济与国内经济在一段较长的阶段各自具有特点，涉外经济还有相对独立存在的必要性，因此，在一段时间内应该对涉外经济采取特别的管制措施。我国经济越来越充分地纳入整个国际经济的大循环，国民待遇原则被普遍运用，结果，与其他因素一起综合作用下，国内经济和涉外经济的界限越来越模糊，涉外经济管制的特殊性和差异性越来越少。最终，涉外经济管制将以同一性和统一性的管理原则为基础，被纳入我国整体经济管制的体系当中。涉外经济管制的长期过渡性的特点，决定了涉外经济立法和经济政策的出台应循序渐进，考虑制度的可行性、连续性和稳定性。

以涉外金融监管为例。近年来，我国中央银行的金融监管已经由过去单纯的合规性稽核监督向以防范金融风险为核心的审慎性监管转变，标志着我国的金融监管开始走向了系统化、规范化和国际化的道路。我国金融立法采用分业经营分业管理的原则，这种监管模式实际在不同金融机构之间设置了机构防火墙，对于防范各业利益冲突，发挥专业优势，以及方便监管都有一定的积极作用。客观上，分业经营使得我国金融机构无法发挥多元化经营的优势，狭窄的经营范围限制了金融机构的创新和创利活动。在当今世界金融创新、放松管制、金融一体化的条件下，不利于开展全球竞争。同时，社会资金在货币市场和资本市场的转化渠道不畅，增加了转化的成本，降低了金融市场的资源配置效率。而外资金融机构虽然在我国境内遵守分业经营的原则，但在国外整体上仍然不失混业经营的优势。在我国，由法律确认的分业经营分业管理的模式还需要维持一段时间，金融混业经营是一个渐进的过程，在过渡时期内金融机构之间的合作是必然的，应得到政策的鼓励和引导，但金融混业的推进必须以金融安全、经济稳定、优化和整合金融监管机制、严格的金融业自律为前提，否则，混业经营不可避免地会异化为无序的“混乱经营”。我国已经实现了经常项目项下的人民币可自由兑换，在此基础上可扩大到外商直接投资项目下的人民币可自由兑换，然后再推进到证券投资领域，最后实现货币交易的自由化和资本流动的自由化。这些开放政策的实施的一个重要前提就是严密、规范、高效、统一的金融监管。

四、对外经济管制法治战略完善

我国涉外经济的发展迅速，要求以变化的制度管理变化的市场。对外贸易的变化、国际投资的新趋势、国际市场的发展，都需要及时调整涉外经济政策和法律，因时制宜。即使在发达国家如日本和美国，其对外贸易政策也不是一劳永逸、一成不变的。战后日本对外贸易的飞速发展，主要原因在于日本政府能针对本国国情，及时而又准确地调整了对外贸易的政策，正是由于这一政策的调整，不仅使日本的产品迅速地占领了国际市场，而且又非常有效地保护了国内产业。20世纪美国的贸易政策经过了一个从贸易保护到自由贸易，又从自由贸易回到贸易保护的过程。然而，这并不是一个简单的循环，而是贸易保护和自由贸易政策两者不断交替的循环过程。美国贸易保护政策与自由贸易政策的交替和循环是随着美国经济发展以及美国在世界经济中扮演的角色和所起的作用的变化而变化的。随着我国经济体制改革的深化和对外开放政策的发展，越来越多的跨国公司以设立子公司的方式加强对华直接投资。我国涉外经济管制应该加强对跨国公司的管制，使之系统化。全球化还促进了跨国公司的蓬勃发展。由于跨国公司具有共同的商业目的，具有全球性的战略，母公司的决策中心对于各个公司拥有高度集中的管理权，母公司和子公司之间具有密切的联系，在全世界范围内追求高额利润。跨国公司与东道国不可避免地会产生很多矛盾和冲突，如挑战国家主权、与东道国发展目标冲突、转移定价、不正当竞争、违反东道国劳动法、影响国际收支、环境问题和消费者保护问题。跨国公司转移定价、限制性商业行为以及对子公司的控制，都会对我国经济产生不可忽视的消极影响。对跨国公司立法须加强协调，在鼓励保护跨国公司合法权益与对跨国公司不利于我国的活动予以限制、管制之间谋求科学的平衡。这种管制包括准入管制、业务活动管制和强迫外国投资者放弃投资的管制。

加强涉外经济立法的整体规划，立法适度超前。涉外经济立法是一个长期的系统工程，应结合对外经济发展战略决策、国际经济的发展趋势和国内市场经济的本质要求，进行立法上的整体规划。有的条例，经过修改，该升为法律的要及时升位。立法机关应加强涉外经济立法的科学预测和规划，改变“成熟一个、制定一个”的立法观念，着眼于立法活动的长期性、系统性、整体性。经济全球化使得各国涉外经济立法出现了趋同化。许多国际经济条约、惯例，反映了市场经济的本质要求，也与我国社会主义市场经济的基本需要相适应，提供了法律借鉴和移植的原始素材，我国立法机关应加强研究。适度超前要考虑法律的可行性，法律移植同时要重视我国现存立法的兼容性以及法治传统合理“内核”。

回应当前世界经济全球化、一体化的趋势，各国普遍实行对外开放战略，对内进行市场化改革，全球经济市场化的发展趋势促使各国经济法律制度尤其是涉外经济法律制度的差异性减弱，趋同性增强。各国政府为使国内机制更好地与世界市场机制接轨，使国内的涉外经济立法适应国际经济立法的潮流，纷纷参照国际经济的规则、惯例、标准，调整、修改国内立法。

涉外经济管制要促进国民经济的稳定、健康、持续发展。从涉外经济的特殊领域来看，涉外经济管制应注意利益的协调、遏制负效应、促进比较优势、制度创新等方面的价值取向。

制定对外经济政策和法律，不应忽视政策和法律背后的利益协调问题。这一方面在外商直接投资活动中得到集中的体现。不同利益的追逐起源于不同的投资动机。外商投资的动机，如寻求稳定和廉价的自然资源、人力资源，开辟国外市场，提高生产率，分散投资风险，追求优惠政策，转嫁环境污染，谋求全球经营战略，都可以归结为追求利润和利益的根本目的。而发展中国家吸引外商直接投资主要为了获得弥补资金缺口，引进先进的生产、技术和经营管理经验，提高本国产品的国际竞争力，促进就业，增加财政收入和综合国力。在这一点上说，为了维护外商投资持续稳定的发展，外资管制应以保护投资人的合法利益作为基点。利益的保护与利益的协调关系密切。利益的协调就是成本与利益的平衡。外商直接投资会产生多种利益的冲突，表现为对利益的争夺，如外商投资企业与我国国内投资企业争夺市场、资源、人才。

涉外经济管制不但要平衡各方的利益，而且要把规制的重点放在遏制涉外经济活动中产生的负效应。我国吸收外商投资过程中，尤其要注意防范投资负效应，即在吸收和利用外商直接投资过程中产生的消极作用及其对我国经济产生的不良影响。外生因素的负效应，表现为外商投资在某些产业和行业中不断渗透，所占比重增大，控制程度相应提高。外商投资企业不断扩大内销商品的比例，占领国内市场，冲击民族工业。一些外商投资企业还通过转移价格来转移利润，或者通过转移价格、虚报账目、做假账、虚亏实盈等方式逃避税收。一些外商通过推销陈旧设备、缩小现汇投资比例、资金到位率低等方式把投资风险转移给中方投资者。为数不少的外商投资企业还以转嫁环境污染为投资目的。在一些外商投资企业中，存在无视劳动法规，严重侵犯职工合法权益的现象。由于政策失误、规制不善或者调控不力而造成的不良效应，也要通过优化政府管制逐步解决。例如，片面追求数量和速度，忽视质量和投资效益，这是我国引进外商直接投资中长期未解决的问题。这个问题导致投资结构不合理、产品结构和产业结构低度化、基础设施和配套原材料、能源供应紧张、各地竞相攀比优惠政策、引进技术的层次低且重复引进、资源浪费严重和国有资产大量流失等多种不良后果。

涉外经济政策和法律应注意发挥我国的比较经济优势。国际经济理论揭示了国际经济运行某一阶段、某些方面的规律性，因此我们在制定涉外经济政策和法律时应该考虑利用其中的合理内核，如国际贸易和国际投资理论中的比较优势理论。投资者和受资者只有充分发挥各自的比较优势才能各得其所。自由贸易诱使每个国家输出因资源和技术原因最适宜其生产的商品，输入最不适宜其生产的商品，使贸易双方都受益。这充分体现了国际贸易经济学中的比较优势原理。在国际直接投资领域，发达资本主义国家因市场垄断、资本、技术、信息和管理方面的优势，始终处于垄断地位。我国在对外开放时，必须注意发挥自己的资源优势、市场优势和政策优势等。不过，随着国际直接投资的发展，影响投资者进行投资决策的因素也发生变化，如劳动力成本、优惠政策等的吸引力不断下降，投资者更加看中投资的国家、地区的市场状况、产业环境、基础设施、法制和政策，将其视为最关键的因素。我国在利用外商投资政策时，除了继续发挥资源优势外，还应进一步调整外商投资的政策和法律，进一步优化产业结构，促进公平、诚信的竞争秩序，完善基础设施，逐渐将短期的自然优势转变为长期的经济优势。

我国经济立法当中的部门立法和地方立法占有相当大的比重。一些政府部门自觉不自觉地在立法工作和执法工作中争取那些给本部门、本系统带来实惠的审批权、发证权、收费权、罚款权。从中央到地方，各部门、各地方制定投资优惠政策，在税收减免、审批权限、资金和利润的汇出等方面形成了地区差别。这种地区差别将导致歧视性待遇。政策法律的不统一，影响了我国外资管制的整体效能，损害我国的投资环境。部门利益不等于国家利益。一些垄断行业为了追求本部门利益最大化，往往打着国家利益的招牌，也就是把部门利益等同于国家利益，限制其他企业进入市场，用垄断高价维持自己的超额利润或掩盖自己的亏损，这往往会引起消费者的投诉，从而引发社会矛盾。为履行在全国范围内统一实行WTO规则和我国对外承诺的义务，需要纠正不顾国家全局利益和人民根本利益的本位主义和地方保护主义，坚决打破行业垄断和地区封锁。国家依法管制涉外经济必须以法律体系的健全作为基础。在建立涉外经济法律体系的过程中，政策的调整和法律的修改被提上议事日程。在涉外经济法律体系的建立和实行时，我们应该重视外国法律、国际经济法律的移植和转化，同时还要考虑我国的实际情况，因为中国的法治之路必须重视利用中国的本土资源，注重中国的法律文化的传统和实际。在涉外经济法律体系的完善中也要处理好市场的基础作用，切实满足不断变化的涉外经济发展的需求。很多时候，市场自身的运作本身就能解决或者更有效率地解决似乎需要或者可能通过政府管制之类的法律活动来解决的问题，制定法之树生在运行于具体经济活动的习惯法土壤上才会常青，才会获得生命力。当然，这些传统必须是积极的，与法治改革的宗旨和方向契合无隙，否则，计划经济的消极面或者计划经济的习惯做法会对今天的市场化改革及其立法产生阻碍作用。

我国利用外资领域的很多重要事项长期以来都靠一些内部文件、行政指示、内部通知、批文等来决定，范围涉及税收、工商、信贷、物资、进出口、劳务等。不少受内部规定困扰的外商甚至将不公开的内部法规视为"秘密法"。这与WTO规定的透明度原则相抵触，为改变这种状况，我国涉外经济法律和政策正在形成一套及时、充分透明化的公布机制。另外，我国涉外经济管制要加强工作程序的透明度。为此首先要补充外贸法、投资法中的程序性规范。我国外贸法中的程序法规范相当欠缺，应予完善。[1]

第二节　国有经济法治战略

一、国有经济的地位

国有经济作为国家所有的经济成分，能够更好地实现政府的经济职能。

〔1〕 顾功耘主编：《经济法教程》，上海人民出版社、北京大学出版社2013年版，第610页。

世界上任何一个政府，都不会对经济袖手旁观。现代经济中，政府针对市场机制的缺陷肩负起了很多任务。政府对于市场经济主要存在三项职能。它们是：提高效率、增进平等以及促进宏观经济的稳定与增长。国有经济特别是其微观典型形式国有企业，有利于国家进行宏观上的调控。绝大多数国家为了实现扩大社会就业、缩小地区差距等宏观经济目标都建立了国有企业，国家建立国有企业的根本目的通常是实现一定的社会目标，因此从逻辑上讲，企业如果不负有特定的社会目标，就不必是国有企业。从历史和现实中我们可以看到：一般来讲，在市场经济条件下，越是负有特殊社会目标的产业，国有企业越有存在的必要，比重通常也越高。在市场经济中国家建立国有企业可以实现市场机制自身不能达到而且政府也难以用其他的间接干预手段来实现的某些社会政策目标。国有经济更加有利于国家进行宏观调控，特别是在一个国家进入经济的萧条时期，通过国有经济对国民经济进行宏观调控尤为重要。据有些学者研究，同国家干预经济的其他手段相比，通过国有企业来实现国家干预有一些独特的优点：第一，建立国有企业的成本较低；第二，国有企业是对付垄断的有效办法；第三，国有企业是一种比较灵活的政策工具，可以根据不同的情况采取不同的方式；第四，国有企业是政府贯彻其政策意图，实现其经济计划的有效工具；第五，对涉及国家主权、国家机密的产业不能仅仅从经济上考虑，在这方面，国有企业有较高的可靠性。以上理由为国有经济通过国有企业的形式来干预和调控经济提供了理论依据。国家对整个国民经济实行调控，除了运用行政的手段和经济的手段，如税率、利率、汇率、价格，还应当特别注意运用法律的手段。实际上，行政的手段、经济的手段与法律的手段并没有绝对的界限，行政的手段和经济的手段必须法律化，而法律的手段是以经济的手段和行政的手段为内容。同样，国家利用国有资本参与经济活动，是一种经济的手段，这种手段也必须法律化。这样才能使国有资本参与经济活动这种经济的手段更有效地发挥作用。

国有经济是国民经济和国家安全的控制力量之一，为了保持国民经济的稳定发展和保证国家安全，国家必须采取包括建立国有企业在内的各种方式来控制整个国家的经济命脉。作为国有经济控制力量的国有企业，是国家可以掌握的应付突发事件和重大经济风险的重要力量。同时，国有企业也是国家战略性产业和高技术产业的主干力量。为建立和发展国家战略性产业和有力地支持高技术产业的成长，各国政府都建立了一批国有企业作为这些产业的基本力量和先行者，这些国有企业往往体现了国家战略产业核心技术水平和产业国际竞争力。另外，国有企业是现实条件下非国有企业不易进入的特殊产业的替代生产者。在各个国家的各个发展时期，总有一些特殊的生产活动是不宜由非国有企业来承担的，例如，印钞制币、特殊矿产的开采、生产特殊的药品、制造特殊的武器。对于这些行业一般都采用国有经济的形式，即通过国有企业来提供。

国有资本投入的领域大多涉及国家安全和战略性基础产业，其运作本身也有一个安全问题，如何保障国有资本安全运行，达到提供公共产品以及保值增值的目标，需要法律制度的支持。

随着现阶段市场经济体制的建立与完善，国有经济的主导作用主要体现在三个方面：首先是技术创新方向；其次是产业结构调整方向；最后是社会制度的演进方向。与之相对应，国有经济的作用应主要体现于三个方面：一是弥补市场缺陷，调节市场失灵，成为社会生产和生活所需基础设施的主要供应者；二是优化产业结构，扶植战略性产业和民族产业；三是作为公有制经济的重要实现形式和代表，体现社会制度的性质。这里，前两个方面主要是从生产力的角度来看，国有经济对整个国民经济的发展应具有支撑、带动、调节等功能，这是一切国家国有经济的共同存在依据，体现了市场经济的共性；而后一个方面则主要是在生产关系的层面上强调了国有经济的导向功能，即保证我国社会发展的社会主义方向和国民经济的社会主义性质，这是由社会主义的目标和宗旨决定的，其着重体现了我国社会主义市场经济的特性，是由我国社会制度所引致的国有经济存在的特殊原因。

在我国多种经济成分并存的情况下，为了保证各种经济形式共同发展，需要有法律制度为他们提供共同的“游戏规则”，凡是要求非国有企业必须做到的，国有企业也必须做到。但由于国有经济负有特殊的使命，法律对国有企业仍然有必要附加特殊的义务。这样才能使国有企业不至于滥用其优势地位，保证各种形式的企业在市场条件下开展公平的竞争。

二、我国国企的发展

我国国有企业的发展是从无到有的过程，现在的国有企业发展来源于五个方面：第一，没收在华外国资本归国家所有。第二，根据地时期为保证军需民用而兴办的公营企业。它们具有强烈的计划性特征，虽数量不多，却对中华人民共和国成立后国有经济的管理方式产生了重大影响。第三，没收官僚资本。这使得中华人民共和国成立后中央人民政府直接掌握的国有经济空前壮大起来，并因此基本控制了国民经济的命脉，为国民经济的恢复、发展和改造奠定了坚实的物质基础。第四，改造民族资本，使其转化为国有资产。新政权在1953—1956年，运用赎买政策，把中国的民族资本主义工商业改造成国有经济，使得国有经济的规模进一步发展。第五，政府直接投资，建立国有经济。从1953年"一五"计划开始，国家投入大量资金进行经济建设，国有经济得到迅速发展，政府投资成为以后国有经济增长的主要途径。

市场体制无法建立。市场经济是商品经济发展到一定阶段的产物，也是迄今为止交易费用最低、效率最高的资源配置方式。在中华人民共和国成立之初，中国交通运输不便，没有一个统一的市场，也不存在大规模的投资和生产所需的各类要素市场。市场经济极不发达，要在短期内建立一个相对健全的市场体系，其社会成本必定高不可测，在当时的资源条件下也是不可能的。因此，必须寻求符合国情的替代性方式：发展国有经济，由国家统一计划管理。其次，意识形态的作用。制度经济学研究表明，外在制度成功与否很大程度上取决于它与内在制度是否协调一致。意识形态作为一种主要的内在制度，对国有经济的选择意义重大。当时我党对社会主义制度的认识就是高度计划的国有经济占统治地位，而广大人民群众由于长期受帝国主义及官僚资本主义的压迫，对与之相连的市场经济亦是深恶痛绝。可见，意识形态状况与建立国有经济这一外在制度是高度统一的，因此，尽管公民的消费水平被压得极低，人们仍然有很高的热情和积极性来服从这种资源配置方式。最后，人力资本的因素。建国初期，我国政府组织的发育程度明显高于市场及民间工商业组织的发育程度，人才流向多趋"官"而少商。政府内汇集了大批中国社会的优秀人才，上千万公职人员中的很大一部分是文化程度高、行政能力强的社会骨干分子，这为我国国有经济的建立提供了重要的管理资源。

1956年计划经济体制在中国全面建立，国有经济居于国民经济的主体地位。随着经济建设规模的扩大和经济活动的日趋复杂，该体制的弊端也逐步显露出来。主要表现为：中央对国有经济管得过宽，统得过死，企业没有独立的法人财产权和物质利益要求，缺乏有效的激励机制；过分强调各部门的“条条”管理，给不同行业、企业之间的分工和协作设置了人为的障碍。针对这些问题，在1958—1978年这20年间，我国先后进行了几次权力下放和上收的调整。较大规模的有1958年和1970年的两次体制下放，下放的主要权力包括计划管理权、物资分配权、财政税收管理权、信贷管理权等。但由于这些措施都是在计划体制的旧框架下进行的，是对原有制度的修补，加之同时期政治运动的负面影响，造成国民经济比例关系失衡，经济生活陷入了严重的混乱之中。结果调整的目标非但没有实现，反而进入了“一收就死、一死就放、一放就乱、一乱再收”的怪圈，进一步暴露了原有体制的缺陷。计划体制下的国有经济，最主要弊端是国家没有给企业任何自主权和经济刺激，使得政府和企业的双方博弈是动态不一致的，难以实现社会资源的最优配置。国家虽然已经发现了这一问题，并试图通过分权措施来改进，但这种分权不是市场经济取向的“经济性分权”，而是从处理中央与地方关系的角度进行的“行政性分权”。因而，不可能改变原有制度的弊病，也不可能从根本上解决问题。1958年到1978年的二十年间我国进行的多次经济体制改革，都是在中央与地方、政府与企业的权利“收”与“放”关系上作调整。

在传统的计划经济体制下，国有企业存在着诸多弊端，影响了生产力的发展和社会主义制度优越性的发挥。十一届三中全会对国有企业改革起到了政策的指导与推动作用。作为经济体制改革重要组成部分的国有企业改革，开始走出了以往的行政性权力“放”与“收”的樊篱，进入了以简政放权、增加企业利益、调整和规范国有企业与政府之间权、责、利关系为内容的新阶段。此阶段国有企业改革的核心内容是放权让利。

所谓放权让利改革，指的是将本来属于企业而被各级政府机构控制的有关权力返还给企业，同时通过拨改贷、利改税等方法，扩大企业在财务等方面的自主权。国有企业改革一开始便更多地关注企业自主权的扩大。以放权让利为核心的国有企业改革，在整个国有企业改革的历史进程中处于“开路先锋”的地位，具有可贵的“摸着石头过河”的作用。其不仅具有重要的经济意义，也有深远的法律意义：开创了用法律手段来对国有企业进行调整的新的历史时期。除了一些改制的法律文件外，政府通过把国有企业上缴利润制度改为征税改变了对国有企业的单一的行政调控手段，开始以制度化的法律手段代替行政手段划分政府与企业之间的利益分配关系，逐步改变了国有企业作为行政单位附属物的状况。这是国家与国有企业之间一次带有突破性意义的变革。

在国有企业地位问题上，企业从行政附属单位向相对独立的商品生产经营者和法律主体转变。放权让利改革对微观层次国有企业的积极性产生了较大的激励作用。在改革开放前，中国处于高度集中的计划经济体制之下，国有企业在此种历史背景下，企业固有的本质和属性已经面目全非，完全成为准行政组织或行政机关的附属物，企业的生产经营由国家通过指令性指标来控制和安排，企业的负责人由上级主管机关任命、委派和更换。在此时，经营者与所有者融为一体，所有者控制和掌握经营者，经营者完全听命于所有者，经营者并没有自己独立的意志和手段，经营权与所有权之间没有明确的界限，致使国有企业制度中国家对企业的干预过多，企业外部资源得不到有效配置，企业内部经营机制缺乏动力。放权让利在一定程度上改变了旧体制下国有企业仅仅被动地完成指令性计划的状况，国有企业在一定范围内开始具有相对独立的利益和财产权利；企业自主权的扩大和利润留成制度的建立，使企业具有超额完成计划要求和增产增收的积极性，发展意识和盈利意识大大提高，企业也要在一定范围和一定程度独自承担因管理不善带来的风险，具有相对独立的责任。因此，国有企业成了具有相对独立地位的法律主体。初步形成了政府作为企业出资者而享有的财产所有权和作为社会经济管理者的行政管理权相分离的局面。在传统的高度集中的计划经济体制之下，之所以出现政府作为企业的国有资本出资者而享有的所有权与作为社会经济管理者而享有的行政权混同行使现象，根本原因在于传统的计划经济体制强调社会经济资源由国家作为一个大工厂来进行集中统一配置，国有企业是行政机关的附属，政府使用习惯性的行政权力，来对企业进行直接的指挥监控。这样，政府作为社会经济管理者的行政权过度膨胀，掩盖了政府作为企业国有资产出资者而享有的所有权。政府作为国有资产出资者的所有权与作为社会经济管理者的行政权不加区分，也与国有企业无多元化产权主体约束有关，在社会生产资料只能由国家作为唯一的所有者来掌管的观念的制约下，国有企业也只能有唯一的出资者，即代表全体人民的国家政府。也就是说，国有企业的产权主体是唯一的，国有企业的形式也是唯一的，即国有全资企业，排除了国有企业中其他产权主体对政府这一国有资产产权主体的制衡力量，大大方便了政府行政权力在国有企业中的肆意行使。利改税政策的施行，初步改变了政府在国有企业中的所有权与行政权的不加区分的现象。这是因为，所谓“利”，即利润，其意味着政府是作为企业的国有资产出资者所享有的资产受益权，代表的是所有权。而所谓“税”，即税收，其意味着政府是作为社会经济管理者所享有的国民收入再分配权利，即代表的是行政权。这样，在国有企业的一定领域内形成了政府的出资者所有权与社会经济管理者行政权的初步分离的状况。

国企发展的第二阶段是“两权分离”。所谓“两权分离”，即是国家在保有财产所有权的前提下，授予国有企业经营权。承包责任制是我国开展两权分离改革中的一种经营机制创新，是指所有者将自己的一定财产通过合同的形式交给承包人经营，以此保证所有者得到固定的收益，超额部分利益依据双方约定或归承包方所有或按一定比例在承包方与发包方之间进行分配。承包责任制的基本内容包括按照责权利相结合的原则，切实落实企业的经营自主权，保护企业的合法权益和按照包死基数、确保上缴、超收分成、歉收自补的原则，确定国家与企业的分配关系。两权分离和承包责任制改革具有重大法律意义和经验价值：在进一步改进对企业激励的同时，保证国家权益不被过分侵蚀，承包经营责任制取代了简单的放权让利。两权分离改革明确提出了所有权和经营权的分离，承包责任制是两权分离下企业经营机制的创新，通过合同明确了国家与企业之间的责、权、利关系，体现了国有企业改革进程中的阶段性进步。

法律法规对国有企业的调整进一步发展，改革推动了立法对全民所有制企业的肯定，对国有企业做了较为全面的规定，使国有企业的法律地位受到更加全方位的保障，与放权让利阶段国有企业法规的低层次、分散化相比，是一种进步。在国有企业地位问题上，国有企业的经营权进一步扩大，离独立商品生产经营者和法律主体的目标又近了一步。《中华人民共和国全民所有制工业企业法》（1988年颁布，2009年修改）规定，企业的财产由国家依照所有权与经营权分离的原则，授予企业经营管理，企业对国家授予其经营的财产享有占有、使用和依法处分的权利。这是立法首次肯定所有权与经营权分离的原则，保障了国有企业的经营自主权。这种经营权比放权让利阶段企业的经营自主权显然要明确和广泛。承包责任制作为经营机制的创新，也有利于扩大企业的生产经营自主权，使其作为商品生产经营者和法律主体的相对独立地位得以增强。在承包制下，政府的主要职责集中在承包合同的签订和执行情况的验收上，承包合同一旦签订，企业便可在保证合同完成的情况下，具有更多的生产经营自主权。承包制超收分成、歉收自补的安排也利于调动企业及职工的积极性，提高企业的经营管理水平，使其更好发挥商品生产经营者的作用。事实上，国有企业在很短的时间内全面推行承包，企业实现利润和上缴利税下降的局面得到了迅速改观。政府的所有权和行政管理权进一步分离。在企业依据承包合同具有更多生产经营自主权的同时，政企进一步分离，主管部门减少了对企业不必要的行政干预。

国企改革经历了现代企业制度改革。所谓现代企业制度，指的是适应现代市场经济要求的，以规范和完善的企业法人制度为主体，包括有限责任制度、组织制度、管理制度在内的一种制度。现代企业制度的特征是“产权清晰、权责明确、政企分开、管理科学”。

现代企业制度改革具有重大的法律意义和经验价值，理论和实践证明，现代企业制度改革和公司股份制改革的方向是正确的，既符合市场经济和社会化大生产的规律，也顺应了国际经济一体化的潮流。目前，世界各国国有企业已经先后或正在发生重大变革，改革的基本方向是私有化或社会化及民营化，股份制改造是国有企业改革的主要途径。国有企业通过制度的全面创新将会以全新的面目出现在中国和世界市场经济竞争的舞台。

建立现代企业制度是产权制度层次上的改革，实现了企业改革的重大突破。邓小平同志南方谈话和党的十四大确立了建立社会主义市场经济体制的改革目标。这就为重新考虑国有企业改革的思路指明了方向，国有企业应和其他类型的企业一样，成为市场经济活动的主体，遵循市场经济活动的规律，在竞争中占据国民经济的主导地位。《关于建立社会主义市场经济体制若干问题的决议》提出了建立现代企业制度，决议明确指出：“规范的公司，能够有效地实现出资者所有权与企业法人财产权的分离”，这是对企业经营权理念的突破。所谓“出资者所有权”，就是股东权，是指出资者按投入公司的资本额享有所有者的资产受益、重大决策和选择管理者等权利。所谓“企业法人财产权”，是指企业法人对其以法人名义占有的财产具有完全支配的权利。出资者

(包括国家)除了依法行使股东权外,不能对企业法人的财产直接行使任何权利。企业法人所行使的权利已经不局限在经营权的范围内。这是真正的两权分离。根据十四届三中全会的要求,企业的改革已从对政府、企业、职工等主体的利益分配上的改革和经营机制改革转向以产权制度为核心的现代企业制度的建设上来。现代企业制度改革又称为“国有企业改制”,这是更深一层次的改革。企业获得了法人财产权,成为独立的法人实体和市场竞争主体。政府对企业的行政管理权和股东权实行了分离。2003年国务院设立国资委专门运作国有资本,说明了政府在所有权、行政权分离改革中取得了阶段性成果。以经济体制改革和现代企业制度改革为契机,我国企业立法进入了崭新的阶段,以《中华人民共和国公司法》为代表的企业法以组织形态标准逐步代替原来以所有制标准为基础的企业法律体系,也符合市场经济和社会化大生产的要求,也与世界进一步接轨。而且大量的法律法规顺应改革的需要而出台,形成了中华人民共和国成立后第一次立法的高峰期。国有企业改革也进入了法治改革的轨道。自现代企业制度改革以来,国有企业法律调整趋于成熟,已初步形成了国有企业法律调整的体系。这一时期出台的法律法规以《中华人民共和国公司法》为典型。1993年12月颁布的《中华人民共和国公司法》(2005年做了较大幅度修改)规定了公司的组织形式为有限责任公司(包括国有独资公司)和股份有限公司,确立了公司的法人财产权和投资者的股权,从而为国有企业进行公司制改革、建立现代企业制度提供了法律依据。

虽然历时十几年的国有企业改革有突破、有进步,对旧体制的认识也在深化,但原先的方法措施见效不很明显,企业未真正搞好、搞活。主要有两方面的原因:一方面的原因是经济体制弊端。党的十一届三中全会以后,关于经济体制改革目标的提法有过三次变化:开始提“计划经济为主,市场调节为辅”,后来提“有计划的商品经济”,再后来提“计划经济与市场调节相结合”,逐渐突破了传统计划经济观念的束缚,形成了对经济体制新的认识,但经济体制改革没能彻底摆脱高度集权的计划经济体制束缚。认识到计划经济体制的弊端,但不愿否定计划经济;体验到市场的巨大作用,但不敢提市场经济,人们困惑在姓“社”还是姓“资”的矛盾之中。围绕着这样的体制目标来设计国有企业改革的内容和形式，自然受到极大的局限。[1]另一方面的原因是改革思路的局限性。受经济体制的局限，前两个阶段的改革虽逐步扩展乃至明确规定给予企业经营权，但却没有从产权关系的高度来审视所有权与经营权的相互关系，未能触及既有的产权制度，也就无法进行实质性的企业产权制度创新。原因是真正的两权分离必须是两主体对同一客体所行使的权利完全不同，国家行使的权利不同于企业，企业所行使的权利也不同于国家。可是实行两权分离后，企业所行使的占有权、使用权和依法处分权等经营权，并没有区别于所有权的独特内容，而是所有权的一部分。国家行使的财产所有权具有绝对排他的性质，企业所享有的经营权属于所有权派生，处于从属和服从的地位。"两权分离"作为以往国有企业改革的思路，有其不可克服的局限性。在"两权分离"的思路下，即使进行形似的股份制改造，也是不可能成功的。企业享有经营管理权和"两权分离"相对于传统体制两权不分、两权集于国家一身是一个很大的进步，它的历史功绩在于基本能够提供企业自主经营这一搞活企业的前提条件，而其历史局限性在于不能解决企业自负盈亏这一搞活企业的根本问题，并给日后企业改革中产权定位留下了一层无形的障碍。"两权分离"虽以一定程度的市场取向为商品经济的发展提供了一定的空间，但它对传统企业的产权制度并无根本性的动摇。这也决定了国有企业的"两权分离"以及以此为基础的企业经营机制转换只能是过渡性的举措。

三、国有经济参与法治战略的内容

（一）国有经济的经营

国有经济法治战略就是要制定国家参与各项经济活动的法律。国有经济参与是国家基于宏观调控、服务社会公益的目的，动用财政力量，进行社会投资比例再分配的一系列活动。从这一点来看，国有经济参与关系是从宏观调控关系中分化出来的。成熟的市场经济国家里，国有经济参与往往集中在高风险、高投入、基础性行业，以及一些公用企业领域里，而在中国，国有经济参与的外延却要大很多。这些应放在社会主义和市场经济这两大背景下进行恰当的梳理和整合。鉴于国有经济的特殊性，国有经济参与的领域应当进行科

[1] 顾功耘、李波：《论国有企业改革的重大转变及其法制方略》，载《法学》1995年第10期。

学的限定，并由此确定国有企业进行产业重组的目标及国有经济在哪些行业应该进入、哪些行业应该退出。根据各国国有经济的实践经验及理论指导，国有经济需要参与的领域主要是自然垄断和提供公共物品等需要国家参与的行业，即公共事业。自然垄断的行业由国家专营更有效率，公共事业关系国计民生和国民经济命脉，一般由国家经营。依照控制力度为标准，公共事业可以分为四类：第一类为关系国家安全的领域，应由国家专营，如造币工业、重要军事工业和涉及国防安全的关键领域以及国家战略储备系统。由国有经济独家垄断经营，不允许私人资本进入，经营这类企业的主要目的不是进入市场赚钱，而是完成国家的社会责任，提供公共服务。国家不仅要注入足够的资本金，其发生的经营亏损也须由财政补贴。第二类为具有较强公益性的领域，可以由国家垄断。非国有资本目前尚无力或不愿进入大型基础设施建设项目，包括大江大河的治理、重点防护林工程、重点公益工程以及城市基础设施建设等，国有经济必须优先保障。第三类为特大型不可再生资源开发领域。如油田、煤矿等的开发项目，对其中的具有战略意义的资源，国家应当专营，对重要资源，国家可以垄断，对于一般性资源，国家可以根据情况控股或参股。这些项目投资规模大，回收期长，目前民间资本没有力投资，又不宜让外资控股，国有资本可在这些行业居主导地位。第四类为其他关键性领域。对国家长期发展具有战略意义的高新技术的开发和研制等，国家应当给予财政支持并通过投资引导和行业政策推动其发展。

国家利用国有资本参与经济活动所产生的关系主要有两种，即国有资产监管关系和国有资本运营关系。国有资产监管关系是指国有资产监管机构运用监管的手段，对国有经济参与的具体过程进行全面的规划、检查、督促所产生的社会关系。对这一社会关系进行调整的法律被称为国有资产监管法。除了制定国有资产监管法外，还应当制定国家投资决策法、国有资产基础管理法、国有资产统计法、国有资产审计法、国有资产收益法、国有资产流失查处法等。国有资本运营关系是指国家或政府选择适当的组织形式和经营方式，将国有资本投入特定的企业或金融性的控股公司、投资公司进行资本运作所产生的社会关系。对这一社会关系进行调整的法律被称为国有资本运营法。国有资本运营法具体包括国有资本授权经营法、国有资本委托经营管理法、国有资本租赁法、国有产权交易法、国有控股公司法等。

国有经济在整个国民经济中充当经济战略性调整工具对一些重要的行业、领域该控制的必须控制，即通常所说的“有进有退”“有所为有所不为”。只有这样，才能加快国有经济战略性调整的步伐，提高整个经济体系的运转效率。

国有经济在国民经济各个行业有进有退，是其产业结构的战略性调整，是有原则的，不是随意的。在社会主义初级阶段，国有经济进入国民经济命脉领域的行业，退出国民经济非命脉领域的行业，以更好地发挥主导作用，这是我们必须坚持的一项原则。目前，对国有经济在国民经济领域各行业的进退，盈亏进退论主张进入盈利行业，退出亏损行业。其实，国有经济进入的行业和企业，同其他企业一样，也谋求盈利，追求效益最大化。问题是，在市场经济条件下，没有恒定的盈利行业或亏损行业，不能今天盈利就进入，明天亏损就退出，无论进入或退出都是要付出成本的。更为重要的是，在我们社会主义国家，国有经济如果没有稳定的进入行业，也就失去社会主义国家的国有经济的应有作用。拾遗补阙论主张国有经济退出竞争性领域各行业，只进入其他经济成分不愿进入的非竞争性领域。在市场经济条件下，非竞争性领域主要指自然垄断行业和公共品行业（实际上这些行业已出现有限竞争），都是人们生产和生活所必需的。由于市场失灵或市场调节的局限，对这些行业国家必须投资经营。西方国家学者把这叫作拾遗补阙。我国有的学者同样主张国有经济只进入非竞争性领域，而从竞争性领域退出。这样便抹杀了我国国有经济与西方国有经济的性质和作用的根本区别。我国国有经济在国民经济中起主导作用，决定其进入和退出，不能根据行业的一时盈亏，也不能根据竞争或非竞争性，而是按照国民经济的命脉领域或非命脉领域来取舍。国家决定我国国有经济进入关系国民经济命脉的国家安全行业、自然垄断行业、重要公共产品和服务的行业，以及支柱产业和高新技术产业中的重要骨干企业，是完全符合国情的。这样便会形成国有经济的控制力、影响力和带动力，坚持我国的社会主义性质，对国民经济发展和实现现代化发挥主导作用。

对国有经济进行战略性调整不是一个独立的工作，需要国民经济各个部门、各个环节、国家政策各个方面的积极配合。国有经济战略重组的目标就是要收缩战线，加强重点，从整体上搞好、搞活国有经济，无论是重组途径的选择，还是政策措施的制定与实施，都需要从搞好整个国有经济出发，体现整体的原则而不是要搞活每一个国有企业。国有经济基础规模应该有一个“度”

的问题：规模太小，不足以保持国有经济基础的主导性地位；摊子铺得太大，其效率肯定会受到影响。把握好这个“度”，就必须明确它主要取决于各种制度安排的效率。要建立有中国特色的社会主义经济体制，搞活整个国有经济，加快以产权清晰、权责明确、政企分开、管理科学为特征的现代企业制度的建立，完善公司法人治理结构，就必须把国有企业真正推向市场，以政策为依托，以市场为导向，给企业创造一个公平竞争的环境。要在放开搞活国有小企业的同时，收缩战线，扶持重点，培育出一批具有国际竞争力的大企业和企业集团。一方面可以改善国家对国有经济的监管，提高国有企业的运行效率，另一方面也可以提高我国经济的国际竞争力。同时要充分发挥市场机制的基础性作用，最大限度地减少政府在资产流动中的直接行政干预。政府重在通过少量增量引发大量存量调整，并把这部分增量放在支柱产业与效益好的企业上，而大量的存量结构调整则让企业按照优胜劣汰的原则通过市场进行自我重组。只有兼备规模效益和市场控制的战略性重组才是成功的。

国有经济法治战略的一个内容是建立国有资本授权经营。国有资本授权经营制度，是指调整政府把国有资本的出资人权能授予企业控股集团公司、国有资产经营公司、国有独资公司，由它们代表政府行使国有资本所有者权能而形成的权利和义务规范的总称。这一法律制度包括授权主体的确认、被授权主体的选择、授权内容和形式、授权经营监督等方面的内容。

在授权经营框架之下，国资部门作为国有资产所有权的总代表对被授权主体（企业控股集团公司、国有资产经营公司、国有独资公司）授权经营，委托其行使所有权，对授权范围内的国有资产进行经营管理；被授权主体则对授权范围内的国有资产根据生产经营需要，以出资者的身份分别投入到各生产经营性企业，使之成为自己的全资、控股和参股公司，形成以产权为纽带的母子公司关系，从而建立起国资部门、控股公司、企业的国有资产三级授权经营体制。

要按照国家所有、分级管理、授权经营、分工监督的原则，逐步建立国有资产管理、监督、营运体系和机制，建立健全严格的责任制度。国务院代表国家统一行使国有资产所有权，中央和地方政府分级管理国有资产，授权大型企业、企业集团和控股公司经营国有资产。

国有资产授权经营遵循的原则是有利于经济结构调整和产业升级，有利于提高企业核心竞争力，有利于培育现代企业制度，有利于建立健全严格的国有资产经营责任制度。按照这四大原则和国有经济有进有退的发展思路，在设定被授权经营企业应具备的条件时，主要考虑两种类型的企业：一是公用事业、基础设施、金融业等基础性行业的企业；二是竞争性行业中重点发展的企业。当然，并非这两大类型的所有企业都可以授权经营。只有满足主导产业、资产质量、经济效益、企业管理等四方面具体条件的企业，才有资格搞授权经营。授权经营是国有资产监督管理委员会作为国有资本的出资人，向企业授予部分权力。授权经营后，授权企业董事会或经营班子在授权范围内行使重大决策权、人事管理权、资产收益权和资产处置权。授权企业享有有关法规、规章规定中所赋予资产经营公司的重大决策权，承担相应责任，并依法自主决定生产经营活动。授权企业在发行债券、担保、投资等重大事项中，实行备案报告制度。授权企业还负责所属公司的产权转让、公司制改造、资产重组、呆烂账核销。实行董事会负责制的授权企业，其总经理是公司雇员，其选拔在公开、公平、公正的基础上可以采用多种形式进行，由董事会依照有关规定决定聘任或解聘。副总经理、“三总师”（总会计师、总经济师、总工程师）、财务、审计、人事部门的主要负责人，由董事长提名，由董事会依照有关规定决定聘任或解聘。

（二）国有资产监督

在市场经济社会，现代国家的经济管理职能和管理手段相当庞杂繁多，针对不同的经济管理领域往往需要采取不同的调整方法。比如在微观规制领域，国家对垄断的调整手段往往是较为强硬的，其行政意志明显凌驾于市场主体之上；又如在宏观调控领域中，国家对市场主体的作用方法往往是间接性引导性的。“监督”是在被监督对象正常运行的基础上对其加以督察，以使其不偏离正常的运行轨道。监督不能妨碍被监督对象的自我运行，正如对权力的监督是防止权力的滥用而不是限制权力的正常行使一般，否则，监督就失去了其存在的意义。比较“管理”和“监督”各自的含义就可发现：不论“管理”方式是刚性的还是弹性的，它较多地体现出管理者的意思，更为积极主动；“监督”则更强调尊重被监督者的意思，只有在被监督者的意思违背了既定的运行规则时，监督者才出面予以干预，整体上而言更为消极被动。现在学界在谈到国有资产监管时有这样一种倾向，将“监管”的含义视为是“监督”和“管理”

各自含义的简单相加。如果按照这种理解，国有资产监管机构既是监督者又是管理者，既拥有监督权又拥有管理权。其危害性在于，一方面，国有资产监管机构一身二任，将导致其角色错位；另一方面；国有资产监管机构集过多的权力于一身，在实践中很容易导致对国有资产经营机构和企业的过分干预，回到政企不分的老路上去。

对国有资产的监管，重心应当是放在监督上，国有资产监管机构主要是从监督的角度加以管理，从而和过去行政审批式的管理相区别。在(国资委)名称上加上监督二字，意味着强调国有资产监督管理委员会主要通过监督手段来实施管理，而不是简单讲管理问题。国有资产监管，是指国有资产监管机构从监督的角度，对国有资产的经营、占用主体及其投资、运营、使用、处分国有资产等行为所进行的管理。

国有资产监管法是国家及其政府在对国有资产进行监管的过程中发生的社会关系，或者说是国有资产监管关系。国有资产监管关系的主要内容有：国有资产基础管理关系；国有资产经营预算关系；国有资产收益管理关系。国有资产监管法与国有资本运营法一起，构成了国有经济法参与法体系。

在传统国有资产监管体制下，政府各部门的社会经济管理职能和国有资产监管职能不分，导致资源配置效率低下，企业严重缺乏活力。社会经济管理是对社会上所有主体实施的管理，社会经济管理部门制定的各种规则对任何主体都是平等、公开和公正的。如果其同时承担监督管理国有资产的职能，那么当国有资产的经营、使用者在市场竞争中处于不利地位时，难保政府部门不运用社会经济管理的行政权力修改市场运行和竞争规则，以确保国有资产的经营、使用者在竞争中胜出，从而实现国有资产的运营效益。由于社会经济管理职能与国有资产监管职能在产生的根据、目标、职能行使的范围、职能行使的手段等方面均存在较大差异，如果不加区分，由各政府部门统一行使的话，势必影响到这两种职能的有效履行。因此，政府的社会经济管理者职能与国有资产监管者职能有必要相对分离。相对分离的原则并不意味着社会经济管理职能和国有资产监管职能是孤立存在、相互之间没有任何联系的。事实上，政府部门的公共管理行为必定会对国有资产监管工作产生影响，反之亦然。在这种情况下，为保证两种职能的有效行使和相互之间的和谐，应加强两种职能机构之间的沟通协调：凡是属于国有资产监管机构职责范围内的工作，应当由其牵头负责，并会商有关部门；凡是属于政府社会管理职能部门职责范围内的工作，涉及国有资产监管的，应当征求国有资产监管机构的意见。

（三）国有资产的管理

国有资产管理法律制度是国有资产法的核心制度，作为国有资产管理法律制度的基础的国有资产基础管理法律制度在整个国有资产法中占据着重要的地位。从体系上来看，国有资产基础管理法律制度应该包括国有资产清产核资制度、国有资产产权界定法律制度、国有资产产权登记制度、国有资产评估制度、国有资产统计报告制度、国有资产权属纠纷处理制度、国有资产流失防止制度等。

国有资产管理，是指国家对国有资产的投资、运营、收益、处分等行为所进行的监控。目前我国对国有资产实行国家统一所有，政府分级监管，企业自主经营的管理方式。国家统一所有是指国有资产所有权的唯一主体是中华人民共和国，并由国务院统一对国有资产行使所有者职能；政府分级监管是指县以上的各级人民政府根据国家的授权对其所管辖的国有资产具体行使管理职能，各级政府的财政部门对国有资产实行综合管理，各级政府的企业主管部门对企业中的国有资产实行监督；企业自主经营是指企业对国家授予其经营管理的财产享有经营权，企业享有法人财产权，自主经营，自负盈亏。国家作为出资者，按投入的资本数额，享有股东的自益权和共益权。

国有资产管理法是指调整国有资产产权关系及国家管理国有资产过程中所发生的社会关系的法律规范的总和。其调整对象为国有资产产权关系及国家管理国有资产中发生的社会关系。产权关系主要包括国有资产的投资、营运、收益、处分等；管理关系主要包括资产清产核资、产权界定、产权登记、资产评估、国有资产流失的查处等。由于国有资产管理法调整对象由两种性质不同的经济关系构成并以产权关系为主，表现在规范领域，国有资产管理法是一种财产法与管理法相结合的并以国有资产所有权为中心内容的法律制度。

国有资产管理法的另一个重要内容是防止国有资产的流失。国有资产流失是指国有资产的投资者、占用者和管理者，出于故意或过失，违反法律、法规及国家有关国有资产管理、监督、经营的规定，造成国有资产损失或者使国有资产处于流失危险的行为。国有资产流失行为主要有下述几类：国有资产应当评估而不评估，或者不按规定评估的行为；违反规定无偿或者低价转让、处置国有资产的行为；违反规定低价发包或租赁国有企业的行为；违反规定将国有资产低价折股、低价出售或无偿分给个人的行为；违反财务制度侵占国有资产的行为；滥用经营权，侵占国家所有权益的行为；对股份制企业或中外合资、合作企业中损害国有投资者权益现象不反对、不制止的行为。

国有资产管理部门承担着国有资产案件查处主管机关的责任。国有资产管理部门与监察、审计等部门和国有企业的监督机构共同构成一个查处国有资产流失的体制，在这个体制中，实行国有资产国家统一所有、分级管理、分工监督的原则。

（四）国资委的定位

国有资产属于国家所有，国资委是代表国家行使国有资产所有者职能的专门机构，是国有资产出资人的代表。按照现行规定，国资委基于“管资产和管人、管事相结合”的原则，履行出资人职责，享有所有者权益，其实就是现实层面的国有股股东。因此，国资委履行出资人职责，享有的“管资产、管人和管事”的权力（利）均应在公司法的框架下行使。其中，管资产不应理解为是对所出资企业的财产进行实物形态的管理，而应是对国有股份这一价值形态的资产进行管理；管人体现为国资委向所出资企业派出股东代表、董事和监事，并对它们实行管理。股东代表、董事和监事的人选既可以是国资委系统的工作人员，也可以由国资委通过市场化的途径招聘产生（此种方式更值得推广），因此管人既包括国资委对自身工作人员的内部管理，也包括依据契约实行的管理；管事体现为国资委通过自己派出的股东代表、董事，在股东大会、董事会会议上，对所出资企业中的相关事项行使表决权，以及通过派出的监事行使监督权。

国资委不是原政府各部门管理国有资产的机构、职能和管理手段的简单合并，由对国有资产的行政管理转为履行出资人职责，国资委行使职能的方式、手段必须有重大转变。国资委应以国有股股东的角色出现，依照公司法的相关规定行使股东权利，不可以随意干预国有资产的经营管理，以防止出现“老板加婆婆”的现象。具体而言，立足于国资委的国有资产出资人代表的身份，根据《中华人民共和国公司法》的精神来修改条例中的相关条款，将国资委的权利限制在股东应有的范围内，这的确有一定的作用，体现在制度的层面上，国资委将不再有随意干预公司经营的权力。作为国有资产的出资人代表，国资委在多数国有控股公司中处于第一大股东的地位，公司的多数董事甚至董事会也由其控制。

国资委在大多数所出资企业中的第一大股东地位，是导致其可能对所出资企业实施过分干预的根本原因。要防止出现国资委管得过多、过死的现象出现，就必须改变国资委第一大股东的地位。

国资委的出资人代表身份既容易导致对所出资企业的过分干预，又和其监管者身份发生冲突。因此，应当从理论上对国资委进行重新定位。国资委的出资人代表身份应予以剥离，在新的国有资产监管体制下，国资委的定位仅限于国有资产的监管机构。专司国有资产监管的机构的定位模式，从有利于监管机构实施有效监管、实现监管与营运相分离的原则出发，这种定位模式更具有可行性。在这种定位下，国资委不再有资本的经营职能，而是将国有资产通过信托、授权或租赁等多种方式交由信托投资机构及法律创设的特设公司等市场主体具体运营，并由国资委对国资运营实施监管，这主要体现在国资委根据国有资产所处不同行业、领域各自的特点，确定对国有资产分别采取信托经营、授权经营和租赁经营等不同的经营方式，并制定相关规则明确规定受托人、被授权对象和承租人需要满足的条件和相应的选择程序，进而和选定的经营主体签订契约。在契约中，国资委根据不同的经营方式设计出相应的考核指标，对国有资本的经营、使用情况进行考核与评价，并据此对经营主体采取一定的奖励或处罚措施。

第六章　经济法治战略的实现

第一节　经济法治战略实现前提

一、经济法的制定

一切法治战略的基础是有法可依，法律的制定是有法可依的前提。制定法律是有立法权的机构依据法律规定职权和法律规定程序，制定相关法律法规的活动。广义的立法主体不仅包括人大，政府（包括地方政府）、最高司法机关也有一定程度的立法权。任何法律法规的废、改、立都可界定为立法活动。法律是具备稳定性的最高行为准则，因此制定出切合实际的经济法律规范在经济法治战略中具有重大意义。经济法是一门独立的基本法律部门，主要调整国家与市场之间的关系，经济法的制定是国家经济生活有法可依的基本条件。制定完善的经济法是保证社会主义市场经济体制的改革成果的必不可少的条件，借鉴国外先进的经济立法经验并以立法的形式将其固定下来是依法治国的必然要求。在我国经济进入新常态情况下，经济发展速度有所缓和、经济发展的重点有所变化，经济立法要与经济发展新常态相适应。

经济立法与经济发展新常态相适应。我国经济立法摸着石头过河、成熟一个制定一个的时代已经结束，经济法应更注重对改革成果的巩固，同时相关法律应有利于去产能、减库存，关于产业结构调整的相关法律应为经济立法的重点。去产能、减库存，必然会淘汰一批落后企业，相关企业的关、停、并、转不可避免，这样不仅会有一批工人的失业，还会有大量的投入无法收回，系统性的金融风险可能对社会稳定造成冲击。经济立法对系统性风险的防范应成为重中之重。经济法属于上层建筑的范畴，它是建立在社会主义经济基础之上并服务于社会主义经济基础的，经济法制定必须在经济新常态下考量，同时必须坚持社会主义的大原则。我们这里所讲的社会主义绝非改革开放前所一再标榜的社会主义，我们的社会主义是以发展社会生产力为己任的社会主义，是寻求部分人先富起来，最终达到共同富裕的社会主义，社会主义原则要求我们制定的经济法所追求的目标价值是效率优先、兼顾公平。我们所讲的社会主义是长期目标和现行阶段相结合的社会主义，这使我国的经济立法与改革之初相比有了巨大的变化。在考虑经济新常态这个大背景下，还必须明白社会主义市场经济体制是制定经济法的最大的社会现实。党的十五大报告中指出："建设有中国特色的社会主义的经济，就是在社会主义条件下发展市场经济，不断解放和发展生产力。这就要坚持和完善社会主义公有制为主体、多种所有制经济共同发展的基本经济制度；坚持和完善社会主义市场经济体制，使市场在国家宏观调控下对资源配置起基础性作用……公有制的主导地位应主要体现在控制力上。"我们在经济立法时应该始终坚持社会主义市场经济的各项基本经济制度，领会社会主义市场经济的真正内涵，完善国家的宏观调控机制，培育与维护市场竞争机制，建立与完善社会保障机制，最终建立起与社会主义市场经济体制相适应的经济法制度。

因经济活动的相互关联性，经济间的互相影响也越来越大。经济法不应该是众多经济法规的简单堆砌，而是一个有机的整体和科学的体系。由于要适应蓬勃发展的经济现实，我国过去一般都采取授权立法的方式，对于那些专业性、技术性较强的法律规范，授权各业务主管部门起草或牵头起草，这样有利于及时地反映经济现实，客观上促进了我国经济的发展。然而由于立法权的大量下放和最高立法机关监控的不力，导致各种法律法规之间重复、矛盾的现象大量产生，客观上削弱了法律的威信。同时受部门利益的影响，这些部门立法的产物往往成了各部门"夹带私货"的工具，严重损害了法律的公正性。这些弊端的产生有许多原因，但归根结底是由我国经济立法中法制不统一造成的。法制统一的基本要求是：只有依法拥有立法权的国家立法机关或国家立法机关授权的特定国家机关才拥有制定和颁布法律法规的权力；法律法规在国家主权范围内对各地区、各部门以及全体公民具有普遍的约束力。它包括两个方面：第一，统一立法权力。立法权是制定、颁布、修改及废止法律的权力。统一立法权力，对于国家的统一、政权的巩固、社会的稳定以及经济的发展都具有重要的作用。在我国，经济法立法权力的统一应以宪法、立法法的有关规定为依据。第二，统一立法效力。法律效力是指法律法规的不同效力等级的普遍约束力，以国家的强制力为后盾。我国的法律体系基本上是由宪法、法律、法规和规章等不同效力等级的规范性法律文件构成的，宪法中的经济法律条款具有最高的权威和效力，任何法律不得与之相抵触。而经济法律次之，经济法规再次之，规章最末，在法规体系中，地方经济法规不得与全国性的经济法律法规相抵触，只有严格遵守这些原则，才可以逐步消除现实中大量存在的低效力等级的法律法规"以下犯上"抵触高效力等级的法律乃至宪法的奇怪现象，最终达到整个法律体系的协调与统一。当然要做到这一步还需要在法制统一的前提下做好法典编纂和法规汇编的工作，并制定科学的立法规划。

我国在2003年开始的房地产宏观调控，至2017年前后达15年，这15年间制定了大量的宏观调控法规，但房地产的实际调控效果并不明显，其中一个主要的问题是出台的相关法规缺乏科学性。经济法的制定是一种软科学的决策活动，经济活动的多样性与复杂性决定了这一决策活动的高难度。现代管理学知识告诉我们，要制定出高质量的经济法，就必须遵循科学与民主的立法原则，即既要具备广泛的民主性，又要具有较强的科学性。所谓的科学性就是要求在制定经济法时，注意研究和遵循客观的经济规律，经济规律并非一种有形的可以摸得着、看得见的事物。然而表面上的无形并不能抹杀它客观存在的事实。经济规律是微观个体的普遍心理和共同特性在现存社会经济条件下的集合表现。它存于每个人的本性之中，它存于社会经济生活的根源深处。在可以回顾的过去和可以预见的将来，我们还无法找到改变这些经济规律所赖以存在的基础的有力证据，我们所认识的这些经济规律是不可逆的，作为立法者，我们应该加强学习和认识这些普遍的经济规律，探索他们在中国经济生活中的特有的作用方式和表现形式，从而力求让制定的经济法最大限度地遵循客观经济规律，促进中国经济生活的健康发展。在社会主义市场经济条件下，我们应该严格遵守价值规律，发挥价格竞争机制的功能，引导供求变化的走向。还要大力提倡优胜劣汰的市场竞争规律，通过竞争机制的作用实现经济体的新陈代谢和资源的优化配置。我们还应该正确认识市场的固有缺陷，破除对无形之手的迷信，大力加强和完善国家的宏观调控。只有形成对经济生活的科学认识，遵循客观经济规律，我们才能最终制定出科学的经济法。

保证经济法的科学性的有效途径是在经济立法时坚持民主原则。经济法制定中的民主原则是现代社会对法律的必然要求，法是由人民的代表制定的，它必然要反映大多数人的意志，体现和维护大多数人的利益。法的这一最终利益指向决定了它的制定过程也必须实现程序上的民主。经济立法的民主原则要求：经济法应从实体内容上反映和记载人民的利益，规定人民参与管理和监督国民经济运行的权利，同时提供各种程序上的保障，以切实实现人民的各种民主权利；立法程序必须实现民主化。程序民主化是科学决策的基本要求，立法者不是全能全知的造物主，也不是无欲无私的造法机器，因此遵循严格的法定立法程序是制定良法的可靠保障。同时，根据我国的立法法的有关规定，立法机关在制定重要法律法规时还应该广泛征求各经济部门、利益相关者、法律专家和司法界的意见，最大限度地整合方方面面的利益。

我国经济发展新常态下所面临的经济问题，在许多方面与世界经济发展所面临的问题具有一定的相似性，而发达国家又通过几百年的发展已经总结出了一整套与其发达的市场经济相适应的完善的经济法律制度，那么我们要在较短的时间里赶上发达国家，学习外国的先进经验才是首要的。当然我国是一个旧经济势力和体制惯性仍然强大的转轨国家，国民的市场意识和心理素质都有别于发达国家，所以任何经济制度要植入中国的经济体，必须要解决与中国国情相适应的问题，盲目地抄袭看似美好实则不适应或太超前的外国经验最终只能收获学费昂贵的中国教训。这点早已为我国的改革开放的历史事实所不断证明。但是就现阶段这两者的关系而言，学习外国经验仍然占据了首要的地位，如果我们不大胆地借鉴和吸收发达国家的先进经验，特别是那些已为事实所一再证明且为国际社会所普遍承认的经济法律制度，我们就不能较快地建立起社会主义市场经济体制，缩小与发达国家之间的差距。再者，经济全球化的浪潮汹涌而来，经济游戏规则的统一已成为不可逆转的趋势，我们更没有理由关起门来搞建设，无视经济法律制度全球范围的融合与趋同。在我国经济立法解决我国经济发展过程中所遭遇的问题的同时，我国要积极参与全球化的经济活动，争取在制定全球性的经济规则时有更大的发言权和更多的主动性。

经济法的制定必须遵循程序。经济法律法规作为我国法律体系的一个组成部分，同样应按其他法律法规相同的程序制定。法制定的程序是指有权立法的国家机关，在制定、补充、修改和废止法律法规的活动中，所必须遵循的法定的步骤和方法。根据我国的宪法、立法法的有关规定以及立法惯例，我国法的制定一般须经过法草案的起草、草案的提出、草案的审议、草案的通过以及法律的颁布与生效等几个阶段。

长期以来我国的经济法的起草工作大多由全国人民代表大会常务委员会的法制工作委员会委托国务院有关部委组成经济法起草小组负责草拟，较为重大、牵涉面较广的法律草案有时还委托一个综合部门牵头、由若干部委共同组成的起草小组负责草拟工作。一般来讲法律草案的草拟过程也是该法律的立法论证过程，许多时候某个法律的起草工作会进行几年甚至十几年，说明这些法律的起草实际上还处于混沌与模糊的认识过程中，而且，经济体制条件的不断转化也为这些长期酝酿的法律的起草工作带来各种变数，往往某一法律尚在起草过程之中就已落后于经济现实，近年来的一些法律案论证得相对充分，其最终草案往往较为科学与完善。从九大开始，全国人大常委会的法制委员会较多地发挥法律专家的作用，往往将一些重要法律委托法学家组成起草小组负责草拟，有的同时组成两个专家起草小组，或一个专家小组和一个政府机关小组并存，在法律起草工作中引进竞争机制，提高法律草案的质量，防止人为片面性。近年来我国还往往将法律草案的试拟稿通过各种途径予以公布，向全社会征求意见，再根据反馈信息修改法律草案，重要法律还要反复多次，力求最佳的立法效果。经济法律草案的起草是任何经济立法工作的基础，是随后各种立法程序的前提条件。

经济法律草案起草完毕，有权提出法律草案的机构或人员根据法律规定向国家立法机关提交该草案，使法律草案列入立法机关的会议议程，成为立法机关会议进行审议讨论的对象。我国的立法实践中代表联名提出法律案的例子较为罕见，多数法律案的提出是由全国人民代表大会法制工作委员会或者国务院向全国人民代表大会及其常务委员会提出，请求予以审议和讨论。因经济活动比较专业，经济形势又纷繁多变，这需要对经济活动有更多的认知和了解。专业人大代表对经济形势判断较为准确，其提出的立法建议草案更有利于我国经济的发展。

二、经济法的实施

如何将纸上法律变成行动中的法律，这是法律实施的基本任务。经济法治战略的一个重要内容是保证经济法律法规的实施。经济法的实施是指经济法主体贯彻执行经济法律法规的活动，具体包括国家机关根据经济法律法规的授权，严格依照经济法律法规的有关规定管理社会经济活动以及市场主体遵守和执行经济法律法规从事各种经济活动的过程。广义上还包括国家司法机关根据经济法律法规的规定处理经济活动纠纷、惩处经济违法犯罪行为的各种司法活动。任何经济法律规范都有一个如何保证正确实施的问题，如果我们不能解决好法律从抽象层面上的存在到具体意义上的存在的转化问题，那么经济法律法规制定得再好也只是一纸空文而已。经济法的实施对于我国的经济法制建设和社会主义市场经济建设具有重要意义。首先，经济法的实施是健全我国社会主义法治建设的必不可少的环节之一，是真正实现“依法治国”伟大方略的重要条件，制定了经济法律法规只是解决了有法可依的环节，而如何做到有法必依、执法必严和违法必究则都是属于经济法的实施的问题，可见要建立一个完善的社会主义法制系统就必须认真研究经济法的实施。其次，经济法的实施对保障和促进社会主义市场经济的发展具有十分重要的意义。市场经济就是法制经济，对于一个发达的市场经济来讲，没有一整套完备健全的经济法制固然不行，但没有一套规范透明的经济法实施保证体系同样是不可想象的，从某种意义上说，后者比前者更为重要。

经济法的实施必须以事实为根据、以法律为准绳。以事实为根据、以法律为准绳是我国法律实施的基本标尺，是我国多年来法律实践正反两方面的经验结晶，因此也是经济法实施的首要原则。以事实为根据是指国家经济行政管理机关和司法机关在运用经济法规范进行经济管理活动和处理经济纠纷案件时，必须以客观存在的事实为依据。在经济法的范畴中，以事实为根据还包含着一种特别的内涵，即任何经济活动的参与者都必须充分认识客观的经济规律，按照经济规律办事，否则就必然要为经济规律所惩罚，最终付出惨重的代价。在我国经济新常态下，我国最大的事实是经济发展速度放缓的事实，我国高库存的事实，我国产能过剩的事实，处理法律事务不能背离我国经济发展的这个大背景。以法律为准绳是指经济法主体在进行经济活动时必须严格遵守经济法律规范。就经济守法的层面来讲就是要求每一个市场主体在从事经济活动时须遵守经济法律，享受权利，履行义务，不得利用各种方法规避法律。从经济执法和经济司法的层面来讲，这就要求适用经济法律的国家经济行政管理机关和经济司法机关首先要按照经济法律的规定确定权利义务关系，不得随意越权，同时在具体的活动中还要严格遵守法定程序，保障行政相对人和案件当事人的合法权利。

法律的威慑力在于其惩罚性，虽然惩罚不是目的。不具有法律责任，就不具有威慑力。法律规范可以分为禁止性规范、准许性规范以及奖励性规范。但是一般的法律只以禁止性规范和准许性规范为主，即规定什么可以做，什么不可以做，并辅以否定性法律责任。但在经济法中，不仅有许多禁止性规范和准许性规范，而且还有许多奖励性法律规范。因此就经济法对经济生活的规范效能而言，是通过经济奖励和经济惩罚相结合的方法来实现的。我国经济立法为此提供了一定的法律依据。我国许多经济立法都加入了经济奖励条款，经济奖励的方式也很多，包括税收优惠、税收减免、金融优惠等。经济法的这一显著特性是与其立法宗旨和独特价值分不开的。经济法追求社会整体效益的尽可能快的增长，就必须在惩罚经济违法犯罪行为的同时提供一整套有吸引力的激励机制，从而鼓励先进、鞭策落后，在全社会树立效益观念，促进社会总财富的快速增长。经济法实施过程中，还结合经济法的许多规定，加入了适当的惩罚性赔偿。我国消费者权益保护法中，将经济者欺诈的惩罚性赔偿的一赔一改成了一赔三。[1]食品安全法将食品经营者欺诈的赔偿责任确定

---

〔1〕《消费者权益保护法》第55条规定："经营者提供商品或者服务有欺诈行为的，应当按照消费者的要求增加赔偿其受到的损失，增加赔偿的金额为消费者购买商品的价款或者接受服务的费用的三倍；增加赔偿的金额不足五百元的，为五百元。法律另有规定的，依照其规定。经营者明知商品或者服务存在缺陷，仍然向消费者提供，造成消费者或者其他受害人死亡或者健康严重损害的，受害人有权要求经营者依照本法第四十九条、第五十一条等法律规定赔偿损失，并有权要求所受损失二倍以下的惩罚性赔偿。"

为一赔十。[1]这些都体现了经济法中的惩罚性。

经济法律关系的主体多样，各种主体的权利义务规定各不相同，在经济法的适用时，要体现平等原则。由于历史的原因，我国的经济现实中经济法主体之间的不平等由来已久，首先在经济管理主体与被管理主体之间，我国长期以来实行的是高度集权的计划经济体制，经济管理主体操控了一切经济资源的所有权，对被管理主体具有生杀予夺的至高权力，对于被管理主体来说这是毫无公平可言的。在市场经济条件下，经济管理主体与被管理主体之间虽然从形式上并非完全平起平坐，而是同样存在着管理与被管理的关系，但是实质上他们之间的权利义务是相互对称的，法律赋予了管理者的各种管理权，也确立了这些经济管理权的基本边界，同时规定了被管理者神圣不可侵犯的核心权利，以及受到侵犯时各种抗辩权和最终救济权，在市场经济和法治社会中，任何主体之间最终都是平等的。近年来我国在这方面已经取得了长足的进步，被管理主体的权利意识大大增强，但是相较发达市场经济国家，显然还有较大的差距，这也有待于改革开放的继续深化与扩大。其次，就同样作为被管理者的市场主体来讲，这种法律与事实上的不平等也是普遍存在的。多年来我国的企业制度实行的是“双轨制”，既建立起形式平等的公司制度，又保留了以所有权定权利的身份立法传统，国有企业与私营企业仍未能真正站在同一条起跑线上，国有企业在原材料和能源调配、上市融资资格、国家信贷补贴、土地划拨费用等方面都具有较私营企业更为优越的条件；当然从另一方面来讲，国有企业也有历史包袱重、就业压力大、企业办社会等诸多困难，难以在市场中放开手脚搏击风雨，导致恶性循环。这些不平等的现象的存在可谓冰冻三尺非一日之寒，实现经济法主体在经济法律面前的真正平等是一项极其艰巨的任务。如果不能在适用法律上充分体现平等原则，我国去产能任务很难完成，系统性风险也将

〔1〕 第148条规定，消费者因不符合食品安全标准的食品受到损害的，可以向经营者要求赔偿损失，也可以向生产者要求赔偿损失。接到消费者赔偿要求的生产经营者，应当实行首负责任制，先行赔付，不得推诿；属于生产者责任的，经营者赔偿后有权向生产者追偿；属于经营者责任的，生产者赔偿后有权向经营者追偿。生产不符合食品安全标准的食品或者经营明知是不符合食品安全标准的食品，消费者除要求赔偿损失外，还可以向生产者或者经营者要求支付价款十倍或者损失三倍的赔偿金；增加赔偿的金额不足一千元的，为一千元。但是，食品的标签、说明书存在不影响食品安全且不会对消费者造成误导的瑕疵的除外。

不断积累。近期黑龙江省银行监管机构敦促当地贷款机构，对陷入困境的煤炭及钢铁企业实行“无还本续贷”，通过贷款到期后展期行为来维持亏损企业的生命。[1]该政策与中央去产能、关闭“僵尸”企业的承诺相抵触，也没有体现对各类企业一视同仁的政策。我国实施“供给侧结构改革”政策，以减少钢铁、煤炭、有色金属等部门的过剩产能。但这样做必然导致不盈利企业退出，将导致下岗工人数量增加，国家经济增长放缓，以及政府税收的减少。

地方政府过度追求自己利益，国家的经济法律法规、中央的大政方针执行不力。经济法所涉及的大量法律法规都是全局性的，可能会与地方利益、局部利益不一致。相关利益部门、有些地方政府会为了自身利益而消极执行经济法律法规，使法律法规的实施无法达到预期效果。我国经济新常态下的经济法律法规大都以去库存、促改革、防风险为主，这些规定将影响地方和企业的政绩（业绩），地方政府尽量拖延执行或不执行，即使执行，也会在实施过程中大打折扣。

地方政府只在乎地方业绩，可能源于我国对地方政府的考核机制。现行考核制度注重单纯的经济发展，经济发展过程中产生的负效应常被忽略。环境污染、贫富差距增大、社会矛盾突出等问题，都没有纳入地方领导的考核范围。

经济法治战略的一项重大举措是经济领域的行政审批制度改革。我国各种新区、自贸区设立的宗旨之一就是通过减少行政审批，制定经济活动的负面清单，使市场主体获得足够的经营自由。行政审批制度改革减少了行政机关对经济的干预能力。行政审批制度改革使权力寻租的机会减少，一些行政机构办事积极性下降，这是我国现行经济法实施过程中遇到的新问题。

---

〔1〕 2017年5月25日，黑龙江银监局局长包祖明在银行业例行新闻发布会上介绍，黑龙江银监局从绿色金融的角度来扶持工业升级转型。主要体现在三个方面：一是支持工业企业的节能减排；二是支持资源型城市发展转型；三是支持重点国有企业的改革突破。在支持重点国有企业的改革突破方面，黑龙江银监局立足黑龙江国有企业改革的发展、转型脱困任务艰巨的省情，在全国率先推动债权人委员会工作，对全省155户国有企业组建债权人委员会，对生产经营暂时有困难的企业稳贷增贷，创新运用无还本续贷等政策，成功帮扶煤炭、钢铁等重点国有企业解危脱困。参见包祖明：《多方打造绿色金融可持续发展模式》，载《证券日报》2017年5月27日。

第二节　经济法治战略下的司法与执法

一、经济司法

(一)提升经济法的可诉性

经济法治战略的实现有赖于司法机关对法律的运用,经济司法作为司法活动的组成部分,本质上与其他司法活动没有区别。从司法的发展过程看,司法产生于权力制约的需要。通过司法权与立法权、行政权的分立,将不同权力限定在合理的范围内。由于立法权是国民通过出让其权力而实现的,大多数国家采取代议制,按照少数服从多数的原则达成相关决定,所以,立法权往往具有较高的地位。而行使行政权的人,才是真正掌握国民所让渡权力的人。综观现代国家,行政机构往往拥有最广泛的权力。行政机构权力不但会被利益集团所俘获,出现权力寻租现象,更有行政权滥用,损害社会其他主体利益的情况。对于行政权的监督,除通过立法权外,司法权的作用不容忽视。司法通过对个案的判决,可以直接干预行政。另外,司法对于具体案件的审理,必须遵循特定的程序,奉行公开的原则,更具透明性。这种通过具体案件审理对行政权制约的方式具有直接性和严格的程序性,能达到司法监督所特有的效果。关于权力制约,除了立法权、行政权和司法权这些公权力的相互制约外,对于私权利的制约也是司法的重要功能。现代法制的一个重要体现就是对私人权利的充分保障,一方面,通过对国家机构的限权来保障私权自由,另一方面,通过各种措施使私权利得到自由行使。然而,私权的不当行使,不但会侵害他人权利,严重的会损害国家利益,对私权的必要限制是保障所有私人自由的前提。所以,所谓的权力制约不仅指对公权力的制约,更少不了对私权的制约。通过行政手段对私权进行限制,容易造成权力滥用。司法因其严格的程序和透明的公开方式对私权进行限制,更易为人们接受。刑事诉讼就是典型的国家之诉,是国家对于私人权利的制约。其目的还是对私权的保护。

美国著名的联邦上诉法院法官弗兰克·伊斯特布鲁克曾指出,传统的司法功能就是解决争议。法院将规则的创设描述为解决争议时的副产品。[1]虽然将解决纠纷视为司法的唯一功能并没有得到所有人的认同，但司法对于解决各类复杂的纠纷确实起了不可代替的作用。因为司法的本质决定了其特有的中立性，由于其中立的性格，人们愿意将彼此的纠纷提交给司法机关裁决。司法机构依据国家的强制力对各方的争议进行审理，通过各方举证、说理，最后对是非曲直给予判断。法院的判决之所以具有公信力，会被诉讼当事人所遵守，是因为人们确信司法的权威，也就是人们从内心确信裁判者是无私的、有专业能力的、公正的。由于人们对司法的敬畏，司法判决自然会得到履行，由此平息了社会矛盾和纠纷，稳定了社会秩序。

随着现代社会司法专业化的不断加强，普通民众对于法律及其司法过程的认识却有日益疏远的倾向。如何让人们感知法的存在，越来越成为司法面临的现实问题。法律的真实面目也只能经过相当数量的纠纷解决、多次反复确证才能显示出来。司法成了向民众展示法律、宣示法律、感知法律的有效手段。司法活动通过具体的个案，使法律与社会生活相接，民众可以从法院对具体案件的判决，对自己的具体行为作出法律上的预期。

司法实现其功能依赖于司法能否按照人们的预期运行。而司法要达到人们预期的效果，涉及的因素是非常广泛的。即使在一个倡导公正的司法的社会中，法官也绝非像理想类型里所设计的现代官僚集团那般纯粹；这个集团能否恰当地解释法律规则，能否公正地适用法律要受到多种因素的制约。例如，它是不是一种构成合理的集团，它的社会化倾向与程度，它所居于其中的社会历史文化传统，它与政治之间的关系等因素以及所有这些因素相互作用的过程与结果。假如对所有这些情形没有相当真切的把握和深入研究，那么，合理的司法制度的构筑便不免是盲目的，通过司法实现社会正义、完成对公民权利的妥帖保护也是难以指望的。

经济法方面的法律、法规，不像传统的民事、刑事等方面的法律那样，特别是有关对调控主体或规制主体如何追究责任的规定，缺乏具体的程序性规定。这使经济法领域存在突出的“可诉性”不强的问题。司法活动是诉讼的展开，诉讼必须基于诉权，而诉权产生于法律、法规适用产生争议，该法律、法

〔1〕 Frangk Easterbrook, “The Supreme Court, 1983 Term-Foreword: The Court and Economic System”, 98 *Harv.L.Rev.*11 (1984), pp.4, 5-6.

规必须具有可诉性。法的可诉性是指法律规范所具有的、可由一定主体请求法律公设的机构（特别是法院和仲裁机构）通过争议解决程序（特别是诉讼程序）用来判断纠纷的属性。法应该是既包括实体权利义务的法规范也包括判断由实体权利义务所产生的纠纷解决的程序的机制。社会法律秩序的构建，实质上，是权利和义务的设定、分配、落实、和保障的过程。权利，正是对社会主体在一定限度内的行为自由的法律确认，是通过法律予以承认和保护的利益以及社会主体根据法律做出选择以实现其利益的一种能动的手段。但是人们利益的实现不是一帆风顺的，利益的不平衡性，必然使人们在追求自身利益的过程中衍生出诸种冲突。对权益冲突进行国家干预，实行公力救助，发轫于阶级社会的启端。国家解决权益冲突的公力救助在方式上是多种多样的，诉讼最为规范，形式效力最为明显。诉讼的产生，本质上是基于对合法权益予以保护的实际需要，因为，法律权利的存在，本身就意味着国家保护机制的不可缺少。在法律社会中，权利不仅仅是简单的法律宣告，还必须有相应的保护机制，才能使权利在受到冲突所致的损害情况下能够得以补偿。因此，落实权益冲突的救济措施，对于实现权利的真正价值，是十分重要的。可以说，任何一个典型的法律权利的完整的法律可能性包括：积极行为；请求相对人履行法律义务；与违反法律义务相联系的对主管机关的保护的寻求。诉讼是保护法律权利的活动。同时，法律保护实体权利的任务是通过一系列的程序权的设置和有效运转来完成的。如果一种利益仅仅表现为实体权利的规定，而没有程序权的保障，那么，这种利益的存在必然是脆弱的。因此，法律权利的实体和程序双层保护，是不可分割的；保护实体权利与诉讼程序之间的关系如此紧密，以至于在制定实体法的同时，必然要制定相应的程序法。为了使经济法得到有效的实施，使经济法所创设的社会秩序得以维护，法律必须提供一种终极的、权威的解决途径——诉讼，通过一定的程序由公正、权威的第三方即法院判断其中的是非曲直。

经济法治战略的一个重要环节，就是要解决经济法的可诉性问题。在研究经济法的可诉性的问题上，首先要做的是研究经济法律规范，归纳出法律赋予的经济法律关系的主体的法律权利的内容、性质、类型等。我们要为这些法律权利的保护机制寻找到程序法的依据，然后将没有对应程序性保护机制的法律权利总结出来。现有的公力救助的诸种方式，行政救助、仲裁、调解、诉讼等，在经济法中最常见的是诉讼和行政救助，要界定不同的救助方式运用的合理的范围。经济法是以社会本位、国家干预、公私法融合为特征的新型法律，这类法律远远超越了传统行政法、民法的理论和制度，具有全新的理念和制度，也赋予了其法律关系主体许多新的权利，这些新的权利的行使具有公私法交融的特性，对这些权利的保护也需要有公私法结合的手段。经济法的可诉性并非全面直接指向公共利益，经济法上的诉讼可以按照法律直接保护的法益分为公益性经济法诉讼、国家利益性诉讼和私人性诉讼。这三种利益是可以调和的，不是绝对对立的，国家利益或者私人利益不是绝对服从社会公益的，因为他们并非一直处于对抗的状态下。经济法的诉讼从功能上可以说既是对传统诉讼机制的补充也是在传统诉讼机制上的创新。经济法的可诉性问题最终涉及的是国家经济权力运作的保障，国家经济权力当然具有权力的一般属性。同时，应该看到经济权力和行政权力的行使有很大的联系，经济权力分离于行政权力，是一种公共管理权力。行政权力的行使主体一般都是行政机关，权力的来源一般只能是法律，运用行政权力的手段一般是行政手段，行政权力对象是具体的行政机关和行政相对人之间的关系，其目的是规范行政权力运用的方式方法以及将相对人的相应的行为纳入到行政管理秩序中来；而经济权力行使主体即社会公共管理职能组织，其权力的来源除了法律，还包括社会组织自治性的规章制度，经济权力的运用除了行政手段还有经济手段和法律手段等，其目的是限制政府经济权力在市场领域的运行，强调科学运用经济权力，促进市场的有序化和经济运行的健康、高速的发展。对于涉及国家利益和社会公益性的经济法诉讼，从功能角度来讲是属于创新性的经济法诉讼。对于涉及私人的经济法诉讼，从功能角度来讲是属于补充性的经济法诉讼。具体来讲，对于涉及国家利益和社会公益的经济法诉讼，任何国民（因为社会组织职能的发挥还有很长的时间有待完善）、相关组织、管理机构都可以提出，但是应当设立一个特设机构，专门负责受理此类申请，由该机构决定是否应该向法院提出诉讼要求，该机构也可以自己提出。诉讼的内容是对经济权力的运用，包括法律的和经济的手段。反过来讲，行使公共职能的管理机构也可以对违反管理规则的被管理者提起司法审查的要求。法院的审查内容主要包括具体或者抽象行政行为、相关领域的立法、公共管理机构的调制经济的手段，此类经济调剂主要涉及去产能、防风险等，保障经济新常态下经济目标的实现。而涉及私人的经济法诉讼，可以由发生纠纷的当事人提起（是不是经济法诉讼，法院应该主动进行审查），法院审查当事人之间的纠纷并主动审查与产生的纠纷有关联的经济管理行为。

（二）保护创新

经济发展需要大量的创新与突破，在创新与突破过程中，会逾越固有思维及界限，会引起争议与冲突。我国改革之初，有人因经济贸易而被认定为“投机倒把”承担刑事责任；金融改革，有机构因混业经营而被认定为“非法经营”承担法律责任；这几年，有许多互联网金融被认定“非法集资”“非法传销”而承担法律责任，类似事例不一而足。有些机构确实是借创新之名行违法之实，但也有事例是对现有规定的突破，只是对既有利益格局形成了冲击，并无社会危害性。国家为适应经济新常态下的创新要求，出台法律法规、政策有许多的模糊边界，市场主体在理解相关的政策、法规时，会产生不确定性。为克服法律不确定性，需要对法律进行字面解释。“法官的职责仅仅在于确定议会在其法规中所表述的内容并将法规语词适用于他所受理的案件。在疑难案件中，法官给法规补充遗漏要点或附加衡平法上的例外，都被认为是越权行为。法规的真实含义是同其语词的明确含义所传达给法官的那种意义相一致的，而且法官应当尽可能地给予法规所使用的语词的字面含义以充分的效力。”〔1〕对法律的字面解释能增加人们对法律的合理预期。当一个人为了了解他的权利与义务或其他人的权利义务而研读法规时，应当能够使他信赖该法规文本，而不应当强迫他对立法者在通过此法规时脑子里所真正思考的东西进行费力的考查。如果制定法赖以为条件的社会环境和人们对该法律的认知已经发生了明显的变化，作为立法者，从公平与正义出发，必将对法律进行修正。而立法机构的现实状况和立法的程序要求决定了其不可能随时修订法律，司法机构可以对法律进行修正，以保证所受理纠纷的公正解决。经济活动的多变性需要法官对法律的目的解释。

在经济新常态下，许多经济创新会突破原有法律界限，在处理此类争议时，法官有权造法，但必须受到限制。只有在特定情形下法官才可造法。当法

---

〔1〕 E.R.Hopkins, “The Literal Canon and the Golden Rule”, 15 *Canadian Bar Review*, pp.689-690（1937）.转引自［美］E.博登海默：《法理学：法律哲学与法律方法》，邓正来译，中国政法大学出版社1999年版，第530页。

官审理案件找不到法律依据又没有其他案例指导时，法官不能搁置案件，有义务以公平、正义的价值判断从现有的或暗含的社会制度中寻找恰当的答案。这意味着法官创造了新的规则，属于明显的造法行为。另一种情形是，法官如果引用现有法规或判例进行裁判，将违背社会公平和正义，严重损害当事人或社会公众利益。法官审理这类案件时，必须考虑当前的社会观念和占支配地位价值观，找出解决纠纷的理想理由，从而实现正义，达到社会的和谐。法官的以上活动实质上就是一种造法活动。这种造法活动并非毫无拘束的立法行为，法官可以扩大或缩小现行的救济手段，甚至可以创制新的救济手段，但决不能跳出现行的社会结构框架，以保证社会能对司法活动保持合理预期。

（三）充分尊重商业逻辑

经济法治战略的司法实现路径，还必须充分尊重商业逻辑。经济活动涉及经济管理主体、市场主体。市场活力在于创新，司法应容忍无社会危害后果的对现有制度突破的行为，同时应尽量保持对市场主体的尊重。市场主体经营活动过程中，其对商业逻辑的判断更符合其自身利益。英美国家司法对公司治理都采取了谨慎态度。美国法院因不愿干预公司事务，形成了商业判断原则。美国著名公司法学家汉密尔顿（Hamilton）认为，从更广泛的意义上讲，商事判断规则反映了这样的基本原则：公司管理层在公司管理方面享有自由决定权，并且此种决定权的行使普遍地不受司法审查，绝大多数法官不是能对此种自由决定权的行使进行第二次审查的商人。[1]根据这一原则，法官不干预由公司管理层作出的商业判断，只要该决定是经过某种程度的勤勉和谨慎考虑的且不存在欺诈、非法或利益冲突。美国司法基于商业判断原则，倾向于不以严格的方式解释这些责任，因为管理行为没有一个客观的标准，法官也无法猜测公司的决定。管理层只需具备并表现出符合人们合理地期望一个具有董事的知识和经验的人所应具有的专业知识水平。法官不愿对商人的商事判断作出司法审查，对于管理层的诚实错误，法官不会责令他们承担法律责任。商事判断原则的基础并不仅仅是法官不愿干预公司事务，而且还包括通过此种规则的适用鼓励哪些有资格和能力的人从事公司的管理事务，因此，避免对商事决议作出司法干预是现代英美法适用商事判断规则的基础。在经济活动过

〔1〕 参见Robert W. Hamilton, The Law of Corporations，法律出版社1999年版（美国法精要·影印本），第392～394页。

程中，经济主体间因内部争议，很多投资者不是寻求正常的公司治理司法救济，而是动用公检法的力量，将本可以通过民事司法程序解决的争议演变为刑事案件，将正常的商业活动视为犯罪活动，没有司法资源的一方因此而被追究刑事责任。管理层被追究刑事责任的案由大多是职务侵占、抽逃出资、挪用资金等，这些罪名大都不可以通过民事司法途径解决。司法积极介入经济活动，可能源于对商业逻辑的不尊重，也有权力寻租的现象。

地方政府为了实现经济目标，擅自动用司法力量，促使司法违背商业逻辑的现象发生。为去库存，地方政府强令司法裁定关闭产能过剩企业，甚至有地方政府要求司法机关直接受理未达破产条件的高污染企业破产案件。类似情形下司法机关介入经济活动，是以目的正当为由，否认了程序的正义，损害了司法机关的威严与公信力。经济法治战略必须为司法机关创造条件，拒绝地方政府强加给司法机关的经济干预活动，使司法机关和行政机关一同尊重企业的商业活动。

二、经济法治战略中的政府（执法）

实施经济法治战略的本质要求是要用法治约束政府的权力，规范政府的经济管理行为，保证市场充分发挥配置资源的作用，保证市场主体自由经营，在法律上受到平等的保护。因而，经济法治战略能否顺利实施，取决于政府的态度以及政府及其官员们采取怎样的行动。[1]

（一）充分尊重市场经济运行基本规律

在市场经济建设过程中，政府首先应当尊重市场经济运行的基本规律，这是市场经济机制体制能够建立的前提条件。市场经济运行的基本规律主要是价值规律、竞争规律和供求规律。这三者相互作用，共同促进市场机制发挥作用。在价值规律下，市场供求影响商品价格，商品价格以价值为中心上下波动。一部分市场主体为使自身的个别劳动时间低于社会必要劳动时间，势必以竞争的内在动力和外在压力来降低成本取得优势。另一些市场主体会因为各种原因无法降低成本而遭劣汰。这样即实现了市场的新陈代谢；同时，作为反映价值规律的市场价格，是传递供求信息的有力载体，它是一个风向标，引

〔1〕 顾功耘：《论重启改革背景下的经济法治战略》，载《法学》2014年第3期。

导着追求利益最大化的经济主体不断调整其生产经营行为，实现供求关系在数量与结构上的平衡，优化着资源的自由配置。

充分尊重市场经济运行规律，最主要的就是尊重市场的定价机制，政府应尽可能避免对市场价格的不当干预。政府对市场的管理是要解决一些市场机制本身解决不了的问题，修复与弥补市场缺陷，保障和促进市场的安全。在政府与市场的关系中，市场是主要的、常态的、优先的，而政府则是辅助的、非常态的、候补的。说到底，市场是决定性的，而政府是非决定性的。就拿市场定价来说，只要是市场能够提供的商品和服务，就由市场决定；只要是市场能够提供的公共产品和服务，也尽可能由市场决定；政府所要干预的是无法通过市场提供的公共产品与服务的价格。目前相当部分的政府机关及其官员出于各种原因，还不愿意接受这些道理或者不完全理解这些道理，表现出驾驭市场经济的能力不足，甚至表现出对市场运行机制的过度干预。

以房地产市场的价格调控为例，近10年来，政府先后采取了多种措施，其中也包括限购、限贷、限价等措施进行调控，但是事与愿违，房地产市场价格仍然屡创新高。对于高房价问题，首先，应当从市场机制出发进行客观评判。我国目前正处于城市化进程中，农村人口迅速向城市流动，小城市人口迅速向大城市流动，大城市人口都渴望向城市中心区流动，这就必然导致城市特别是大城市及其中心区的房地产价格不断上涨，这种价格上涨只有在有支付能力的需求不再增加的情况下才会停止下来。但从我国目前情况来看，这种流动和需求还将持续，因而，城市房地产价格还会有上涨趋势，这是由市场供求规律所决定的。其次，从《中华人民共和国价格法》的规定来看，房地产固然应属于与人民生活关系重大的极少数商品，政府有权对其价格实行一定的管制。但是，除依靠自己的能力不能满足基本的生活住房需求者外，政府没有必要以过于严格的方式调整房地产价格，尤其是商品房价格。生活在小城市还是大城市、生活在城市中心区还是周边地区是居民的自由选择，应该由居民自身根据其收入情况进行自主安排，政府不能代替居民个人选择其生活；某种程度上讲，房地产价格也是调节城市规模的基本手段。否则，大城市的规模会无限扩张。再次，限购、限贷和限价本身就是对供求关系的一种扭曲，且面临着合法性质疑。同时，它还与我国户籍制度改革存在矛盾，与居民改善住房条件、提高生活水平存在矛盾，与我国市场经济改革总体目标存在矛盾。另外，违背规律的限价，可能会起到反作用。以税收为例，税负往往是可以转嫁的，在需求弹性较小、供给弹性较大的情况下，纳税人完全有能力将税负转嫁给房地产的购买人。在此条件下，税收不仅不是抑制房地产价格的手段，反倒成了推高房地产价格的“助推器”。我国房价居高不下还有两个重要原因，一是政府放出的土地价格贵，二是这些年货币超量发行。如果政府在这两个方面下点真功夫，房价则完全会是另外一种表现。需要强调的是，作为商品出现的房地产和作为公共产品出现的房地产是应当区别的。对于那些靠自己的能力无法解决居住问题的人，政府有责任提供作为公共产品的房屋帮助他们解决，而不能依赖市场向他们供给商品房。政府应着力加大保障房的供应力度，一方面可以改善民生、促进社会和谐发展，另一方面也可以缓解房屋的刚性需求，从而抑制房地产商品价格的上涨。

充分尊重市场经济运行的基本规律，还要尊重市场主体的自主选择，政府要促进市场主体间的竞争，而不是抑制和消灭竞争。在市场机制下，竞争原本是促进资源优化配置的有效方式，结果是优胜劣汰，进而促进经济结构的转变和调整。但在我国，市场主体除了面对经济垄断外，还要面对严重的行政垄断。如地方政府经常运用行政手段限制外地产品进入本地市场，即通常所说的“地方保护”。行政垄断往往是政府部门利用行政的权力，通过不公平地排除、限制竞争来保护和自己利益有关的企业，它极易产生腐败。近期出现的刘志军案、中石油案等，其中均有行政垄断的影子。

我们再以铁路为例。相比普通的招投标程序，铁路部门多设置了一道技术门槛。按照铁道部《关于执行强制性产品认证管理规定等有关文件的通知》，凡在铁路客车上安装使用的产品，一律要通过铁道部门的强制认证。强制认证的初衷或许是为了确保质量和安全，但这一认证程序，很容易被异化为市场壁垒，那些有着“通天本领”的不知名公司、贸易中介，可以轻易获得认证，而一些老牌的、技术实力雄厚的企业，反而可能被排除在认证名单之外。类似铁道部这种反竞争的规范必须彻底清理。要解决行政垄断问题，首先要将政府和企业的职能分开。如果政府在市场上既当运动员，又当裁判员，就不可能营造出公平的竞争环境，民企就很难有竞争力。其次，国有企业要尽量从一般竞争性领域退出。“国有资本投资运营要服务于国家战略目标，更多投向关系国家安全、国民经济命脉的重要行业和关键领域，重点提供公共服务、发展重要前瞻性战略性产业、保护生态环境、支持科技进步、保障国家安全。”[1]即使涉及具有自然垄断属性的一些行业和领域如自来水、煤气、铁路、电讯，也应实行网运分开，放开竞争性业务。需要国有资本继续控股的，也可以实行多种方式经营，用市场化手段进行公共资源的优化配置。

尊重市场经济运行的基本规律，还要转变观念，尊重市场主体在经济活动中的竞争结局。我们不能只希望竞争，但不愿看到优胜劣汰的结果。假如竞争是公平的，失败者应当依据有关企业兼并收购破产的规定退出市场，不允许政府部门随意插手干预。现在最大的问题是，各地的权力部门一定程度上都会以“维稳”名义介入，尽可能阻止破产兼并程序的启动。实在阻止不了，就直接介入程序以各种理由干扰协议的达成。一个企业退出市场是会有一定的负面影响，这要靠利益相关各方积极配合，合理协商解决。政府介入要站在公正的立场上，促进各方达成一致意见，绝不能以权势压制，造成权利利益的过分倾斜。政府平衡不了各方，就应支持利益相关各方启动司法程序解决。

（二）牢固确立社会整体利益基本理念

市场经济运行之所以会有缺陷，主要是因为其着眼点在市场主体个体利益的最大化，而这种个体利益的最大化，可能会造成社会整体利益的失衡或受损。一方面企业的环境污染问题、资源的过度开发问题。另一方面，由于市场主体的多样性，它们中有的会怀有不可告人的动机，故意实施危害公众利益的行为。而涉外主体的行为，有的还与国家核心利益和安全相关。另外，由于现代科学技术运用而偶尔发生的不可控事件（如网络安全），不可抗力的自然灾害发生造成对人类生存环境的危害等，都会对社会整体利益造成损害。基于上述原因（注意：不单单是市场的负面影响），均需要政府从维护社会整体利益出发，及时或提前介入和干预。政府不是出于社会整体利益的考虑而进行的介入和干预，无论采取什么形式，均不具有合理性和合法性。

准确把握社会整体利益的内涵是非常重要的。这里所说的社会整体利益，是指与个人利益、团体利益和公共利益都相关的社会利益，是融个人利益、团体利益以及公共利益为一体的社会利益。这种社会利益具有整体性、经济性、平衡性、持续性、包容性以及协调性等特点。社会个体利益、社会局部利益不

---

〔1〕《中共中央关于全面深化改革若干重大问题的决定》辅导读本，人民出版社2013年版，第9页。

具有这些特点，即使是国家利益、公共利益也不完全具有这些特点。举例说，税收利益属于国家利益，如果国家征税过多，就会影响个人利益或集团利益；再如，一地的公共设施建设过多，就会影响地区之间公共利益的平衡问题。在经济活动中，政府应站在社会整体利益的高度，平衡和协调各个不同地区、各个不同发展阶段、各种经济利益主体间的利益关系。政府在平衡和协调各种利益关系的同时，并不排斥个体的利益、局部的利益以及近期的利益，相反，它要促进这些利益的整体增进。

政府从社会整体利益出发，其中也包容个体利益，并不意味着政府随时随地可以协调个体与个体之间的矛盾。个体间的协调更多的是依靠组织自身，或者是社会中间组织。在社会中间组织协调不能时，应通过司法途径进行裁决，以提高解决争议的效率。由于政府本身大量介入经济生活，协调个体矛盾难以站在一个完全中立的立场上，做得不好就会增加与社会个体之间的紧张程度，容易产生不和谐。除了法律有明确的授权，政府不应该将大量人力物力放在解决个体争议上面，而应该注重研究更为宏观的问题、关系全局性的一些问题。

注意人与自然资源的协调。人的需求的无止境与自然资源一定历史阶段的有限性、稀缺性具有尖锐的矛盾。放任这种矛盾的发展与激化，最终会危及我们赖以生存的物质基础，导致社会整体效益的无法实现。从更长远的角度看，当代人恣意索取资源为己所用，而环境破坏、资源枯竭的恶果则更多地由下代人来承担，这本身是一种极大的不负责任，是一种代际间的不公平。近年来，中央提出要加快建设资源节约型、环境友好型社会，大力发展循环经济，加大环境保护力度，都是基于对该问题的深刻认识。党的十八大进一步提出建设生态文明的任务，要求认真解决环境问题，有效利用自然资源，在全社会形成资源节约的发展方式和健康文明的消费模式。这些战略决策的背后折射出鲜明的社会整体利益的价值观。

注意部门及地区经济结构的协调。市场经济建设中，如果部门、地区产业结构安排不合理，资源宏观配置出现偏差，生产与供给就会出现结构失衡，或过剩，或不足。最近几年，在钢铁、风电等行业出现了大量产能过剩问题，对我国经济的持续发展造成了不应有的障碍。我们不能说一些政府部门没有看到这些问题，他们甚至也在想方设法进行规划、调整。但是，无论是规划还是调整，不同部门均有不同立场，中央政府与地方政府考虑问题的角度也是不同的。尤其是地方政府，它要考虑这种调整给地方政府带来的成本以及对未来就业、GDP的影响。中央政府由于干部素质的问题，有的也不能完全站在国家全局的高度，统筹平衡全社会的整体利益。

避免以政府利益取代社会整体利益。政府利益与社会整体利益两者并不相同。政府利益关注的是政府自身的组织生存和发展利益。经济学家诺斯认为国家有两种职责，一是促进社会福利最大化，二是追求自身利益最大化，讲的就是这两者的区分。前者指的是政府维护公共利益的责任，后者则是政府本身利益的体现。由于现代政治的授权特征，政府自身利益也可能转化为公共利益。即在民主政治压力下，政府会更加着重提升自身效率、把握正确的施政方向，这样，既带来政府本身的组织利益，也会带来全社会的福祉，实现二者的统一。不可否认，由于约束不严和监督机制不健全，在政府利益中，往往还会夹杂着政府官员的利益，有时政府利益或政府官员利益可能压倒社会整体利益。如在政治锦标赛下，政府为了取得政绩而将公共资源过多地用于招商引资或形象工程建设；有些政府官员甚至权力寻租、贪污受贿等。政府是公权力的行使者，那些寻租行为往往打着公共利益的旗号，具有极大的隐蔽性和危害性。

政府过度追求经济利益的行为，也可能成为内部控制力下降和内部冲突的开端。政府有多个层次，每一个层次又由多部门组成，政府追求自身经济利益会导致纵向和横向每一个分支单位都将追求自身经济利益作为目标，这样，每一个分支单位都会形成大大小小的自利集团，央地矛盾、部门矛盾、政府与市场矛盾、政府与社会矛盾就可能由此产生，从而在根本上削弱政治改革的行动能力。

（三）明确界定政府现代经济管理职能

党的十六大报告提出政府具有四种职责和权能（合称职能），包括经济调节、公共服务、社会管理和市场监管。如果从这四项职能中抽出与政府现代经济管理相关的职能，则只有两项半，即经济调节与市场监管两项，再加上公共服务半项（仅部分公共服务与经济管理职能有关）。在市场化改革过程中，将政府的经济管理概括为两项半职能，是不够全面也是不够准确的。如对经济秩序的规制（主要涉及反垄断反不正当竞争的职能）、对外商外资的管制，既不能归为经济调节职能，也无法归为市场监管职能，需要单列出来。为了体现经济管理的特点，宜将半项公共服务的职能直接称为“国有资产参与”，意为通过国有资产参与经济活动来提供公共产品和服务。因此，对政府现代经济管理职能比较全面准确的概括应是五项，即宏观调控、秩序规制、国有参与、涉外管制和市场监管。以这五项职能为据，政府在经济生活中分别扮演着五种不同的角色，从而依法行使着有限的权力，承担相应的责任。以下分别述之：

（1）以调控者的角色履行宏观调控职能。政府充当这种角色，主要是为了弥补市场的某些缺陷。市场信息的不完全、不对称和难预测等特点，影响着生产者和消费者的交易成本和交易决策，进而会造成资源的低效率运行和浪费。市场机制无法解决地区自然环境的差别以及发展条件的差异，不能自动实现宏观经济的协调发展。由于市场主体拥有生产要素的数量和质量有别，个人能力也有差异，由此导致他们在市场竞争中的结果不一样，从而导致贫富差距日益悬殊。正如萨缪尔森所说：“市场是没有心脏和大脑的，因而不能指望市场能够自觉地意识到它所带来的严重社会不平等，更不能指望市场来纠正这种不平等。”[1]正因如此，在市场经济中，政府首先应当扮演好调控者的角色，重点是通过税率、汇率政策以及产业引导政策，促使经济发展中经济总量的供求平衡、结构的协调发展，调节贫富差距，实现实质公平。现实中政府调控出现的最大问题是，调控权过于分散，调控过于频繁，使用手段过多过滥，调控主体与程序不明。在创造政绩动机的驱使下，政府不是设法纠正市场的偏离，而是希望替代市场的作用，期望经济发展直接循着自己所设计的目标而去。但是事与愿违，每次调控总是离政府原先设计的目标越来越远。既然是宏观的调控，应当将调控权更多地集中在中央政府层面。调控应遵循的原则是适度。同时要通过法律制度，针对不同的对象设计不同的调控权，明确实施调控权的具体部门和执行机构，明确调控可以使用的手段和方法，同时要设计好调控决策和执行的程序，更重要的要明确决策者的责任。

（2）以规制者的角色履行秩序规制职能。市场运行需要竞争机制充分发挥作用。但面对激烈的竞争，市场主体为了获得更多利益，往往会通过不正当竞争或者垄断，实现自身利益的最大化，而这些行为虽然产生于市场，但破坏了

〔1〕《萨缪尔森 诺贝尔奖得主谈21世纪中国与世界经济》，载《经济学消息报》1994年11月3日。

市场的公平竞争秩序。对此，就需要政府作为规制者的角色，事先制定好竞争者的“游戏规则”，以便规范、制约或限制参与市场竞争的各主体的经营行为。政府超然于各市场主体之上，对市场上的各种违背商业道德的不正当竞争行为（如仿冒行为、泄露商业秘密行为、商业贿赂行为、虚假广告行为、诋毁商誉行为）以及各种垄断行为（如滥用市场优势地位行为、经营者集中行为、限制竞争协议行为）进行调查和处理，以维护市场经营者和消费者的合法权益，维持良好的市场竞争秩序。这里所说的规制实际包括了两个方面内容，一是制定竞争规则，二是作为中立者裁决市场竞争的争议。从目前市场情况分析，规则固然需要完善，但主要问题不是规则而是规则的执行。政府未能真正站在中立的立场上，严格执行有关竞争的规则，就像体育竞赛中的一些不良裁判，经常乱吹哨、吹黑哨，更多的问题是该吹哨时不吹哨（不作为）。因而不少的要素市场秩序很乱，竞争者感觉不公正，消费者权益也未得到应有的保护。我们亟须建立科学的反垄断执法机制，理顺各职能部门之间的关系；要支持和动员社会力量参与市场秩序的维护；要树立司法机关在反垄断、反不正当竞争、保护消费者权益方面的裁决权威，坚决遏制和严惩那些有后台、有背景的“害群之马”破坏市场秩序、危害百姓利益的行为。

（3）以公共服务提供者的角色履行国有参与职能。市场主体的唯利性使得市场自身运作难以提供有效的公共产品和服务。公共产品的非排他性特点使其无法通过等价交换规则在生产者之间、消费者之间进行权益分配；同时，其具有的非竞争性特点，也使其无法通过市场竞争规则发挥最大效益，相反可能还会限制其效益的最大化。面对社会所需要的而市场无法有效提供的公共产品，政府必须以公共产品提供者的角色有效供给，实现该职能的主要方式便是发挥国有企业的应有作用。在成熟的市场经济国家，国有企业通常被作为政策实施的工具，对公共目的的实现起着促进作用，政府也总是趋向于利用国有企业完成其政治目标。就性质而言，这类国有企业应属于特殊法人。之所以设立这些特殊法人，是因为有些事务不适于国家直接插手，但也不适合直接交给私营企业去运营。我国的国有企业的产生有着特殊背景，数量庞大，存在领域广泛。虽经35年的改革，仍然没有建立起有效的科学的治理机制。相当多的国有企业不仅提供公共产品和服务，还有在竞争市场上追逐利润的职能。长期以来，我国的国有企业没有进行分类管理，定位不清，民众常有质疑。今后在实施经济法治战略的情况下，应当加强公益性国有企业的建设和发展，国有资本应当主要投向提供公共产品和服务的领域。

（4）以管制者的角色履行涉外管制职能。这里所说的“管制”，是指专门针对外商与外资的严格管理与限制，这是一国经济主权的体现。对于国内经济，发达国家一直主张放松管制，有的甚至主张放弃管制。但对于涉外经济，总趋势是放松管制，但不会轻言放弃管制。中国属于发展中国家，法律制度还相当不完善，对外开放虽有30余年的历史，但仍然管理经验不足。因此，在今后一段时期内对外商外资进行管制还是必要的。这是维护国内市场秩序的需要，更是保证国家经济安全的需要。开放这些年，有很大的成功，但也有许多失误。例如，垄断盈利企业急于在境外上市吸纳资金，而将丰厚利润分给境外投资者；再如，由于海关监督不严，为数不少的境外有害植物生物涌入境内，破坏了境内的生态环境。新一轮改革开放中，政府有关部门一定要将国家的核心利益放在首位，尤其要重视在金融领域、互联网领域、具有战略意义的能源资源领域、高科技发展领域等方面把好关，绝不能允许有利外商外资而不利我方发展的交易活动和行为。

（5）以监管者的角色履行市场监管职能。市场主体自觉遵守规则是市场有序运行的重要条件。在当今人们法治意识还普遍不高的情况下，总有一些逾越底线不守规则的市场参与者，他们扰乱市场秩序，侵犯他人利益，这就需要政府作为“守夜人”实施适当的看管与监督。经济运行中，有的企业缺乏社会责任理念，为了减少自身运作成本，而将该成本转嫁于社会（如污水、废气的非法排放），这也需要政府对企业违规行为进行有力监管和纠正。从当前市场经济发展的现实需求来看，明确政府的监管者身份非常必要。近年来，我国在食品、药品等领域接连发生恶性事件，危害着消费者的生命健康安全。政府再不勇于担当加强监管，百姓已经无法容忍了。应当建立起科学而有效的市场监管体制，一是针对金融市场（虚拟市场）的统一金融监管机构；二是针对非金融市场（实体市场）的综合监管机构。要改变目前监管权力过于分割、监管不到位以及监管处罚不力的局面。为了减轻政府监管的成本负担，要积极利用和鼓励社会组织和个人参与监管。日本就制定有《内部人举报法》，加强对企业内部的制约。美国的资本市场利用律师带动集团诉讼遏制上市公司的违法违规。这些都值得我国借鉴。

需要说明的是，政府在现代经济管理中的五种职能是动态发展的，而非一成不变。任何国家的市场经济都经历过一个逐步发育与成熟的过程，当市场达到一定成熟的阶段，某些传统意义上的市场缺陷可能就不再是缺陷了。在我国，随着外部条件的不断改善，市场体系的不断健全，整体上会体现出不断扩大市场作用而逐步缩小政府作用的趋势。市场会基于其先天的资源配置优势，在与政府干预的较量中逐渐占得上风。所以我们应该树立这样的一种理念：政府的介入与干预是有限的。一个好的政府应该主动培育自己的对立面——市场，并为其努力创造条件，引导其不断向成熟发展。原先是市场提供不了的某些公共产品，在市场成熟时，市场就可能有能力提供了，这时，政府就要适时退出该领域。政府履行五种职能，应限制在法律所规定的领域和范围内。在市场正常运行的情况下，政府应尽量少动用政府的资源，尽量少运用政府的权力。政府虽无时不在，但是市场规范运行时，任何人又感觉不到政府的存在。

（四）严格规范政府官员执法操作行为

在实施经济法治战略过程中，严格规范政府官员执法操作行为是极为重要的。首先，与经济管理有关的政府部门要具备执法的基本素质。在这些部门工作的每一位官员，必须学法懂法，不仅要学习和搞懂一般的法律知识，而且要学习和搞懂与自己本职工作密切相关的经济法律。现在的情况下，多数官员仅懂得一点法律皮毛，很不能适应现实的管理需要。如城管人员，他们代表政府对违反城市管理法律法规的行为进行执法，但大多数不知法律为何物，怎么可能担当起城市执法的重任？建议配备更多的法律专业人员到行政执法岗位，同时加快对现有政府官员的法律实务训练。其次，政府应当严格执法。政府要出于公心、不偏不倚地处理经济活动中出现的问题。实践中，执法官员经常会受到私人利益的驱动而随意执法，这对于建立和维护公平的市场竞争环境极为不利。有调查显示，在境外学习的我国留学生，有70%的人对回国创业的法治状况不满意，他们不习惯目前的政商关系以及“人情文化”，希望尽快改善法制软环境。[1]最后，要对执法官员实行科学考评，实行层层问责追责。行政官员执行的是法律规定的职能，对政府官员考核的重点就应是执法的绩

---

〔1〕 王聪聪、许婕：《如何吸引优秀留学人员回国》，载《中国青年报》2013年9月5日。

效，而不应是GDP的绩效。对于那些有法不依执法不严的官员，损害政府威信和形象的官员，该处分的要予以处分，该清除的要坚决地予以清除。

重启改革后的30多年，是我们为实现“百年复兴梦”而奋斗的时期。在这一时期，除了有正确的改革战略、开放战略以及经济发展战略外，还需要配以明确的经济法治战略作为指引，提升我国的经济法治水平。否则，改革、开放也好，经济发展也好，就不可能一帆风顺，就不可能到达彼岸。从经济全球化发展趋势来看，没有法治的市场与市场经济是不存在的。我们期望，通过经济法治战略的制定与实施，真正约束政府的权力，使政府切实掌握治理经济的能力，依法担当起现代经济管理的职能；从而在摆正政府与市场关系的基础上，让市场规范有序运行，在资源配置中发挥应有的作用。

附　录

1.国务院《中国特色社会主义法律体系》(白皮书)

中国特色社会主义法律体系(白皮书)

(2011年10月)

中华人民共和国国务院新闻办公室

目录

前言

依法治国,建设社会主义法治国家,是中国共产党领导人民治理国家的基本方略。形成中国特色社会主义法律体系,保证国家和社会生活各方面有法可依,是全面落实依法治国基本方略的前提和基础,是中国发展进步的制度保障。

1949年,中华人民共和国成立,实现了中国从几千年封建专制制度向人民民主制度的伟大跨越,彻底结束了旧中国半殖民地半封建社会的历史,人民成为国家、社会和自己命运的主人。60多年来特别是改革开放30多年来,中国共产党领导中国人民制定宪法和法律,经过各方面坚持不懈的共同努力,到

2010年底，一个立足中国国情和实际、适应改革开放和社会主义现代化建设需要、集中体现中国共产党和中国人民意志，以宪法为统帅，以宪法相关法、民法商法等多个法律部门的法律为主干，由法律、行政法规、地方性法规等多个层次法律规范构成的中国特色社会主义法律体系已经形成，国家经济建设、政治建设、文化建设、社会建设以及生态文明建设的各个方面实现有法可依。

中国特色社会主义法律体系，是中国特色社会主义永葆本色的法制根基，是中国特色社会主义创新实践的法制体现，是中国特色社会主义兴旺发达的法制保障。它的形成，是中国社会主义民主法制建设的一个重要里程碑，体现了改革开放和社会主义现代化建设的伟大成果，具有重大的现实意义和深远的历史意义。

一、中国特色社会主义法律体系的形成

中国特色社会主义法律体系是在中国共产党领导下，适应中国特色社会主义建设事业的历史进程而逐步形成的。

建国初期，中华人民共和国面临着组建和巩固新生政权、恢复和发展国民经济、实现和保障人民当家作主的艰巨任务。根据政权建设的需要，从1949年到1954年第一届全国人民代表大会召开前，中国颁布实施了具有临时宪法性质的《中国人民政治协商会议共同纲领》，制定了中央人民政府组织法、工会法、婚姻法、土地改革法、人民法院暂行组织条例、最高人民检察署暂行组织条例、惩治反革命条例、妨害国家货币治罪暂行条例、惩治贪污条例、全国人民代表大会和地方各级人民代表大会选举法以及有关地方各级人民政府和司法机关的组织、民族区域自治和公私企业管理、劳动保护等一系列法律、法令，开启了新中国民主法制建设的历史进程。

1954年，第一届全国人民代表大会第一次会议召开，通过了新中国第一部宪法，确立了人民民主和社会主义原则，确立了人民代表大会的根本政治制度，规定了公民的基本权利和义务，同时制定了全国人民代表大会组织法、国务院组织法、地方各级人民代表大会和地方各级人民委员会组织法、人民法院组织法、人民检察院组织法，确立了国家生活的基本原则。1956年，中国共产党第八次全国代表大会提出，“国家必须根据需要，逐步地系统地制定完备的法律”。此后至1966年“文化大革命”前，中国立法机关共制定法律、法令130

多部。这个时期的民主法制建设，为建设中国特色社会主义法律体系提供了宝贵经验。“文化大革命”期间，中国的民主法制建设遭到严重破坏，立法工作几乎陷于停顿。

1978年，中国共产党十一届三中全会深刻总结中华人民共和国成立以来正反两方面的经验教训，作出了把党和国家工作重点转移到经济建设上来、实行改革开放的历史性决策，并提出“为了保障人民民主，必须加强社会主义法制，使民主制度化、法律化，使这种制度和法律具有稳定性、连续性和极大的权威，做到有法可依、有法必依、执法必严、违法必究”。这次会议开启了中国改革开放和社会主义民主法制建设的历史新时期。这个时期立法工作的重点是，恢复和重建国家秩序，实行和推进改革开放。1979年，第五届全国人民代表大会第二次会议通过了修改宪法若干规定的决议，规定县和县以上的地方各级人民代表大会设立常务委员会，将县级人民代表大会代表改为由选民直接选举等，同时制定了全国人民代表大会和地方各级人民代表大会选举法、地方各级人民代表大会和地方各级人民政府组织法、人民法院组织法、人民检察院组织法、刑法、刑事诉讼法、中外合资经营企业法等7部法律，拉开了新时期中国大规模立法工作的序幕。

1982年，适应国家经济、政治、文化、社会生活等各方面发生的巨大变化，第五届全国人民代表大会第五次会议通过了现行宪法，确立了国家的根本制度、根本任务和国家生活的基本原则，为新时期改革开放和社会主义现代化建设提供了根本保障，标志着中国民主法制建设进入新的历史阶段。随着改革开放的深入推进和经济社会的深刻变化，中国先后于1988年、1993年、1999年和2004年对宪法的部分内容进行修改，确认了非公有制经济在国家经济中的重要地位，将国家“实行社会主义市场经济”、“实行依法治国，建设社会主义法治国家”、“尊重和保障人权”、“公民的合法的私有财产不受侵犯”以及“中国共产党领导的多党合作和政治协商制度将长期存在和发展”等内容写入宪法，推动了中国经济、政治、文化和社会等各方面的发展和进步。这个时期，适应以经济建设为中心、推进改革开放的需要，制定了民法通则、全民所有制工业企业法、中外合作经营企业法、外资企业法、专利法、商标法、著作权法、经济合同法、企业破产法等法律；贯彻落实“一国两制”方针，制定了香港特别行政区基本法、澳门特别行政区基本法；加强民族团结，发展社会主义民主，维护公民合法权益，制定了民族区域自治法、村民委员会组织法、刑事诉讼法、民事诉讼法、行政诉讼法等法律；保护和改善生活环境与生态环境，制定了环境保护法、水污染防治法、大气污染防治法等法律；促进教育和文化事业发展，制定了义务教育法、文物保护法等法律。这个时期立法工作取得的突出成就，为中国特色社会主义法律体系的形成奠定了重要基础。

1992年，中国共产党第十四次全国代表大会作出了建立社会主义市场经济体制的重大战略决策，明确提出社会主义市场经济体制的建立和完善必须有完备的法制来规范和保障。中国立法机关按照建立社会主义市场经济体制的要求，加快经济立法，在规范市场主体、维护市场秩序、加强宏观调控、促进对外开放等方面，制定了公司法、合伙企业法、商业银行法、乡镇企业法、反不正当竞争法、消费者权益保护法、产品质量法、拍卖法、担保法、海商法、保险法、票据法、城市房地产管理法、广告法、注册会计师法、仲裁法、审计法、预算法、中国人民银行法、对外贸易法、劳动法等法律。为完善刑事法律，修订刑法，形成了一部统一的、比较完备的刑法；修改刑事诉讼法，完善了刑事诉讼程序；为规范和监督权力的行使，制定了行政处罚法、国家赔偿法、法官法、检察官法、律师法等法律；为进一步加强对环境和资源的保护，制定了固体废物污染环境防治法等法律，修改了矿产资源法等法律。

1997年，随着社会主义市场经济体制的逐步建立、对外开放水平的不断提高、民主法制建设的深入推进和各项事业的全面发展，为把中国特色社会主义事业全面推向21世纪，中国共产党第十五次全国代表大会提出了21世纪第一个十年国民经济和社会发展的远景目标，确立了“依法治国，建设社会主义法治国家”的基本方略，明确提出到2010年形成中国特色社会主义法律体系。按照这一目标要求，为保障和促进社会主义市场经济的发展，适应加入世界贸易组织的需要，中国继续抓紧开展经济领域立法，制定了证券法、合同法、招标投标法、信托法、个人独资企业法、农村土地承包法、政府采购法等法律，修改了对外贸易法、中外合资经营企业法、中外合作经营企业法、外资企业法、专利法、商标法、著作权法等法律；为规范国家立法活动，健全立法制度，制定了立法法，把实践证明行之有效的立法原则、立法体制、立法权限、立法程序以及法律解释、法律适用和备案等制度系统化、法律化；为发展社会主义民主、繁荣社会主义文化、保护生态环境、发展社会事业，制定了行政复议法、高等教育法、职业病防治法等法律，修改了工会法、文物保护法、海洋环境保护法、药品管理法等法律；为保证法律有效实施，全国人大常委会还对刑法、香港特别行政区基本法等法律的有关规定作出法律解释。经过这个阶段的努力，中国特色社会主义法律体系初步形成。

进入新世纪，根据中国共产党第十六次、第十七次全国代表大会确定的在本世纪头二十年全面建设惠及十几亿人口的更高水平的小康社会这一目标，为了使社会主义民主更加完善，社会主义法制更加完备，依法治国基本方略得到全面落实，更好保障人民权益和社会公平正义，促进社会和谐，中国立法机关进一步加强立法工作，不断提高立法质量。为维护国家主权和领土完整，促进国家和平统一，制定了反分裂国家法；为发展社会主义民主政治，制定了各级人民代表大会常务委员会监督法、行政许可法、行政强制法等法律；为保护公民、法人和其他组织的合法权益，保障和促进社会主义市场经济的健康发展，制定了物权法、侵权责任法、企业破产法、反垄断法、反洗钱法、企业所得税法、车船税法、企业国有资产法、银行业监督管理法等法律；为完善社会保障制度，保障和改善民生，制定了社会保险法、劳动合同法、就业促进法、人民调解法、劳动争议调解仲裁法、食品安全法等法律；为节约资源，保护环境，建设资源节约型、环境友好型社会，制定了可再生能源法、循环经济促进法、环境影响评价法等法律。此外，还制定和修改了一批加强社会管理、维护社会秩序等方面的法律。

与全国人大及其常委会制定各项法律相适应，根据宪法和法律规定的立法权限，国务院、地方人大及其常委会还制定了大量行政法规和地方性法规，为促进中国社会主义民主法制建设，推动中国特色社会主义法律体系形成，发挥了重要作用。

为了维护国家法制统一，促进法律体系科学和谐统一，中国各级立法机关先后多次开展法律法规清理工作。2009年以来，全国人大常委会、国务院、地方人大及其常委会集中开展了对法律法规的全面清理工作。全国人大常委会废止了8部法律和有关法律问题的决定，对59部法律作出修改；国务院废止了7部行政法规，对107部行政法规作出修改；地方人大及其常委会共废止地方性法规455部，修改地方性法规1417部，基本解决了法律法规中存在的明显不适应、不一致、不协调等问题。

新中国成立以来特别是改革开放30多年来，中国的立法工作取得了举世瞩目的成就。截至2011年8月底，中国已制定现行宪法和有效法律共240部、行政法规706部、地方性法规8600多部，涵盖社会关系各个方面的法律部门已经齐全，各个法律部门中基本的、主要的法律已经制定，相应的行政法规和地方性法规比较完备，法律体系内部总体做到科学和谐统一，中国特色社会主义法律体系已经形成。

二、中国特色社会主义法律体系的构成

中国特色社会主义法律体系，是以宪法为统帅，以法律为主干，以行政法规、地方性法规为重要组成部分，由宪法相关法、民法商法、行政法、经济法、社会法、刑法、诉讼与非诉讼程序法等多个法律部门组成的有机统一整体。

（一）中国特色社会主义法律体系的层次

宪法是中国特色社会主义法律体系的统帅。宪法是国家的根本法，在中国特色社会主义法律体系中居于统帅地位，是国家长治久安、民族团结、经济发展、社会进步的根本保障。在中国，各族人民、一切国家机关和武装力量、各政党和各社会团体、各企业事业组织，都必须以宪法为根本的活动准则，并负有维护宪法尊严、保证宪法实施的职责。

中国现行宪法是一部具有中国特色、符合社会主义现代化建设需要的宪法，是治国安邦的总章程。它是经过全民讨论，于1982年由全国人民代表大会通过的。根据国家经济社会的发展，全国人民代表大会先后通过了4个宪法修正案，对宪法的部分内容作了修改。中国宪法确立了国家的根本制度和根本任务，确立了中国共产党的领导地位，确立了马克思列宁主义、毛泽东思想、邓小平理论和"三个代表"重要思想的指导地位，确立了工人阶级领导的、以工农联盟为基础的人民民主专政的国体，确立了人民代表大会制度的政体，规定国家的一切权力属于人民、公民依法享有广泛的权利和自由，确立了中国共产党领导的多党合作和政治协商制度、民族区域自治制度以及基层群众自治制度，确立了公有制为主体、多种所有制经济共同发展的基本经济制度和按劳分配为主体、多种分配方式并存的分配制度。

中国现行宪法在保持稳定的同时，随着改革开放和社会主义现代化建设事业的推进而与时俱进、不断完善，及时将实践证明是成熟的重要经验、原则

和制度写入宪法，充分体现了中国改革开放的突出成果，体现了中国特色社会主义建设事业的伟大成就，体现了社会主义制度的自我完善和不断发展，为改革开放和社会主义现代化建设提供了根本保障。

中国宪法在中国特色社会主义法律体系中具有最高的法律效力，一切法律、行政法规、地方性法规的制定都必须以宪法为依据，遵循宪法的基本原则，不得与宪法相抵触。

法律是中国特色社会主义法律体系的主干。中国宪法规定，全国人大及其常委会行使国家立法权。全国人大及其常委会制定的法律，是中国特色社会主义法律体系的主干，解决的是国家发展中带有根本性、全局性、稳定性和长期性的问题，是国家法制的基础，行政法规和地方性法规不得与法律相抵触。

立法法规定了全国人大及其常委会的专属立法权。全国人民代表大会制定和修改刑事、民事、国家机构的和其他的基本法律；全国人民代表大会常务委员会制定和修改除应当由全国人民代表大会制定的法律以外的其他法律，在全国人民代表大会闭会期间，可以对全国人民代表大会制定的法律进行部分补充和修改，但不得同该法律的基本原则相抵触。立法法还规定，对国家主权的事项，国家机构的产生、组织和职权，民族区域自治制度、特别行政区制度、基层群众自治制度，犯罪和刑罚，对公民政治权利的剥夺、限制人身自由的强制措施和处罚，对非国有财产的征收，民事基本制度，基本经济制度以及财政、税收、海关、金融和外贸的基本制度，诉讼和仲裁制度等事项，只能制定法律。

全国人大及其常委会制定的法律，确立了国家经济建设、政治建设、文化建设、社会建设以及生态文明建设各个方面重要的基本的法律制度，构成了中国特色社会主义法律体系的主干，也为行政法规、地方性法规的制定提供了重要依据。

行政法规是中国特色社会主义法律体系的重要组成部分。国务院根据宪法和法律，制定行政法规。这是国务院履行宪法和法律赋予的职责的重要形式。行政法规可以就执行法律的规定和履行国务院行政管理职权的事项作出规定，同时对应当由全国人大及其常委会制定法律的事项，国务院可以根据全国人大及其常委会的授权决定先制定行政法规。行政法规在中国特色社会主义法律体系中具有重要地位，是将法律规定的相关制度具体化，是对法律的细化和补充。

国务院适应经济社会发展和行政管理的实际需要，按照法定权限和法定程序制定了大量行政法规，包括行政管理的各个领域，涉及国家经济、政治、文化、社会事务等各个方面，对于实施宪法和法律，保障改革开放和社会主义现代化建设，促进经济社会全面协调可持续发展，推进各级人民政府依法行政，发挥了重要作用。

地方性法规是中国特色社会主义法律体系的又一重要组成部分。根据宪法和法律，省、自治区、直辖市和较大的市的人大及其常委会可以制定地方性法规。这是人民依法参与国家事务管理、促进地方经济社会发展的重要途径和形式。省、自治区、直辖市的人大及其常委会根据本行政区域的具体情况和实际需要，在不同宪法、法律、行政法规相抵触的前提下，可以制定地方性法规。较大的市的人大及其常委会根据本市的具体情况和实际需要，在不同宪法、法律、行政法规和本省、自治区的地方性法规相抵触的前提下，可以制定地方性法规，报省、自治区的人大常委会批准后施行。民族自治地方的人民代表大会有权依照当地民族的政治、经济和文化特点，制定自治条例和单行条例；自治条例和单行条例可以对法律和行政法规的规定作出变通规定，但不得违背法律和行政法规的基本原则，不得对宪法和民族区域自治法的规定以及其他法律、行政法规专门就民族自治地方所作的规定作出变通规定；自治区的自治条例和单行条例报全国人大常委会批准后生效，自治州、自治县的自治条例和单行条例报省、自治区、直辖市的人大常委会批准后生效。经济特区所在地的省、市的人大及其常委会根据全国人大及其常委会的授权决定，可以根据经济特区的具体情况和实际需要，遵循宪法的规定以及法律、行政法规的基本原则，制定法规，在经济特区范围内实施。地方性法规可以就执行法律、行政法规的规定和属于地方性事务的事项作出规定，同时除只能由全国人大及其常委会制定法律的事项外，对其他事项国家尚未制定法律或者行政法规的，可以先制定地方性法规。地方性法规在中国特色社会主义法律体系中同样具有重要地位，是对法律、行政法规的细化和补充，是国家立法的延伸和完善，为国家立法积累了有益经验。

地方人大及其常委会积极行使地方立法职权，从地方经济社会发展实际出发，制定了大量地方性法规，对保证宪法、法律和行政法规在本行政区域内的有效实施，促进改革开放和社会主义现代化建设，发挥了重要作用。

（二）中国特色社会主义法律体系的部门

宪法相关法。宪法相关法是与宪法相配套、直接保障宪法实施和国家政权运作等方面的法律规范，调整国家政治关系，主要包括国家机构的产生、组织、职权和基本工作原则方面的法律，民族区域自治制度、特别行政区制度、基层群众自治制度方面的法律，维护国家主权、领土完整、国家安全、国家标志象征方面的法律，保障公民基本政治权利方面的法律。截至2011年8月底，中国已制定宪法相关法方面的法律38部和一批行政法规、地方性法规。

中国制定了全国人民代表大会和地方各级人民代表大会选举法、地方各级人民代表大会和地方各级人民政府组织法等法律，建立了人民代表大会代表和国家机构领导人员选举制度，为保证人民当家作主提供了制度保障，为国家机构的产生提供了合法基础；制定了全国人民代表大会组织法、国务院组织法、人民法院组织法、人民检察院组织法等法律，建立了有关国家机构的组织、职权和权限等方面的制度；为贯彻落实“一国两制”方针，实现国家统一，制定了香港特别行政区基本法、澳门特别行政区基本法，建立了特别行政区制度，保持了香港、澳门的长期繁荣和稳定；制定了居民委员会组织法和村民委员会组织法，建立了城乡基层群众自治制度。公民依法直接行使民主选举、民主决策、民主管理和民主监督的权利，对基层组织的公共事务和公益事业实行民主自治，这成为中国最直接、最广泛的民主实践。制定了缔结条约程序法、领海及毗连区法、专属经济区和大陆架法、反分裂国家法和国旗法、国徽法等法律，建立了维护国家主权和领土完整的法律制度，捍卫了国家的根本利益；制定了集会游行示威法、国家赔偿法等法律以及民族、宗教、信访、出版、社团登记方面的行政法规，保障了公民基本政治权利。

中国充分保障公民的选举权和被选举权。选举实行普遍、平等、直接选举和间接选举相结合以及差额选举的原则。中国宪法规定，年满18周岁的公民，不分民族、种族、性别、职业、家庭出身、宗教信仰、教育程度、财产状况、居住期限，除依法被剥夺政治权利的人外，都有选举权和被选举权。为保障公民的选举权和被选举权，根据国情和实际，中国不断修改完善选举制度，逐步实现了城乡按相同人口比例选举人大代表，并保证各地区、各民族、各方面都有适当数量的代表，实现了城乡居民选举权的完全平等。

中国制定了民族区域自治法，实行民族区域自治制度，充分尊重和保障各少数民族管理本民族内部事务的权利，依法保障各少数民族的合法权益。目前，依据宪法和法律，中国共建立了155个民族自治地方，包括5个自治区、30个自治州、120个自治县（旗）。此外，还建立了1100多个民族乡。根据宪法和民族区域自治法的规定，民族自治地方拥有广泛的自治权。一是自主管理本民族、本地区的内部事务。民族自治地方的人民代表大会常务委员会中，都有实行区域自治的民族的公民担任主任或者副主任；自治区主席、自治州州长、自治县县长全部由实行区域自治的民族的公民担任。二是民族自治地方的人民代表大会有权依照当地民族的政治、经济和文化的特点，制定自治条例和单行条例，并可以依照当地民族的特点，依法对法律和行政法规的规定作出变通规定。截至2011年8月底，民族自治地方共制定现行有效的自治条例和单行条例780多部。三是使用和发展本民族语言文字。中国55个少数民族中，53个民族有自己的语言，共使用72种语言；29个少数民族有本民族的文字。中国宪法和民族区域自治法确立的民族区域自治制度，符合中国各民族人民的共同利益和发展要求，保障各少数民族依法自主管理本民族事务，民主参与国家和社会事务管理，平等享有经济、政治、社会和文化权利，维护了平等、团结、互助、和谐的民族关系。

中国尊重和保障人权。中国宪法全面规定了公民的基本权利和自由，制定了一系列保障人权的法律法规，建立了较为完备的保障人权的法律制度，依法保障公民的生存权和发展权，公民的人身权、财产权和宗教信仰自由、言论出版自由、集会结社自由、游行示威自由以及社会保障权、受教育权等经济、政治、社会、文化权利得到切实维护。中国宪法规定，公民有信仰宗教的自由，任何国家机关、社会团体和个人不得强制公民信仰宗教或者不信仰宗教，不得歧视信仰宗教的公民和不信仰宗教的公民。国务院还颁布了宗教事务条例。目前，中国共有各种宗教信徒一亿多人，公民的宗教信仰自由得到充分保障。中国宪法还规定，由于国家机关和国家工作人员侵犯公民权利而受到损失的人，有依照法律规定取得赔偿的权利。中国制定了国家赔偿法，建立国家赔偿制度，有效保障公民、法人和其他组织依法取得国家赔偿的权利。

民法商法。民法是调整平等主体的公民之间、法人之间、公民和法人之间的财产关系和人身关系的法律规范，遵循民事主体地位平等、意思自治、公平、诚实信用等基本原则。商法调整商事主体之间的商事关系，遵循民法的基本原则，同时秉承保障商事交易自由、等价有偿、便捷安全等原则。截至2011年8月底，中国已制定民法商法方面的法律33部和一大批规范商事活动的行政法规、地方性法规。

中国制定了民法通则，对民事商事活动应当遵循的基本规则作出规定，明确了民法的调整对象、基本原则以及民事主体、民事行为、民事权利和民事责任制度。随着市场经济的发展，中国陆续制定了合同法、物权法、农村土地承包法等法律，建立健全了债权制度和包括所有权、用益物权、担保物权的物权制度；制定了侵权责任法，完善了侵权责任制度；制定了婚姻法、收养法、继承法等法律，建立和完善了婚姻家庭制度；制定了涉外民事关系法律适用法，健全了涉外民事关系法律适用制度；制定了公司法、合伙企业法、个人独资企业法、商业银行法、证券投资基金法、农民专业合作社法等法律，建立健全了商事主体制度；制定了证券法、海商法、票据法、保险法等法律，建立健全了商事行为制度，中国的海上贸易、票据、保险、证券等市场经济活动制度逐步建立并迅速发展。

中国高度重视保护知识产权，颁布实施了专利法、商标法、著作权法和计算机软件保护条例、集成电路布图设计保护条例、著作权集体管理条例、信息网络传播权保护条例、植物新品种保护条例、知识产权海关保护条例、特殊标志管理条例、奥林匹克标志保护条例等以保护知识产权为主要内容的一大批法律法规。1982年制定的商标法是中国开始系统建立现代知识产权法律制度的重要标志，为进一步提高中国的知识产权保护水平，并适应加入世界贸易组织的需要，中国不断健全知识产权法律制度，先后多次对专利法、商标法、著作权法等法律法规进行修改，在立法原则、权利内容、保护标准、法律救济手段等方面，更加突出对促进科技进步与创新的法律保护。截至2010年底，中国累计授予各类专利389万多件；有效注册商标达460万多件，其中来自177个国家和地区的注册商标有67万多件。据不完全统计，2001年至2010年，各级版权行政管理部门共收缴侵权盗版复制品7.07亿件，行政处罚案件93000多起，移送司法机关的案件2500多件。

为推进改革开放，扩大国际经济合作和技术交流，中国制定了中外合资经营企业法、外资企业法、中外合作经营企业法，对外国投资者在中国的投资条件、程序、经营、监督、管理和合法权益的保障等作出规定，确定了外国投资者在中国投资应当尊重中国国家主权的原则，以及中国保护投资者合法权益、平等互利、给予优惠、遵循国际通行规则等原则，为外国投资者在中国进行投资创造了良好的环境。为更好地体现平等互利和遵循国际通行规则，中国多次对这三部法律进行修改完善，充分保障了外国投资者在中国投资、开展经贸活动的合法权益。截至2010年底，中国共批准设立外商投资企业710747家，实际使用外资金额11078.58亿美元，充分表明中国保护外国投资者的法律制度日益完善。

行政法。行政法是关于行政权的授予、行政权的行使以及对行政权的监督的法律规范，调整的是行政机关与行政管理相对人之间因行政管理活动发生的关系，遵循职权法定、程序法定、公正公开、有效监督等原则，既保障行政机关依法行使职权，又注重保障公民、法人和其他组织的权利。截至2011年8月底，中国已制定行政法方面的法律79部和一大批规范行政权力的行政法规、地方性法规。

中国十分重视对行政机关行使权力的规范，依法加强对行政权力行使的监督，确保行政机关依法正确行使权力。中国制定了行政处罚法，确立了处罚法定、公正公开、过罚相当、处罚与教育相结合等基本原则，规范了行政处罚的设定权，规定了较为完备的行政处罚决定和执行程序，建立了行政处罚听证制度，行政机关在作出对当事人的生产生活可能产生重大影响的行政处罚决定前，赋予当事人要求听证的权利。制定了行政复议法，规定了行政机关内部自我纠正错误的机制，为公民、法人和其他组织合法权益提供救济。依据这部法律，平均每年通过行政复议处理行政争议8万多件。制定了行政许可法，规定了行政许可的设定、实施机关和实施程序，规范了行政许可制度，并为减少行政许可，明确了可以设定行政许可的事项，同时规定，在公民、法人或者其他组织能够自主决定、市场竞争机制能够有效调节、行业组织和中介机构能够自律管理、行政机关采用事后监督等其他行政管理方式能够解决的情形下，不设行政许可。为了贯彻落实行政许可法，十届全国人大常委会第十一次会议一次通过9个法律修正案，取消11项行政许可；国务院先后撤销了中央一级的许可事项1749项、改变管理方式121项、下放管理层级46项。制定了行政强制法，明确了设定和实施行政强制的原则，规范了行政强制的种类、设定权限、实施主体和实施程序，为保证和监督行政机关依法行政，保护公民、法人和其他组织的合法权益，提供了法律依据。

中国重视保护人类赖以生存和持续发展的生态环境，制定了环境保护法，确立了经济建设、社会发展与环境保护协调发展的基本方针，规定了各级政府、一切单位和个人保护环境的权利和义务。为预防建设项目对环境产生不利影响，制定了环境影响评价法。针对特定环境保护对象，制定了水污染防治、海洋环境保护、大气污染防治、环境噪声污染防治、固体废物污染环境防治、放射性污染防治等法律。国务院制定了建设项目环境保护管理条例、危险化学品安全管理条例、排污费征收使用管理条例、危险废物经营许可证管理办法等行政法规。地方人大结合本地区的具体情况，制定了一大批环境保护方面的地方性法规。中国已经建立了国家环境保护标准体系，截至2010年底，共颁布1300余项国家环境保护标准。中国还不断加强环境领域行政执法，近5年来，共依法查处环境违法企业8万多家（次），取缔关闭违法排污企业7293家。

中国还制定了教育法、义务教育法、高等教育法、职业教育法、教师法和幼儿园管理条例、教师资格条例、中外合作办学条例等法律法规，建立健全了国民教育制度；制定了药品管理法、母婴保健法、献血法、传染病防治法、体育法、国境卫生检疫法、食品安全法和医疗器械监督管理条例、中医药条例、反兴奋剂条例等法律法规，建立健全了保障公民身体健康、生命安全的医药卫生制度；制定了居民身份证法、公民出境入境管理法、枪支管理法、消防法、禁毒法、治安管理处罚法、突发事件应对法和看守所条例、大型群众性活动安全管理条例、烟花爆竹安全管理条例等法律法规，建立健全了维护社会秩序和稳定、促进社会和谐、保障公共安全的制度；制定了公务员法、人民警察法、驻外外交人员法和行政机关公务员处分条例等法律法规，建立健全了国家公务员制度；制定了国防动员法、军事设施保护法、人民防空法、兵役法、国防教育法和征兵工作条例、民兵工作条例等法律法规，建立健全了国防和军队建设制度；制定了科学技术进步法、科学技术普及法、文物保护法、非物质文化遗产法和古生物化石保护条例、长城保护条例、电影管理条例等法律法规，建立健全了促进科技进步、保护和繁荣文化的制度。

经济法。经济法是调整国家从社会整体利益出发，对经济活动实行干预、管理或者调控所产生的社会经济关系的法律规范。经济法为国家对市场经济进行适度干预和宏观调控提供法律手段和制度框架，防止市场经济的自发性和盲目性所导致的弊端。截至2011年8月底，中国已制定经济法方面的法律60部和一大批相关行政法规、地方性法规。

中国制定了预算法、价格法、中国人民银行法等法律，对经济活动实施宏观调控和管理；制定了企业所得税法、个人所得税法、车船税法、税收征收管理法等法律，以及增值税暂行条例、营业税暂行条例、城市维护建设税暂行条例等行政法规，不断健全税收制度；制定了银行业监督管理法、反洗钱法等法律，对金融行业的安全运行实施监督管理；制定了农业法、种子法、农产品质量安全法等法律，保障农业发展和国家粮食安全；制定了铁路法、公路法、民用航空法、电力法等法律，对重要行业实施监督管理和产业促进；制定了土地管理法、森林法、水法、矿产资源法等法律，规范重要自然资源的合理开发和利用；制定了节约能源法、可再生能源法、循环经济促进法、清洁生产促进法等法律，促进能源的有效利用和可再生能源开发。

中国重视通过法律保障市场主体之间的公平、有序竞争。反不正当竞争法是中国由计划经济向市场经济转轨时期制定的一部重要法律，借鉴国际经验，规定禁止仿冒、商业贿赂、虚假宣传、侵犯商业秘密、不正当有奖销售、诋毁竞争对手等不正当竞争行为，维护经营者公平竞争的权益。价格法规定国家实行并逐步完善宏观调控下主要由市场形成价格的机制，大多数商品和服务实行市场调节价，极少数商品和服务实行政府指导价或者政府定价。反垄断法对垄断协议、滥用市场支配地位、排除、限制竞争的经营者集中等垄断行为作了禁止性规定。中国依法对财税、金融、外汇、投资等体制进行改革，建立了与市场经济相适应的宏观管理体系。中国经济的市场化进程取得了举世瞩目的成就。

中国积极履行在世界贸易组织框架内承担的义务，不断完善对外贸易法律制度，确立了社会主义市场经济条件下的对外贸易体制，规范了对外贸易经营者的权利和义务，健全了货物进出口、技术进出口和国际服务贸易管理制度，建立了具有中国特色的对外贸易调查制度和对外贸易促进体制，并根据世界贸易组织规则完善了贸易救济制度以及海关监管和进出口商品检验检疫制度，确立了统一、透明的对外贸易制度。中国对外贸易快速增长，进出口总额在世界贸易中的地位不断提升。2010年中国出口占世界出口的比重达10.4%。

社会法。社会法是调整劳动关系、社会保障、社会福利和特殊群体权益保障等方面的法律规范，遵循公平和谐和国家适度干预原则，通过国家和社会积极履行责任，对劳动者、失业者、丧失劳动能力的人以及其他需要扶助的特殊人群的权益提供必要的保障，维护社会公平，促进社会和谐。截至2011年8月底，中国已制定社会法方面的法律18件和一大批规范劳动关系和社会保障的行政法规、地方性法规。

中国制定了劳动法，将劳动关系以及与劳动关系密切联系的劳动保护、劳动安全卫生、职业培训以及劳动争议、劳动监察等关系纳入调整范围，确立了中国的基本劳动制度；制定了矿山安全法、职业病防治法、安全生产法等法律，对安全生产、职业病预防等事项作了规定，加强了对劳动者权益的保护；制定了劳动合同法、就业促进法和劳动争议调解仲裁法，建立健全了适应社会主义市场经济的劳动合同、促进就业和解决劳动争议的制度；制定了红十字会法、公益事业捐赠法和基金会管理条例等法律法规，建立健全了促进社会公益事业发展和管理的制度；制定了工会法，并先后两次进行修订，确定了工会在国家政治、经济和社会生活中的地位，明确了工会的权利和义务，对工会依法维护劳动者的合法权益发挥了积极作用。

中国重视社会保障制度建设，制定了社会保险法，确立了覆盖城乡全体居民的社会保险体系，建立了基本养老保险、基本医疗保险、工伤保险、失业保险和生育保险五项保险制度，保障公民在年老、患病、工伤、失业、生育等情况下，能够获得必要的物质帮助和生活保障；明确基本养老保险基金逐步实行全国统筹，其他社会保险基金逐步实行省级统筹；规定了劳动者在不同统筹地区就业社会保险关系转移接续制度。国务院还制定了失业保险条例、工伤保险条例和社会保险费征缴暂行条例、农村五保供养工作条例等行政法规，并决定建立新型农村养老保险和新型农村合作医疗制度，对推动社会保障制度建设，发挥了重要作用。社会保障制度的逐步确立，为中国政府依法加快社会保障体系建设，维护社会公平，构建和谐社会，提供了法制保障。目前，中国的社会保障覆盖面越来越大，逐步从国有企业扩大到各类社会经济组织，从单位职工扩大到灵活就业人员和居民，从城镇扩大到农村。截至2010年底，城镇职工养老保险制度覆盖2.57亿人，比2002年增加了约1.7倍；新型农村养老保险制度覆盖了1.03亿人；城乡基本医疗保险覆盖12.6亿人，是2002年的13倍；工伤保险参保1.61亿人；失业保险、生育保险覆盖面也迅速扩大。国务院还制定了城市生活无着的流浪乞讨人员救助管理办法、法律援助条例、自然灾害救助条例、城市居民最低生活保障条例等行政法规，并决定建立农村最低生活保障制度，中国覆盖城乡的社会救助体系已基本建立。截至2010年底，中国共有7700万困难群众享受最低生活保障待遇。中国社会保障的水平不断提高，人民群众切实共享发展成果。

中国重视保障特殊群体的权益，制定了残疾人保障法、未成年人保护法、妇女权益保障法、老年人权益保障法、预防未成年人犯罪法等法律，在保护特殊群体权益方面形成了较为完备的法律制度，对于保护特殊群体合法权益，维护社会公平正义，发挥了重要作用。

刑法。刑法是规定犯罪与刑罚的法律规范。它通过规范国家的刑罚权，惩罚犯罪，保护人民，维护社会秩序和公共安全，保障国家安全。截至2011年8月底，中国已制定一部统一的刑法、8个刑法修正案以及关于惩治骗购外汇、逃汇和非法买卖外汇犯罪的决定，并通过了9个有关刑法规定的法律解释。

中国刑法确立了罪刑法定、法律面前人人平等、罪刑相适应等基本原则。中国刑法明确规定：法律明文规定为犯罪行为的，依照法律定罪处刑；法律没有明文规定为犯罪行为的，不得定罪处刑；对任何人犯罪，在适用法律上一律平等。不允许任何人有超越法律的特权；刑罚的轻重，应当与犯罪分子所犯罪行和承担的刑事责任相适应。中国刑法规定了犯罪的概念；规定了刑罚的种类，包括管制、拘役、有期徒刑、无期徒刑、死刑五种主刑以及罚金、剥夺政治权利、没收财产三种附加刑，并对刑罚的具体运用作出了规定；规定了危害国家安全罪，危害公共安全罪，破坏社会主义市场经济秩序罪，侵犯公民人身权利、民主权利罪，侵犯财产罪，妨害社会管理秩序罪，危害国防利益罪，贪污贿赂罪，渎职罪，军人违反职责罪等十类犯罪行为及其刑事责任。

中国根据经济社会发展变化的实际，适时对刑法进行修改和解释，不断完善刑事法律制度。2011年2月通过的刑法修正案（八）对刑法作了比较重大的修改，取消了13个经济性非暴力犯罪的死刑，占中国刑法死刑罪名的19.1%；完善了对未成年人和年满75周岁的老年人从宽处理以及非监禁刑执行方式的法律规定；把不支付劳动报酬严重侵犯劳动者合法权益的行为、醉酒驾驶机动车等危险驾驶行为，规定为犯罪；加大了对一些侵犯公民人身自由、生命健康等犯罪行为的惩处力度，进一步完善了中国刑事法律制度，加强了对人权的保护，体现了中国社会文明的发展和国家民主法治的进步。

诉讼与非诉讼程序法。诉讼与非诉讼程序法是规范解决社会纠纷的诉讼活动与非诉讼活动的法律规范。诉讼法律制度是规范国家司法活动解决社会纠纷的法律规范，非诉讼程序法律制度是规范仲裁机构或者人民调解组织解决社会纠纷的法律规范。截至2011年8月底，中国已制定了诉讼与非诉讼程序法方面的法律10部。

中国制定了刑事诉讼法，规定一切公民在适用法律上一律平等，人民法院、人民检察院分别独立行使审判权、检察权，人民法院、人民检察院、公安机关分工负责、互相配合、互相制约，保证犯罪嫌疑人、被告人获得辩护，未经人民法院依法判决，对任何人不得确定有罪等刑事诉讼的基本原则和制度，并规定了管辖、回避、辩护、证据、强制措施、侦查、起诉、审判、执行等制度和程序，有效保证了刑法的正确实施，保护了公民的人身权利、财产权利、民主权利和其他权利，保障了社会主义建设事业的顺利进行。

中国制定了民事诉讼法，确立当事人有平等的诉讼权利、根据自愿和合法的原则进行调解、公开审判、两审终审等民事诉讼的基本原则和制度，明确了诉讼当事人的诉讼权利和诉讼义务，规范了证据制度，规定了第一审普通程序、第二审程序、简易程序、特别程序、审判监督程序等民事审判程序，还对执行程序、强制执行措施作了明确规定。

中国制定了行政诉讼法，确立了“民告官”的法律救济制度。行政诉讼法明确规定，公民、法人和其他组织认为自己的合法权益被行政机关及其工作人员侵犯，有权依法向人民法院提起行政诉讼，人民法院依法对行政案件独立行使审判权，保障公民的合法权益。行政诉讼法颁布实施以来，平均每年受理行政案件10万余件，保障了公民的合法权益，促进了行政机关依法行使行政职权。

中国制定了仲裁法，规范了国内仲裁与涉外仲裁机构的设立，明确规定仲裁委员会独立于行政机关，从机构设置上保证了仲裁委员会的独立性，明确将自愿、仲裁独立、一裁终局等原则作为仲裁的基本原则，系统规定了仲裁程序。

仲裁法颁布实施以来，共仲裁各类经济纠纷50多万件，案件标的额达到人民币7000多亿元，对于公正、及时、有效地解决民事经济纠纷，保护当事人的合法权益，维护社会经济秩序稳定与促进社会和谐，发挥了积极作用。

人民调解是一项具有中国特色的化解矛盾、消除纷争的非诉讼纠纷解决方式。中国宪法、民事诉讼法对人民调解的性质和基本原则作了规定，国务院颁布了人民调解委员会组织条例，人民调解工作不断发展。2009年，人民调解组织调解民间纠纷767万多件，调解成功率在96%以上。为进一步推动人民调解工作，完善人民调解制度，中国制定了人民调解法，将人民调解工作长期积累的好经验、好做法制定为法律。目前，中国共有人民调解组织82万多个，人民调解员467万多人，形成了覆盖广大城乡的人民调解工作网络，为预防和减少民间纠纷、化解社会矛盾、维护社会和谐稳定发挥了重要作用。

此外，中国还制定了引渡法、海事诉讼特别程序法、劳动争议调解仲裁法、农村土地承包经营纠纷调解仲裁法等法律，建立健全了诉讼与非诉讼程序法律制度。

上述法律部门确立的各项法律制度，涵盖了社会关系的各个方面，把国家各项工作、社会各个方面纳入了法治化轨道，为依法治国、建设社会主义法治国家提供了坚实的基础。法律已经成为中国公民、法人和其他组织解决各种矛盾和纠纷的重要手段，也为中国各级人民法院维护公民、法人和其他组织的合法权益提供了重要依据。

三、中国特色社会主义法律体系的特征

各国的历史文化传统、具体国情和发展道路不同，社会制度、政治制度和经济制度不同，决定了各国的法律体系必然具有不同特征。中国特色社会主义法律体系，是新中国成立以来特别是改革开放30多年来经济社会发展实践经验制度化、法律化的集中体现，是中国特色社会主义制度的重要组成部分，具有十分鲜明的特征。

（一）中国特色社会主义法律体系体现了中国特色社会主义的本质要求

一个国家法律体系的本质，由这个国家的法律确立的社会制度的本质所决定。中国是工人阶级领导的、以工农联盟为基础的人民民主专政的社会主义国家。在社会主义初级阶段，中国实行公有制为主体、多种所有制经济共同

发展的基本经济制度，这就决定了中国的法律制度必然是社会主义的法律制度，所构建的法律体系必然是中国特色社会主义性质的法律体系。中国特色社会主义法律体系所包括的全部法律规范、所确立的各项法律制度，有利于巩固和发展社会主义制度，充分体现了人民的共同意志，维护了人民的根本利益，保障了人民当家作主。中国制定哪些法律，具体法律制度的内容如何规定，都坚持从中国特色社会主义的本质要求出发，从人民群众的根本意志和长远利益出发，将实现好、维护好、发展好最广大人民的根本利益作为根本出发点和落脚点。

（二）中国特色社会主义法律体系体现了改革开放和社会主义现代化建设的时代要求

中国新时期最鲜明的特点是改革开放。中国特色社会主义法律体系与改革开放相伴而生、相伴而行、相互促进。一方面，形成中国特色社会主义法律体系，是改革开放和现代化建设顺利进行的内在要求，是在深入总结改革开放和现代化建设丰富实践经验基础上进行的。另一方面，中国特色社会主义法律体系的形成，为改革开放和社会主义现代化建设提供了良好的法制环境，发挥了积极的规范、引导、保障和促进作用。同时，中国特色社会主义法律体系妥善处理了法律稳定性和改革变动性的关系，既反映和肯定了改革开放和现代化建设的成功做法，又为改革开放和现代化建设进一步发展预留了空间。

（三）中国特色社会主义法律体系体现了结构内在统一而又多层次的国情要求

一个国家的法律体系如何构成，一般取决于这个国家的法律传统、政治制度和立法体制等因素。中国是统一的多民族的单一制国家，由于历史的原因，各地经济社会发展很不平衡。与这一基本国情相适应，中国宪法和法律确立了具有中国特色的统一而又多层次的立法体制，这就决定了中国特色社会主义法律体系内在统一而又多层次的结构特征，这既反映了法律体系自身的内在逻辑，也符合中国国情和实际。与其相适应，中国特色社会主义法律体系以宪法为统帅，由法律、行政法规、地方性法规等多个层次的法律规范构成。这些法律规范由不同立法主体按照宪法和法律规定的立法权限制定，具有不同法律效力，都是中国特色社会主义法律体系的有机组成部分，共同构成一个科学和谐的统一整体。

（四）中国特色社会主义法律体系体现了继承中国法制文化优秀传统和借鉴人类法制文明成果的文化要求

各国的法律制度基于本国历史文化传统和社会现实情况不断发展，也随着经济全球化趋势的增强而相互沟通、交流、借鉴。中国特色社会主义法律体系的形成，始终立足于中国国情，坚持将传承历史传统、借鉴人类文明成果和进行制度创新有机结合起来。一方面，注重继承中国传统法制文化优秀成分，适应改革开放和社会主义现代化建设需要进行制度创新，实现了传统文化与现代文明的融合；另一方面，注意研究借鉴国外立法有益经验，吸收国外法制文明先进成果，但又不简单照搬照抄，使法律制度既符合中国国情和实际，又顺应当代世界法制文明时代潮流。这个法律体系具有很强的包容性和开放性，充分体现了它的独特文化特征。

（五）中国特色社会主义法律体系体现了动态、开放、与时俱进的发展要求

一个国家的法律体系通常是对这个国家一定历史发展阶段现状的反映。随着经济社会的发展，法律体系需要不断丰富、完善、创新。中国处于并将长期处于社会主义初级阶段，整个国家还处于体制改革和社会转型时期，社会主义制度还需要不断自我完善和发展，这就决定了中国特色社会主义法律体系必然具有稳定性与变动性、阶段性与连续性、现实性与前瞻性相统一的特点，决定了中国特色社会主义法律体系必然是动态的、开放的、发展的，而不是静止的、封闭的、固定的，必将伴随中国经济社会发展和法治国家建设的实践而不断发展完善。

构建中国特色社会主义法律体系过程中，中国立法机关坚持中国共产党的领导、人民当家作主、依法治国有机统一，始终围绕国家的工作重心，积极行使立法职权，有计划、有重点、有步骤地开展立法工作，积累了一些宝贵经验，成功走出了一条具有中国特色的立法路子。

坚持有目标、按计划、分阶段积极推进。改革开放30多年来，在中国共产党领导中国人民建设中国特色社会主义事业进程中，中国立法机关根据各阶段中心工作，立足现实、突出重点、精心组织，区别轻重缓急，制定科学合理、切实可行的五年立法规划和年度立法工作计划，抓紧制定经济社会发展急需的法律法规，积极稳妥地推进立法工作，逐渐形成了有目标、按计划、有重点、

分阶段推进法律体系建设的方法，集中立法资源，突出立法重点，及时满足了改革开放快速推进的需要，为形成中国特色社会主义法律体系提供了有效路径。

坚持多层次立法齐头并进。适应中国的基本国情，根据宪法确定的在中央统一领导下充分发挥地方积极性、主动性的原则，在维护国家法制统一前提下，全国人大及其常委会行使国家立法权，国务院根据宪法和法律制定行政法规，省、自治区、直辖市以及较大的市的人大及其常委会制定地方性法规，民族自治地方制定自治条例和单行条例，经济特区所在地的省、市的人大及其常委会根据全国人大的授权决定制定在经济特区范围内实施的法规，逐渐形成了多层次立法共同推进的立法工作格局，既大大加快了法律体系建设的步伐，又充分照顾到了各地经济社会发展的实际需要，为形成中国特色社会主义法律体系提供了可行的工作模式。

坚持综合运用多种立法形式。构建中国特色社会主义法律体系，是一项科学的系统工程。改革开放以来，中国立法机关根据经济社会发展需要，抓紧制定各方面迫切需要的法律规范，同时注重对法律规范的修改和废止，及时对法律规范进行解释和清理，综合运用制定、修改、废止、解释等多种立法形式，全方位推进立法工作。既促进了立法质量的不断提高，保证了法律体系的科学和谐统一，又为保障法律规范的有效实施奠定了基础。

四、中国特色社会主义法律体系的完善

形成中国特色社会主义法律体系成就辉煌，完善中国特色社会主义法律体系任重道远。在新的起点上完善中国特色社会主义法律体系，是推进中国特色社会主义制度发展完善的内在要求，也是今后立法工作面临的重要任务。

中国已经确定了本世纪头二十年发展的奋斗目标，进入改革发展和全面建设小康社会的关键时期。国内外形势的新情况新变化，广大人民群众的新要求新期待，改革发展稳定面临的新课题新矛盾，迫切需要法律制度建设予以回应和调整。实现科学发展，加快转变经济发展方式，进一步保障和改善民生，迫切需要法律制度建设予以推动和引导。利益主体多元化、利益格局复杂化的客观现实，对科学立法、民主立法的要求越来越高，通过立法调整社会利益关系的难度越来越大。

适应推动科学发展、促进社会和谐、全面落实依法治国基本方略的要求，当前和今后一个时期，中国将根据经济社会发展的客观需要，紧紧围绕实现科学发展、加快转变经济发展方式、着力保障和改善民生、推动和谐社会建设，不断健全各项法律制度，推动中国特色社会主义法律体系不断完善。

继续加强经济领域立法。适应社会主义市场经济发展要求，完善民事商事法律制度；适应深化财税、金融等体制改革要求，完善预算管理、财政转移支付、金融风险控制、税收等方面的法律制度，特别是加强税收立法，适时将国务院根据授权制定的税收方面的行政法规制定为法律；完善规范国家管理和调控经济活动、维护国家经济安全的法律制度，促进社会主义市场经济健康发展。

积极加强发展社会主义民主政治的立法。适应积极稳妥推进政治体制改革的要求，完善选举、基层群众自治、国家机构组织等方面的法律制度；加强规范行政行为的程序立法，完善审计监督和行政复议等方面的法律制度；适应司法体制改革要求，修改刑事诉讼法、民事诉讼法、行政诉讼法，完善诉讼法律制度；完善国家机关权力行使、惩治和预防腐败等方面的法律制度，扩大社会主义民主，加强对权力行使的规范和监督，不断推进社会主义民主政治制度的完善和发展。

突出加强社会领域立法。坚持以人为本，围绕保障和改善民生，在促进社会事业、健全社会保障、创新社会管理等方面，逐步完善劳动就业、劳动保护、社会保险、社会救助、社会福利、收入分配、教育、医疗、住房以及社会组织等法律制度，不断创新社会管理体制机制，深入推进社会事业建设。

更加注重文化科技领域立法。适应推进文化体制改革、促进科技进步的要求，完善扶持公益性文化事业、发展文化产业、鼓励文化科技创新、保护知识产权等方面的法律制度，推动社会主义文化大发展、大繁荣，建设创新型国家。

高度重视生态文明领域立法。适应资源节约型、环境友好型社会建设的要求，完善节约能源资源、保护生态环境等方面的法律制度，从制度上积极促进经济发展方式转变，努力解决经济社会发展与环境资源保护的矛盾，实现人与自然和谐相处。

在完善各项法律制度的同时，更加注重保障法律制度的有效实施。建立健全工作机制，做好法律法规配套规定制定工作；完善法律解释机制的途径和方法，建立法律解释常态化机制，对需要进一步明确法律规定的具体含义或者法律制定后出现新情况需要明确法律适用依据的，及时作出法律解释；健全备案审查机构，完善备案审查机制，改进备案审查方式，加强对法规、规章、司法解释等规范性文件的备案审查；健全法律法规清理工作机制，逐步实现法律法规清理工作常态化，确保法律体系内在科学和谐统一。

深入推进科学立法、民主立法，着力提高立法质量。完善人大代表参与立法工作机制，充分发挥人大代表在立法工作中的作用；完善法律案审议制度，建立健全科学民主的审议和表决机制；探索公众有序参与立法活动的途径和形式，完善立法座谈会、听证会、论证会和公布法律法规草案征求意见等制度，建立健全公众意见表达机制和采纳公众意见的反馈机制，使立法更加充分体现广大人民群众的意愿；建立健全立法前论证和立法后评估机制，不断提高立法的科学性、合理性，进一步增强法律法规的可操作性。

结束语

社会实践是法律的基础，法律是实践经验的总结、提炼。社会实践永无止境，法律体系也要与时俱进。建设中国特色社会主义是一项长期的历史任务，完善中国特色社会主义法律体系同样是一项长期而又艰巨的任务，必须随着中国特色社会主义实践的发展不断向前推进。

法律的生命力在于实施。中国特色社会主义法律体系的形成，总体上解决了有法可依的问题，对有法必依、执法必严、违法必究提出了更为突出、更加紧迫的要求。中国将积极采取有效措施，切实保障宪法和法律的有效实施，加快推进依法治国、建设社会主义法治国家的进程。

2.中共中央关于全面推进依法治国若干重大问题的决定

（2014年10月23日中国共产党第十八届中央委员会
第四次全体会议通过）

为贯彻落实党的十八大作出的战略部署，加快建设社会主义法治国家，十八届中央委员会第四次全体会议研究了全面推进依法治国若干重大问题，作出如下决定。

一、坚持走中国特色社会主义法治道路，建设中国特色社会主义法治体系

依法治国，是坚持和发展中国特色社会主义的本质要求和重要保障，是实现国家治理体系和治理能力现代化的必然要求，事关我们党执政兴国，事关人民幸福安康，事关党和国家长治久安。

全面建成小康社会、实现中华民族伟大复兴的中国梦，全面深化改革、完善和发展中国特色社会主义制度，提高党的执政能力和执政水平，必须全面推进依法治国。

我国正处于社会主义初级阶段，全面建成小康社会进入决定性阶段，改革进入攻坚期和深水区，国际形势复杂多变，我们党面对的改革发展稳定任务之重前所未有、矛盾风险挑战之多前所未有，依法治国在党和国家工作全局中的地位更加突出、作用更加重大。面对新形势新任务，我们党要更好统筹国内国际两个大局，更好维护和运用我国发展的重要战略机遇期，更好统筹社会力量、平衡社会利益、调节社会关系、规范社会行为，使我国社会在深刻变革中既生机勃勃又井然有序，实现经济发展、政治清明、文化昌盛、社会公正、生态良好，实现我国和平发展的战略目标，必须更好发挥法治的引领和规范作用。

我们党高度重视法治建设。长期以来，特别是党的十一届三中全会以来，我们党深刻总结我国社会主义法治建设的成功经验和深刻教训，提出为了保障人民民主，必须加强法治，必须使民主制度化、法律化，把依法治国确定为党领导人民治理国家的基本方略，把依法执政确定为党治国理政的基本方式，积极建设社会主义法治，取得历史性成就。目前，中国特色社会主义法律体系已经形成，法治政府建设稳步推进，司法体制不断完善，全社会法治观念明显增强。

同时，必须清醒看到，同党和国家事业发展要求相比，同人民群众期待相比，同推进国家治理体系和治理能力现代化目标相比，法治建设还存在许多不适应、不符合的问题，主要表现为：有的法律法规未能全面反映客观规律和人民意愿，针对性、可操作性不强，立法工作中部门化倾向、争权诿责现象较为突出；有法不依、执法不严、违法不究现象比较严重，执法体制权责脱节、多头

执法、选择性执法现象仍然存在，执法司法不规范、不严格、不透明、不文明现象较为突出，群众对执法司法不公和腐败问题反映强烈；部分社会成员尊法信法守法用法、依法维权意识不强，一些国家工作人员特别是领导干部依法办事观念不强、能力不足，知法犯法、以言代法、以权压法、徇私枉法现象依然存在。这些问题，违背社会主义法治原则，损害人民群众利益，妨碍党和国家事业发展，必须下大气力加以解决。

全面推进依法治国，必须贯彻落实党的十八大和十八届三中全会精神，高举中国特色社会主义伟大旗帜，以马克思列宁主义、毛泽东思想、邓小平理论、“三个代表”重要思想、科学发展观为指导，深入贯彻习近平总书记系列重要讲话精神，坚持党的领导、人民当家作主、依法治国有机统一，坚定不移走中国特色社会主义法治道路，坚决维护宪法法律权威，依法维护人民权益、维护社会公平正义、维护国家安全稳定，为实现“两个一百年”奋斗目标、实现中华民族伟大复兴的中国梦提供有力法治保障。

全面推进依法治国，总目标是建设中国特色社会主义法治体系，建设社会主义法治国家。这就是，在中国共产党领导下，坚持中国特色社会主义制度，贯彻中国特色社会主义法治理论，形成完备的法律规范体系、高效的法治实施体系、严密的法治监督体系、有力的法治保障体系，形成完善的党内法规体系，坚持依法治国、依法执政、依法行政共同推进，坚持法治国家、法治政府、法治社会一体建设，实现科学立法、严格执法、公正司法、全民守法，促进国家治理体系和治理能力现代化。

实现这个总目标，必须坚持以下原则。

——坚持中国共产党的领导。党的领导是中国特色社会主义最本质的特征，是社会主义法治最根本的保证。把党的领导贯彻到依法治国全过程和各方面，是我国社会主义法治建设的一条基本经验。我国宪法确立了中国共产党的领导地位。坚持党的领导，是社会主义法治的根本要求，是党和国家的根本所在、命脉所在，是全国各族人民的利益所系、幸福所系，是全面推进依法治国的题中应有之义。党的领导和社会主义法治是一致的，社会主义法治必须坚持党的领导，党的领导必须依靠社会主义法治。只有在党的领导下依法治国、厉行法治，人民当家作主才能充分实现，国家和社会生活法治化才能有序推进。依法执政，既要求党依据宪法法律治国理政，也要求党依据党内法规管党治党。必须坚持党领导立法、保证执法、支持司法、带头守法，把依法治国基本方略同依法执政基本方式统一起来，把党总揽全局、协调各方同人大、政府、政协、审判机关、检察机关依法依章程履行职能、开展工作统一起来，把党领导人民制定和实施宪法法律同党坚持在宪法法律范围内活动统一起来，善于使党的主张通过法定程序成为国家意志，善于使党组织推荐的人选通过法定程序成为国家政权机关的领导人员，善于通过国家政权机关实施党对国家和社会的领导，善于运用民主集中制原则维护中央权威、维护全党全国团结统一。

——坚持人民主体地位。人民是依法治国的主体和力量源泉，人民代表大会制度是保证人民当家作主的根本政治制度。必须坚持法治建设为了人民、依靠人民、造福人民、保护人民，以保障人民根本权益为出发点和落脚点，保证人民依法享有广泛的权利和自由、承担应尽的义务，维护社会公平正义，促进共同富裕。必须保证人民在党的领导下，依照法律规定，通过各种途径和形式管理国家事务，管理经济文化事业，管理社会事务。必须使人民认识到法律既是保障自身权利的有力武器，也是必须遵守的行为规范，增强全社会学法尊法守法用法意识，使法律为人民所掌握、所遵守、所运用。

——坚持法律面前人人平等。平等是社会主义法律的基本属性。任何组织和个人都必须尊重宪法法律权威，都必须在宪法法律范围内活动，都必须依照宪法法律行使权力或权利、履行职责或义务，都不得有超越宪法法律的特权。必须维护国家法制统一、尊严、权威，切实保证宪法法律有效实施，绝不允许任何人以任何借口任何形式以言代法、以权压法、徇私枉法。必须以规范和约束公权力为重点，加大监督力度，做到有权必有责、用权受监督、违法必追究，坚决纠正有法不依、执法不严、违法不究行为。

——坚持依法治国和以德治国相结合。国家和社会治理需要法律和道德共同发挥作用。必须坚持一手抓法治、一手抓德治，大力弘扬社会主义核心价值观，弘扬中华传统美德，培育社会公德、职业道德、家庭美德、个人品德，既重视发挥法律的规范作用，又重视发挥道德的教化作用，以法治体现道德理念、强化法律对道德建设的促进作用，以道德滋养法治精神、强化道德对法治文化的支撑作用，实现法律和道德相辅相成、法治和德治相得益彰。

——坚持从中国实际出发。中国特色社会主义道路、理论体系、制度是全面推进依法治国的根本遵循。必须从我国基本国情出发，同改革开放不断深化相适应，总结和运用党领导人民实行法治的成功经验，围绕社会主义法治建设重大理论和实践问题，推进法治理论创新，发展符合中国实际、具有中国特色、体现社会发展规律的社会主义法治理论，为依法治国提供理论指导和学理支撑。汲取中华法律文化精华，借鉴国外法治有益经验，但决不照搬外国法治理念和模式。

全面推进依法治国是一个系统工程，是国家治理领域一场广泛而深刻的革命，需要付出长期艰苦努力。全党同志必须更加自觉地坚持依法治国、更加扎实地推进依法治国，努力实现国家各项工作法治化，向着建设法治中国不断前进。

二、完善以宪法为核心的中国特色社会主义法律体系，加强宪法实施

法律是治国之重器，良法是善治之前提。建设中国特色社会主义法治体系，必须坚持立法先行，发挥立法的引领和推动作用，抓住提高立法质量这个关键。要恪守以民为本、立法为民理念，贯彻社会主义核心价值观，使每一项立法都符合宪法精神、反映人民意志、得到人民拥护。要把公正、公平、公开原则贯穿立法全过程，完善立法体制机制，坚持立改废释并举，增强法律法规的及时性、系统性、针对性、有效性。

（一）健全宪法实施和监督制度。宪法是党和人民意志的集中体现，是通过科学民主程序形成的根本法。坚持依法治国首先要坚持依宪治国，坚持依法执政首先要坚持依宪执政。全国各族人民、一切国家机关和武装力量、各政党和各社会团体、各企业事业组织，都必须以宪法为根本的活动准则，并且负有维护宪法尊严、保证宪法实施的职责。一切违反宪法的行为都必须予以追究和纠正。

完善全国人大及其常委会宪法监督制度，健全宪法解释程序机制。加强备案审查制度和能力建设，把所有规范性文件纳入备案审查范围，依法撤销和纠正违宪违法的规范性文件，禁止地方制发带有立法性质的文件。

将每年十二月四日定为国家宪法日。在全社会普遍开展宪法教育，弘扬宪法精神。建立宪法宣誓制度，凡经人大及其常委会选举或者决定任命的国家工作人员正式就职时公开向宪法宣誓。

（二）完善立法体制。加强党对立法工作的领导，完善党对立法工作中重大问题决策的程序。凡立法涉及重大体制和重大政策调整的，必须报党中央讨论决定。党中央向全国人大提出宪法修改建议，依照宪法规定的程序进行宪法修改。法律制定和修改的重大问题由全国人大常委会党组向党中央报告。

健全有立法权的人大主导立法工作的体制机制，发挥人大及其常委会在立法工作中的主导作用。建立由全国人大相关专门委员会、全国人大常委会法制工作委员会组织有关部门参与起草综合性、全局性、基础性等重要法律草案制度。增加有法治实践经验的专职常委比例。依法建立健全专门委员会、工作委员会立法专家顾问制度。

加强和改进政府立法制度建设，完善行政法规、规章制定程序，完善公众参与政府立法机制。重要行政管理法律法规由政府法制机构组织起草。

明确立法权力边界，从体制机制和工作程序上有效防止部门利益和地方保护主义法律化。对部门间争议较大的重要立法事项，由决策机关引入第三方评估，充分听取各方意见，协调决定，不能久拖不决。加强法律解释工作，及时明确法律规定含义和适用法律依据。明确地方立法权限和范围，依法赋予设区的市地方立法权。

（三）深入推进科学立法、民主立法。加强人大对立法工作的组织协调，健全立法起草、论证、协调、审议机制，健全向下级人大征询立法意见机制，建立基层立法联系点制度，推进立法精细化。健全法律法规规章起草征求人大代表意见制度，增加人大代表列席人大常委会会议人数，更多发挥人大代表参与起草和修改法律作用。完善立法项目征集和论证制度。健全立法机关主导、社会各方有序参与立法的途径和方式。探索委托第三方起草法律法规草案。

健全立法机关和社会公众沟通机制，开展立法协商，充分发挥政协委员、民主党派、工商联、无党派人士、人民团体、社会组织在立法协商中的作用，探索建立有关国家机关、社会团体、专家学者等对立法中涉及的重大利益调整论证咨询机制。拓宽公民有序参与立法途径，健全法律法规规章草案公开征求意见和公众意见采纳情况反馈机制，广泛凝聚社会共识。

完善法律草案表决程序，对重要条款可以单独表决。

（四）加强重点领域立法。依法保障公民权利，加快完善体现权利公平、机会公平、规则公平的法律制度，保障公民人身权、财产权、基本政治权利等各项权利不受侵犯，保障公民经济、文化、社会等各方面权利得到落实，实现公民权利保障法治化。增强全社会尊重和保障人权意识，健全公民权利救济渠道和方式。

社会主义市场经济本质上是法治经济。使市场在资源配置中起决定性作用和更好发挥政府作用，必须以保护产权、维护契约、统一市场、平等交换、公平竞争、有效监管为基本导向，完善社会主义市场经济法律制度。健全以公平为核心原则的产权保护制度，加强对各种所有制经济组织和自然人财产权的保护，清理有违公平的法律法规条款。创新适应公有制多种实现形式的产权保护制度，加强对国有、集体资产所有权、经营权和各类企业法人财产权的保护。国家保护企业以法人财产权依法自主经营、自负盈亏，企业有权拒绝任何组织和个人无法律依据的要求。加强企业社会责任立法。完善激励创新的产权制度、知识产权保护制度和促进科技成果转化的体制机制。加强市场法律制度建设，编纂民法典，制定和完善发展规划、投资管理、土地管理、能源和矿产资源、农业、财政税收、金融等方面法律法规，促进商品和要素自由流动、公平交易、平等使用。依法加强和改善宏观调控、市场监管，反对垄断，促进合理竞争，维护公平竞争的市场秩序。加强军民融合深度发展法治保障。

制度化、规范化、程序化是社会主义民主政治的根本保障。以保障人民当家作主为核心，坚持和完善人民代表大会制度，坚持和完善中国共产党领导的多党合作和政治协商制度、民族区域自治制度以及基层群众自治制度，推进社会主义民主政治法治化。加强社会主义协商民主制度建设，推进协商民主广泛多层制度化发展，构建程序合理、环节完整的协商民主体系。完善和发展基层民主制度，依法推进基层民主和行业自律，实行自我管理、自我服务、自我教育、自我监督。完善国家机构组织法，完善选举制度和工作机制。加快推进反腐败国家立法，完善惩治和预防腐败体系，形成不敢腐、不能腐、不想腐的有效机制，坚决遏制和预防腐败现象。完善惩治贪污贿赂犯罪法律制度，把贿赂犯罪对象由财物扩大为财物和其他财产性利益。

建立健全坚持社会主义先进文化前进方向、遵循文化发展规律、有利于激发文化创造活力、保障人民基本文化权益的文化法律制度。制定公共文化服务保障法，促进基本公共文化服务标准化、均等化。制定文化产业促进法，把行之有效的文化经济政策法定化，健全促进社会效益和经济效益有机统一的制度规范。制定国家勋章和国家荣誉称号法，表彰有突出贡献的杰出人士。加强互联网领域立法，完善网络信息服务、网络安全保护、网络社会管理等方面的法律法规，依法规范网络行为。

加快保障和改善民生、推进社会治理体制创新法律制度建设。依法加强和规范公共服务，完善教育、就业、收入分配、社会保障、医疗卫生、食品安全、扶贫、慈善、社会救助和妇女儿童、老年人、残疾人合法权益保护等方面的法律法规。加强社会组织立法，规范和引导各类社会组织健康发展。制定社区矫正法。

贯彻落实总体国家安全观，加快国家安全法治建设，抓紧出台反恐怖等一批急需法律，推进公共安全法治化，构建国家安全法律制度体系。

用严格的法律制度保护生态环境，加快建立有效约束开发行为和促进绿色发展、循环发展、低碳发展的生态文明法律制度，强化生产者环境保护的法律责任，大幅度提高违法成本。建立健全自然资源产权法律制度，完善国土空间开发保护方面的法律制度，制定完善生态补偿和土壤、水、大气污染防治及海洋生态环境保护等法律法规，促进生态文明建设。

实现立法和改革决策相衔接，做到重大改革于法有据、立法主动适应改革和经济社会发展需要。实践证明行之有效的，要及时上升为法律。实践条件还不成熟、需要先行先试的，要按照法定程序作出授权。对不适应改革要求的法律法规，要及时修改和废止。

三、深入推进依法行政，加快建设法治政府

法律的生命力在于实施，法律的权威也在于实施。各级政府必须坚持在党的领导下、在法治轨道上开展工作，创新执法体制，完善执法程序，推进综合执法，严格执法责任，建立权责统一、权威高效的依法行政体制，加快建设职能科学、权责法定、执法严明、公开公正、廉洁高效、守法诚信的法治政府。

（一）依法全面履行政府职能。完善行政组织和行政程序法律制度，推进机构、职能、权限、程序、责任法定化。行政机关要坚持法定职责必须为、法无授权不可为，勇于负责、敢于担当，坚决纠正不作为、乱作为，坚决克服懒政、怠政，坚决惩处失职、渎职。行政机关不得法外设定权力，没有法律法规依据

不得作出减损公民、法人和其他组织合法权益或者增加其义务的决定。推行政府权力清单制度，坚决消除权力设租寻租空间。

推进各级政府事权规范化、法律化，完善不同层级政府特别是中央和地方政府事权法律制度，强化中央政府宏观管理、制度设定职责和必要的执法权，强化省级政府统筹推进区域内基本公共服务均等化职责，强化市县政府执行职责。

（二）健全依法决策机制。把公众参与、专家论证、风险评估、合法性审查、集体讨论决定确定为重大行政决策法定程序，确保决策制度科学、程序正当、过程公开、责任明确。建立行政机关内部重大决策合法性审查机制，未经合法性审查或经审查不合法的，不得提交讨论。

积极推行政府法律顾问制度，建立政府法制机构人员为主体、吸收专家和律师参加的法律顾问队伍，保证法律顾问在制定重大行政决策、推进依法行政中发挥积极作用。

建立重大决策终身责任追究制度及责任倒查机制，对决策严重失误或者依法应该及时作出决策但久拖不决造成重大损失、恶劣影响的，严格追究行政首长、负有责任的其他领导人员和相关责任人员的法律责任。

（三）深化行政执法体制改革。根据不同层级政府的事权和职能，按照减少层次、整合队伍、提高效率的原则，合理配置执法力量。

推进综合执法，大幅减少市县两级政府执法队伍种类，重点在食品药品安全、工商质检、公共卫生、安全生产、文化旅游、资源环境、农林水利、交通运输、城乡建设、海洋渔业等领域内推行综合执法，有条件的领域可以推行跨部门综合执法。

完善市县两级政府行政执法管理，加强统一领导和协调。理顺行政强制执行体制。理顺城管执法体制，加强城市管理综合执法机构建设，提高执法和服务水平。

严格实行行政执法人员持证上岗和资格管理制度，未经执法资格考试合格，不得授予执法资格，不得从事执法活动。严格执行罚缴分离和收支两条线管理制度，严禁收费罚没收入同部门利益直接或者变相挂钩。

健全行政执法和刑事司法衔接机制，完善案件移送标准和程序，建立行政执法机关、公安机关、检察机关、审判机关信息共享、案情通报、案件移送制度，坚决克服有案不移、有案难移、以罚代刑现象，实现行政处罚和刑事处罚无缝对接。

（四）坚持严格规范公正文明执法。依法惩处各类违法行为，加大关系群众切身利益的重点领域执法力度。完善执法程序，建立执法全过程记录制度。明确具体操作流程，重点规范行政许可、行政处罚、行政强制、行政征收、行政收费、行政检查等执法行为。严格执行重大执法决定法制审核制度。

建立健全行政裁量权基准制度，细化、量化行政裁量标准，规范裁量范围、种类、幅度。加强行政执法信息化建设和信息共享，提高执法效率和规范化水平。

全面落实行政执法责任制，严格确定不同部门及机构、岗位执法人员执法责任和责任追究机制，加强执法监督，坚决排除对执法活动的干预，防止和克服地方和部门保护主义，惩治执法腐败现象。

（五）强化对行政权力的制约和监督。加强党内监督、人大监督、民主监督、行政监督、司法监督、审计监督、社会监督、舆论监督制度建设，努力形成科学有效的权力运行制约和监督体系，增强监督合力和实效。

加强对政府内部权力的制约，是强化对行政权力制约的重点。对财政资金分配使用、国有资产监管、政府投资、政府采购、公共资源转让、公共工程建设等权力集中的部门和岗位实行分事行权、分岗设权、分级授权，定期轮岗，强化内部流程控制，防止权力滥用。完善政府内部层级监督和专门监督，改进上级机关对下级机关的监督，建立常态化监督制度。完善纠错问责机制，健全责令公开道歉、停职检查、引咎辞职、责令辞职、罢免等问责方式和程序。

完善审计制度，保障依法独立行使审计监督权。对公共资金、国有资产、国有资源和领导干部履行经济责任情况实行审计全覆盖。强化上级审计机关对下级审计机关的领导。探索省以下地方审计机关人财物统一管理。推进审计职业化建设。

（六）全面推进政务公开。坚持以公开为常态、不公开为例外原则，推进决策公开、执行公开、管理公开、服务公开、结果公开。各级政府及其工作部门依据权力清单，向社会全面公开政府职能、法律依据、实施主体、职责权限、管理流程、监督方式等事项。重点推进财政预算、公共资源配置、重大建设项目批准和实施、社会公益事业建设等领域的政府信息公开。

涉及公民、法人或其他组织权利和义务的规范性文件，按照政府信息公开要求和程序予以公布。推行行政执法公示制度。推进政务公开信息化，加强互联网政务信息数据服务平台和便民服务平台建设。

四、保证公正司法，提高司法公信力

公正是法治的生命线。司法公正对社会公正具有重要引领作用，司法不公对社会公正具有致命破坏作用。必须完善司法管理体制和司法权力运行机制，规范司法行为，加强对司法活动的监督，努力让人民群众在每一个司法案件中感受到公平正义。

（一）完善确保依法独立公正行使审判权和检察权的制度。各级党政机关和领导干部要支持法院、检察院依法独立公正行使职权。建立领导干部干预司法活动、插手具体案件处理的记录、通报和责任追究制度。任何党政机关和领导干部都不得让司法机关做违反法定职责、有碍司法公正的事情，任何司法机关都不得执行党政机关和领导干部违法干预司法活动的要求。对干预司法机关办案的，给予党纪政纪处分；造成冤假错案或者其他严重后果的，依法追究刑事责任。

健全行政机关依法出庭应诉、支持法院受理行政案件、尊重并执行法院生效裁判的制度。完善惩戒妨碍司法机关依法行使职权、拒不执行生效裁判和决定、藐视法庭权威等违法犯罪行为的法律规定。

建立健全司法人员履行法定职责保护机制。非因法定事由，非经法定程序，不得将法官、检察官调离、辞退或者作出免职、降级等处分。

（二）优化司法职权配置。健全公安机关、检察机关、审判机关、司法行政机关各司其职，侦查权、检察权、审判权、执行权相互配合、相互制约的体制机制。

完善司法体制，推动实行审判权和执行权相分离的体制改革试点。完善刑罚执行制度，统一刑罚执行体制。改革司法机关人财物管理体制，探索实行法院、检察院司法行政事务管理权和审判权、检察权相分离。

最高人民法院设立巡回法庭，审理跨行政区域重大行政和民商事案件。探索设立跨行政区划的人民法院和人民检察院，办理跨地区案件。完善行政诉讼体制机制，合理调整行政诉讼案件管辖制度，切实解决行政诉讼立案难、审理难、执行难等突出问题。

改革法院案件受理制度，变立案审查制为立案登记制，对人民法院依法应该受理的案件，做到有案必立、有诉必理，保障当事人诉权。加大对虚假诉讼、恶意诉讼、无理缠诉行为的惩治力度。完善刑事诉讼中认罪认罚从宽制度。

完善审级制度，一审重在解决事实认定和法律适用，二审重在解决事实法律争议、实现二审终审，再审重在解决依法纠错、维护裁判权威。完善对涉及公民人身、财产权益的行政强制措施实行司法监督制度。检察机关在履行职责中发现行政机关违法行使职权或者不行使职权的行为，应该督促其纠正。探索建立检察机关提起公益诉讼制度。

明确司法机关内部各层级权限，健全内部监督制约机制。司法机关内部人员不得违反规定干预其他人员正在办理的案件，建立司法机关内部人员过问案件的记录制度和责任追究制度。完善主审法官、合议庭、主任检察官、主办侦查员办案责任制，落实谁办案谁负责。

加强职务犯罪线索管理，健全受理、分流、查办、信息反馈制度，明确纪检监察和刑事司法办案标准和程序衔接，依法严格查办职务犯罪案件。

（三）推进严格司法。坚持以事实为根据、以法律为准绳，健全事实认定符合客观真相、办案结果符合实体公正、办案过程符合程序公正的法律制度。加强和规范司法解释和案例指导，统一法律适用标准。

推进以审判为中心的诉讼制度改革，确保侦查、审查起诉的案件事实证据经得起法律的检验。全面贯彻证据裁判规则，严格依法收集、固定、保存、审查、运用证据，完善证人、鉴定人出庭制度，保证庭审在查明事实、认定证据、保护诉权、公正裁判中发挥决定性作用。

明确各类司法人员工作职责、工作流程、工作标准，实行办案质量终身负责制和错案责任倒查问责制，确保案件处理经得起法律和历史检验。

（四）保障人民群众参与司法。坚持人民司法为人民，依靠人民推进公正司法，通过公正司法维护人民权益。在司法调解、司法听证、涉诉信访等司法活动中保障人民群众参与。完善人民陪审员制度，保障公民陪审权利，扩大参审范围，完善随机抽选方式，提高人民陪审制度公信度。逐步实行人民陪审员不再审理法律适用问题，只参与审理事实认定问题。

构建开放、动态、透明、便民的阳光司法机制，推进审判公开、检务公开、警务公开、狱务公开，依法及时公开执法司法依据、程序、流程、结果和生效法律文书，杜绝暗箱操作。加强法律文书释法说理，建立生效法律文书统一上网和公开查询制度。

（五）加强人权司法保障。强化诉讼过程中当事人和其他诉讼参与人的知情权、陈述权、辩护辩论权、申请权、申诉权的制度保障。健全落实罪刑法定、疑罪从无、非法证据排除等法律原则的法律制度。完善对限制人身自由司法措施和侦查手段的司法监督，加强对刑讯逼供和非法取证的源头预防，健全冤假错案有效防范、及时纠正机制。

切实解决执行难，制定强制执行法，规范查封、扣押、冻结、处理涉案财物的司法程序。加快建立失信被执行人信用监督、威慑和惩戒法律制度。依法保障胜诉当事人及时实现权益。

落实终审和诉讼终结制度，实行诉访分离，保障当事人依法行使申诉权利。对不服司法机关生效裁判、决定的申诉，逐步实行由律师代理制度。对聘不起律师的申诉人，纳入法律援助范围。

（六）加强对司法活动的监督。完善检察机关行使监督权的法律制度，加强对刑事诉讼、民事诉讼、行政诉讼的法律监督。完善人民监督员制度，重点监督检察机关查办职务犯罪的立案、羁押、扣押冻结财物、起诉等环节的执法活动。司法机关要及时回应社会关切。规范媒体对案件的报道，防止舆论影响司法公正。

依法规范司法人员与当事人、律师、特殊关系人、中介组织的接触、交往行为。严禁司法人员私下接触当事人及律师、泄露或者为其打探案情、接受吃请或者收受其财物、为律师介绍代理和辩护业务等违法违纪行为，坚决惩治司法掮客行为，防止利益输送。

对因违法违纪被开除公职的司法人员、吊销执业证书的律师和公证员，终身禁止从事法律职业，构成犯罪的要依法追究刑事责任。

坚决破除各种潜规则，绝不允许法外开恩，绝不允许办关系案、人情案、金钱案。坚决反对和克服特权思想、衙门作风、霸道作风，坚决反对和惩治粗暴执法、野蛮执法行为。对司法领域的腐败零容忍，坚决清除害群之马。

五、增强全民法治观念，推进法治社会建设

法律的权威源自人民的内心拥护和真诚信仰。人民权益要靠法律保障，法律权威要靠人民维护。必须弘扬社会主义法治精神，建设社会主义法治文化，增强全社会厉行法治的积极性和主动性，形成守法光荣、违法可耻的社会氛围，使全体人民都成为社会主义法治的忠实崇尚者、自觉遵守者、坚定捍卫者。

（一）推动全社会树立法治意识。坚持把全民普法和守法作为依法治国的长期基础性工作，深入开展法治宣传教育，引导全民自觉守法、遇事找法、解决问题靠法。坚持把领导干部带头学法、模范守法作为树立法治意识的关键，完善国家工作人员学法用法制度，把宪法法律列入党委（党组）中心组学习内容，列为党校、行政学院、干部学院、社会主义学院必修课。把法治教育纳入国民教育体系，从青少年抓起，在中小学设立法治知识课程。

健全普法宣传教育机制，各级党委和政府要加强对普法工作的领导，宣传、文化、教育部门和人民团体要在普法教育中发挥职能作用。实行国家机关“谁执法谁普法”的普法责任制，建立法官、检察官、行政执法人员、律师等以案释法制度，加强普法讲师团、普法志愿者队伍建设。把法治教育纳入精神文明创建内容，开展群众性法治文化活动，健全媒体公益普法制度，加强新媒体新技术在普法中的运用，提高普法实效。

牢固树立有权力就有责任、有权利就有义务观念。加强社会诚信建设，健全公民和组织守法信用记录，完善守法诚信褒奖机制和违法失信行为惩戒机制，使尊法守法成为全体人民共同追求和自觉行动。

加强公民道德建设，弘扬中华优秀传统文化，增强法治的道德底蕴，强化规则意识，倡导契约精神，弘扬公序良俗。发挥法治在解决道德领域突出问题中的作用，引导人们自觉履行法定义务、社会责任、家庭责任。

（二）推进多层次多领域依法治理。坚持系统治理、依法治理、综合治理、源头治理，提高社会治理法治化水平。深入开展多层次多形式法治创建活动，深化基层组织和部门、行业依法治理，支持各类社会主体自我约束、自我管理。发挥市民公约、乡规民约、行业规章、团体章程等社会规范在社会治理中的积极作用。

发挥人民团体和社会组织在法治社会建设中的积极作用。建立健全社会组织参与社会事务、维护公共利益、救助困难群众、帮教特殊人群、预防违法犯罪的机制和制度化渠道。支持行业协会商会类社会组织发挥行业自律和专业服务功能。发挥社会组织对其成员的行为导引、规则约束、权益维护作用。加强在华境外非政府组织管理，引导和监督其依法开展活动。

高举民族大团结旗帜，依法妥善处置涉及民族、宗教等因素的社会问题，促进民族关系、宗教关系和谐。

（三）建设完备的法律服务体系。推进覆盖城乡居民的公共法律服务体系建设，加强民生领域法律服务。完善法律援助制度，扩大援助范围，健全司法救助体系，保证人民群众在遇到法律问题或者权利受到侵害时获得及时有效法律帮助。

发展律师、公证等法律服务业，统筹城乡、区域法律服务资源，发展涉外法律服务业。健全统一司法鉴定管理体制。

（四）健全依法维权和化解纠纷机制。强化法律在维护群众权益、化解社会矛盾中的权威地位，引导和支持人们理性表达诉求、依法维护权益，解决好群众最关心最直接最现实的利益问题。

构建对维护群众利益具有重大作用的制度体系，建立健全社会矛盾预警机制、利益表达机制、协商沟通机制、救济救助机制，畅通群众利益协调、权益保障法律渠道。把信访纳入法治化轨道，保障合理合法诉求依照法律规定和程序就能得到合理合法的结果。

健全社会矛盾纠纷预防化解机制，完善调解、仲裁、行政裁决、行政复议、诉讼等有机衔接、相互协调的多元化纠纷解决机制。加强行业性、专业性人民调解组织建设，完善人民调解、行政调解、司法调解联动工作体系。完善仲裁制度，提高仲裁公信力。健全行政裁决制度，强化行政机关解决同行政管理活动密切相关的民事纠纷功能。

深入推进社会治安综合治理，健全落实领导责任制。完善立体化社会治安防控体系，有效防范化解管控影响社会安定的问题，保障人民生命财产安全。依法严厉打击暴力恐怖、涉黑犯罪、邪教和黄赌毒等违法犯罪活动，绝不允许其形成气候。依法强化危害食品药品安全、影响安全生产、损害生态环境、破坏网络安全等重点问题治理。

六、加强法治工作队伍建设

全面推进依法治国，必须大力提高法治工作队伍思想政治素质、业务工作能力、职业道德水准，着力建设一支忠于党、忠于国家、忠于人民、忠于法律的社会主义法治工作队伍，为加快建设社会主义法治国家提供强有力的组织和人才保障。

（一）建设高素质法治专门队伍。把思想政治建设摆在首位，加强理想信念教育，深入开展社会主义核心价值观和社会主义法治理念教育，坚持党的事业、人民利益、宪法法律至上，加强立法队伍、行政执法队伍、司法队伍建设。抓住立法、执法、司法机关各级领导班子建设这个关键，突出政治标准，把善于运用法治思维和法治方式推动工作的人选拔到领导岗位上来。畅通立法、执法、司法部门干部和人才相互之间以及与其他部门具备条件的干部和人才交流渠道。

推进法治专门队伍正规化、专业化、职业化，提高职业素养和专业水平。完善法律职业准入制度，健全国家统一法律职业资格考试制度，建立法律职业人员统一职前培训制度。建立从符合条件的律师、法学专家中招录立法工作者、法官、检察官制度，畅通具备条件的军队转业干部进入法治专门队伍的通道，健全从政法专业毕业生中招录人才的规范便捷机制。加强边疆地区、民族地区法治专门队伍建设。加快建立符合职业特点的法治工作人员管理制度，完善职业保障体系，建立法官、检察官、人民警察专业职务序列及工资制度。

建立法官、检察官逐级遴选制度。初任法官、检察官由高级人民法院、省级人民检察院统一招录，一律在基层法院、检察院任职。上级人民法院、人民检察院的法官、检察官一般从下一级人民法院、人民检察院的优秀法官、检察官中遴选。

（二）加强法律服务队伍建设。加强律师队伍思想政治建设，把拥护中国共产党领导、拥护社会主义法治作为律师从业的基本要求，增强广大律师走中国特色社会主义法治道路的自觉性和坚定性。构建社会律师、公职律师、公司律师等优势互补、结构合理的律师队伍。提高律师队伍业务素质，完善执业保障机制。加强律师事务所管理，发挥律师协会自律作用，规范律师执业行为，监督律师严格遵守职业道德和职业操守，强化准入、退出管理，严格执行违法违规执业惩戒制度。加强律师行业党的建设，扩大党的工作覆盖面，切实发挥律师事务所党组织的政治核心作用。

各级党政机关和人民团体普遍设立公职律师，企业可设立公司律师，参与决策论证，提供法律意见，促进依法办事，防范法律风险。明确公职律师、公司律师法律地位及权利义务，理顺公职律师、公司律师管理体制机制。

发展公证员、基层法律服务工作者、人民调解员队伍。推动法律服务志愿者队伍建设。建立激励法律服务人才跨区域流动机制，逐步解决基层和欠发达地区法律服务资源不足和高端人才匮乏问题。

（三）创新法治人才培养机制。坚持用马克思主义法学思想和中国特色社会主义法治理论全方位占领高校、科研机构法学教育和法学研究阵地，加强法学基础理论研究，形成完善的中国特色社会主义法学理论体系、学科体系、课程体系，组织编写和全面采用国家统一的法律类专业核心教材，纳入司法考试必考范围。坚持立德树人、德育为先导向，推动中国特色社会主义法治理论进教材进课堂进头脑，培养造就熟悉和坚持中国特色社会主义法治体系的法治人才及后备力量。建设通晓国际法律规则、善于处理涉外法律事务的涉外法治人才队伍。

健全政法部门和法学院校、法学研究机构人员双向交流机制，实施高校和法治工作部门人员互聘计划，重点打造一支政治立场坚定、理论功底深厚、熟悉中国国情的高水平法学家和专家团队，建设高素质学术带头人、骨干教师、专兼职教师队伍。

七、加强和改进党对全面推进依法治国的领导

党的领导是全面推进依法治国、加快建设社会主义法治国家最根本的保证。必须加强和改进党对法治工作的领导，把党的领导贯彻到全面推进依法治国全过程。

（一）坚持依法执政。依法执政是依法治国的关键。各级党组织和领导干部要深刻认识到，维护宪法法律权威就是维护党和人民共同意志的权威，捍卫宪法法律尊严就是捍卫党和人民共同意志的尊严，保证宪法法律实施就是保证党和人民共同意志的实现。各级领导干部要对法律怀有敬畏之心，牢记法律红线不可逾越、法律底线不可触碰，带头遵守法律，带头依法办事，不得违

法行使权力，更不能以言代法、以权压法、徇私枉法。

健全党领导依法治国的制度和工作机制，完善保证党确定依法治国方针政策和决策部署的工作机制和程序。加强对全面推进依法治国统一领导、统一部署、统筹协调。完善党委依法决策机制，发挥政策和法律的各自优势，促进党的政策和国家法律互联互动。党委要定期听取政法机关工作汇报，做促进公正司法、维护法律权威的表率。党政主要负责人要履行推进法治建设第一责任人职责。各级党委要领导和支持工会、共青团、妇联等人民团体和社会组织在依法治国中积极发挥作用。

人大、政府、政协、审判机关、检察机关的党组织和党员干部要坚决贯彻党的理论和路线方针政策，贯彻党委决策部署。各级人大、政府、政协、审判机关、检察机关的党组织要领导和监督本单位模范遵守宪法法律，坚决查处执法犯法、违法用权等行为。

政法委员会是党委领导政法工作的组织形式，必须长期坚持。各级党委政法委员会要把工作着力点放在把握政治方向、协调各方职能、统筹政法工作、建设政法队伍、督促依法履职、创造公正司法环境上，带头依法办事，保障宪法法律正确统一实施。政法机关党组织要建立健全重大事项向党委报告制度。加强政法机关党的建设，在法治建设中充分发挥党组织政治保障作用和党员先锋模范作用。

（二）加强党内法规制度建设。党内法规既是管党治党的重要依据，也是建设社会主义法治国家的有力保障。党章是最根本的党内法规，全党必须一体严格遵行。完善党内法规制定体制机制，加大党内法规备案审查和解释力度，形成配套完备的党内法规制度体系。注重党内法规同国家法律的衔接和协调，提高党内法规执行力，运用党内法规把党要管党、从严治党落到实处，促进党员、干部带头遵守国家法律法规。

党的纪律是党内规矩。党规党纪严于国家法律，党的各级组织和广大党员干部不仅要模范遵守国家法律，而且要按照党规党纪以更高标准严格要求自己，坚定理想信念，践行党的宗旨，坚决同违法乱纪行为作斗争。对违反党规党纪的行为必须严肃处理，对苗头性倾向性问题必须抓早抓小，防止小错酿成大错、违纪走向违法。

依纪依法反对和克服形式主义、官僚主义、享乐主义和奢靡之风，形成严密的长效机制。完善和严格执行领导干部政治、工作、生活待遇方面各项制度规定，着力整治各种特权行为。深入开展党风廉政建设和反腐败斗争，严格落实党风廉政建设党委主体责任和纪委监督责任，对任何腐败行为和腐败分子，必须依纪依法予以坚决惩处，绝不手软。

（三）提高党员干部法治思维和依法办事能力。党员干部是全面推进依法治国的重要组织者、推动者、实践者，要自觉提高运用法治思维和法治方式深化改革、推动发展、化解矛盾、维护稳定能力，高级干部尤其要以身作则、以上率下。把法治建设成效作为衡量各级领导班子和领导干部工作实绩重要内容，纳入政绩考核指标体系。把能不能遵守法律、依法办事作为考察干部重要内容，在相同条件下，优先提拔使用法治素养好、依法办事能力强的干部。对特权思想严重、法治观念淡薄的干部要批评教育，不改正的要调离领导岗位。

（四）推进基层治理法治化。全面推进依法治国，基础在基层，工作重点在基层。发挥基层党组织在全面推进依法治国中的战斗堡垒作用，增强基层干部法治观念、法治为民的意识，提高依法办事能力。加强基层法治机构建设，强化基层法治队伍，建立重心下移、力量下沉的法治工作机制，改善基层基础设施和装备条件，推进法治干部下基层活动。

（五）深入推进依法治军从严治军。党对军队绝对领导是依法治军的核心和根本要求。紧紧围绕党在新形势下的强军目标，着眼全面加强军队革命化现代化正规化建设，创新发展依法治军理论和实践，构建完善的中国特色军事法治体系，提高国防和军队建设法治化水平。

坚持在法治轨道上积极稳妥推进国防和军队改革，深化军队领导指挥体制、力量结构、政策制度等方面改革，加快完善和发展中国特色社会主义军事制度。

健全适应现代军队建设和作战要求的军事法规制度体系，严格规范军事法规制度的制定权限和程序，将所有军事规范性文件纳入审查范围，完善审查制度，增强军事法规制度科学性、针对性、适用性。

坚持从严治军铁律，加大军事法规执行力度，明确执法责任，完善执法制度，健全执法监督机制，严格责任追究，推动依法治军落到实处。

健全军事法制工作体制，建立完善领导机关法制工作机构。改革军事司法体制机制，完善统一领导的军事审判、检察制度，维护国防利益，保障军人合法权益，防范打击违法犯罪。建立军事法律顾问制度，在各级领导机关设立军事法律顾问，完善重大决策和军事行动法律咨询保障制度。改革军队纪检监察体制。

强化官兵法治理念和法治素养，把法律知识学习纳入军队院校教育体系、干部理论学习和部队教育训练体系，列为军队院校学员必修课和部队官兵必学必训内容。完善军事法律人才培养机制。加强军事法治理论研究。

（六）依法保障“一国两制”实践和推进祖国统一。坚持宪法的最高法律地位和最高法律效力，全面准确贯彻“一国两制”、“港人治港”、“澳人治澳”、高度自治的方针，严格依照宪法和基本法办事，完善与基本法实施相关的制度和机制，依法行使中央权力，依法保障高度自治，支持特别行政区行政长官和政府依法施政，保障内地与香港、澳门经贸关系发展和各领域交流合作，防范和反对外部势力干预港澳事务，保持香港、澳门长期繁荣稳定。

运用法治方式巩固和深化两岸关系和平发展，完善涉台法律法规，依法规范和保障两岸人民关系、推进两岸交流合作。运用法律手段捍卫一个中国原则、反对“台独”，增进维护一个中国框架的共同认知，推进祖国和平统一。

依法保护港澳同胞、台湾同胞权益。加强内地同香港和澳门、大陆同台湾的执法司法协作，共同打击跨境违法犯罪活动。

（七）加强涉外法律工作。适应对外开放不断深化，完善涉外法律法规体系，促进构建开放型经济新体制。积极参与国际规则制定，推动依法处理涉外经济、社会事务，增强我国在国际法律事务中的话语权和影响力，运用法律手段维护我国主权、安全、发展利益。强化涉外法律服务，维护我国公民、法人在海外及外国公民、法人在我国的正当权益，依法维护海外侨胞权益。深化司法领域国际合作，完善我国司法协助体制，扩大国际司法协助覆盖面。加强反腐败国际合作，加大海外追赃追逃、遣返引渡力度。积极参与执法安全国际合作，共同打击暴力恐怖势力、民族分裂势力、宗教极端势力和贩毒走私、跨国有组织犯罪。

各级党委要全面准确贯彻本决定精神，健全党委统一领导和各方分工负责、齐抓共管的责任落实机制，制定实施方案，确保各项部署落到实处。

全党同志和全国各族人民要紧密团结在以习近平同志为总书记的党中央周围，高举中国特色社会主义伟大旗帜，积极投身全面推进依法治国伟大实践，开拓进取，扎实工作，为建设法治中国而奋斗！

3.国务院关于实行市场准入负面清单制度的意见

（国发〔2015〕55号）

各省、自治区、直辖市人民政府，国务院各部委、各直属机构：

按照《中共中央关于全面深化改革若干重大问题的决定》要求和国务院决策部署，现就实行市场准入负面清单制度提出以下意见。

一、重大意义

（一）市场准入负面清单制度的定位

市场准入负面清单制度，是指国务院以清单方式明确列出在中华人民共和国境内禁止和限制投资经营的行业、领域、业务等，各级政府依法采取相应管理措施的一系列制度安排。市场准入负面清单以外的行业、领域、业务等，各类市场主体皆可依法平等进入。

（二）实行市场准入负面清单制度是发挥市场在资源配置中的决定性作用的重要基础

通过实行市场准入负面清单制度，赋予市场主体更多的主动权，有利于落实市场主体自主权和激发市场活力，有利于形成各类市场主体依法平等使用生产要素、公开公平公正参与竞争的市场环境，有利于形成统一开放、竞争有序的现代市场体系，将为发挥市场在资源配置中的决定性作用提供更大空间。

（三）实行市场准入负面清单制度是更好发挥政府作用的内在要求

通过实行市场准入负面清单制度，明确政府发挥作用的职责边界，有利于进一步深化行政审批制度改革，大幅收缩政府审批范围、创新政府监管方式，促进投资贸易便利化，不断提高行政管理的效率和效能，有利于促进政府运用法治思维和法治方式加强市场监管，推进市场监管制度化、规范化、程序化，从根本上促进政府职能转变。

（四）实行市场准入负面清单制度是构建开放型经济新体制的必要措施

实施市场准入负面清单和外商投资负面清单制度，有利于加快建立与国际通行规则接轨的现代市场体系，有利于营造法治化的营商环境，促进国际国内要素有序自由流动、资源高效配置、市场深度融合，不断提升我国国际竞争力，是以开放促改革、建设更高水平市场经济体制的有效途径。

二、总体要求和适用条件

（五）总体要求

坚持社会主义市场经济改革方向，把发挥市场在资源配置中的决定性作用与更好发挥政府作用统一起来，把转变政府职能与创新管理方式结合起来，把激发市场活力与加强市场监管统筹起来，放宽和规范市场准入，精简和优化行政审批，强化和创新市场监管，加快构建市场开放公平、规范有序，企业自主决策、平等竞争，政府权责清晰、监管有力的市场准入管理新体制。

各地区各部门要认真落实市场准入负面清单制度。对各类市场主体基于自愿的投资经营行为，凡涉及市场准入的领域和环节，都要建立和实行负面清单制度；条件成熟时，将采取目录式管理的现行市场准入事项统一纳入市场准入负面清单。

（六）类别

市场准入负面清单包括禁止准入类和限制准入类，适用于各类市场主体基于自愿的初始投资、扩大投资、并购投资等投资经营行为及其他市场进入行为。对禁止准入事项，市场主体不得进入，行政机关不予审批、核准，不得办理有关手续；对限制准入事项，或由市场主体提出申请，行政机关依法依规作出是否予以准入的决定，或由市场主体依照政府规定的准入条件和准入方式合规进入；对市场准入负面清单以外的行业、领域、业务等，各类市场主体皆可依法平等进入。

（七）适用条件

对各类市场主体涉及以下领域的投资经营行为及其他市场进入行为，依照法律、行政法规和国务院决定的有关规定，可以采取禁止进入或限制市场主体资质、股权比例、经营范围、经营业态、商业模式、空间布局、国土空间开发保护等管理措施：涉及人民生命财产安全、政治安全、国土安全、军事安全、经济安全、金融安全、文化安全、社会安全、科技安全、信息安全、生态安全、资源安全、核安全和新型领域安全等国家安全的有关行业、领域、业务等；涉及全国重大生产力布局、战略性资源开发和重大公共利益的有关行业、领域、业务等；依法可以设定行政许可且涉及市场主体投资经营行为的有关行业、领域、业务等；法律、行政法规和国务院决定规定的其他情形。

（八）负面清单的主要类型和适用对象

负面清单主要包括市场准入负面清单和外商投资负面清单。市场准入负面清单是适用于境内外投资者的一致性管理措施，是对各类市场主体市场准入管理的统一要求；外商投资负面清单适用于境外投资者在华投资经营行为，是针对外商投资准入的特别管理措施。制定外商投资负面清单要与投资议题对外谈判统筹考虑，有关工作另行规定。我国签署的双多边协议（协定）另有规定的，按照相关协议（协定）的规定执行。

三、制定、实施和调整程序

（九）制定原则

法治原则。制定市场准入负面清单要全面落实依法治国的基本方略。法律、行政法规和国务院决定未作规定但确需纳入市场准入负面清单的新设事项，应在科学评估的基础上，依照法定程序提请制定或修订法律、行政法规或国务院决定。涉及全国经济社会发展的重大事项以及专业性较强的事项，要履行公众参与、专家论证、风险评估、合法性审查和集体讨论决定等决策程序。

安全原则。制定和实施市场准入负面清单，必须坚持总体国家安全观，遵循维护国家安全的法律法规和国家关于各领域安全的制度体系。要以保障经济安全为重点，维护国家基本经济制度和社会主义市场经济秩序，健全预防和化解经济安全风险的制度机制，保障关系国民经济命脉的重要行业和关键领域、重点产业、重大基础设施和重大建设项目以及其他重大经济利益安全。

渐进原则。制定和实施市场准入负面清单，要立足国情、循序渐进、整体规划、分步实施，取得可复制、可推广的经验后全面推开。对市场上出现的新技术、新产品、新业态、新商业模式等，要本着鼓励创新、降低创业门槛的原则，加强制度供给，寓监管于服务，不急于纳入市场准入负面清单管理。

必要原则。列入市场准入负面清单的事项应当尽量简化、确属必要。不能把法律、行政法规和国务院决定中的禁止类、限制类事项简单纳入市场准入负面清单。不能把现行禁止、限制市场主体投资经营的行业、领域、业务等简单照搬至市场准入负面清单。不能把非市场准入事项和准入后监管措施，混同于市场准入管理措施。不能把对市场主体普遍采取的注册登记、信息收集、用地审批等措施纳入市场准入负面清单。不能机械套用市场准入负面清单的适用条件，把不适于实行负面清单管理的事项纳入市场准入负面清单。

公开原则。市场准入负面清单的制定和调整要体现公开公平公正的原则，形成稳定、透明、可预期的制度安排，保障公众的知情权和参与权。除依法应当保密的外，制定和调整市场准入负面清单的事项、依据和结果都要向社会公开，方便公众查阅。

（十）制定程序

市场准入负面清单由国务院统一制定发布；地方政府需进行调整的，由省级人民政府报国务院批准。凡负有市场准入管理职责的部门和单位，都要全面梳理禁止和限制市场主体投资经营的行业、领域、业务等，按照《国民经济行业分类》的统一分类标准（需适用于《国民经济行业分类》多个门类的，以及《国民经济行业分类》未列明的新业态，另作说明），提出本部门、本单位市场准入负面清单草案；发展改革委、商务部牵头汇总、审查形成统一的市场准入负面清单，报国务院批准后实施。

对依据法律、行政法规和国务院决定设定的市场准入管理措施，要进行合法性审查，并按照发挥市场在资源配置中的决定性作用的要求进行合理性、可行性和可控性评估。依据部门规章、规范性文件等设定的市场准入管理措施，确需纳入市场准入负面清单的，应依照法定程序制定或修订法律、行政法规，或依照本意见明确的程序，经认真论证后报国务院决定。

制定市场准入负面清单要充分考虑地区发展的差异性，增强操作性、针对性。允许省级人民政府在全国统一的市场准入负面清单基础上，根据本地区资源要素禀赋、主体功能定位、产业比较优势、生产协作关系、物流营销网络、生态环境影响等因素，提出调整市场准入负面清单的建议，报国务院批准后实施。未经国务院授权，各地区各部门不得自行发布市场准入负面清单，不得擅自增减市场准入负面清单条目。

制定市场准入负面清单时，有关部门要健全公众参与、专家论证和政府决定相结合的决策机制，充分听取各地区各部门意见，组织专家进行必要性和可行性论证，并向社会公开征求意见。涉及国家安全的，应事先报经中央国家安全委员会审查。

（十一）实施步骤

按照先行先试、逐步推开的原则，从2015年12月1日至2017年12月31日，在部分地区试行市场准入负面清单制度，积累经验、逐步完善，探索形成全国统一的市场准入负面清单及相应的体制机制，从2018年起正式实行全国统一的市场准入负面清单制度。发展改革委、商务部牵头提出市场准入负面清单草案和拟开展试点的地区，报经党中央、国务院批准后，组织开展试点工作。试点地区省级人民政府根据市场准入负面清单草案，提出拟试行市场准入负面清单制度的方案，报国务院批准后实施。涉及暂停有关法律、行政法规或其相关条款实施的，按法定程序办理。

试点地区省级人民政府要按照《关于开展市场准入负面清单制度改革试点的工作方案》（见附件）的要求，加强组织领导和统筹协调，完善流程管理、预警预报、信息反馈、动态绩效考核等工作机制，确保改革取得实质性进展。有关部门要加强与试点地区的工作对接，将优化市场准入管理的改革措施放到试点地区先行先试。发展改革委、商务部等部门要加强指导和督促检查，及时发现、解决改革过程中的各种问题，重大事项及时报告国务院。

（十二）调整程序

市场准入负面清单制度实施后，要按照简政放权、放管结合、优化服务的原则，根据改革总体进展、经济结构调整、法律法规修订等情况，适时调整市场准入负面清单。经国务院授权，发展改革委、商务部要牵头建立跨部门的议事协调机制，负责市场准入负面清单制度实施的日常工作，并组织开展第三方评估。涉及重大条目调整和增加市场准入管理措施的，报国务院批准。依据法律、行政法规和国务院决定的有关规定调整市场准入管理措施，或涉及技术性、表述性等非实质性内容调整和减少市场准入管理措施的，由相关部门提出调整建议，经议事协调机制审查确定后，报国务院备案。涉及国家安全的，应事先报经中央国家安全委员会审查。

四、确认方式及与现行制度的衔接

（十三）做好市场准入负面清单与行政审批事项清单的衔接

制定市场准入负面清单要与行政审批事项清单相衔接，行政审批事项清单中对市场主体投资经营的行业、领域、业务等限制性措施，原则上都要纳入市场准入负面清单。对未列入《国务院各部门行政审批事项汇总清单》、已经取消的涉及市场准入的事项，不得纳入市场准入负面清单，其余经审查合格的市场准入负面清单事项，在市场准入负面清单中逐条列出。今后，国务院决定取消、新设或调整行政审批事项的，市场准入负面清单直接与之衔接。

（十四）做好市场准入负面清单与《产业结构调整指导目录》的衔接

对《产业结构调整指导目录》中的淘汰类项目和限制类新建项目，根据《国务院关于发布实施〈促进产业结构调整暂行规定〉的决定》（国发〔2005〕40号）关于“对淘汰类项目，禁止投资”、“对属于限制类的新建项目，禁止投资”的要求，在禁止准入类清单中直接引用，不再逐条列出。有关部门要适应产业结构调整和新产品、新技术层出不穷、千变万化的新形势，及时修订《产业结构调整指导目录》。今后，《产业结构调整指导目录》作出修订的，市场准入负面清单直接与之衔接。

（十五）做好市场准入负面清单与《政府核准的投资项目目录》的衔接

对《政府核准的投资项目目录》明确实行核准制的项目（专门针对外商投资和境外投资的除外，另行规定），在限制准入类清单中直接引用，不再逐条列出。有关部门要按照全面深化改革的总体部署，加快研究制定深化投融资体制改革的决定、政府核准和备案投资项目管理条例，适时调整《政府核准的投资项目目录》。今后，国务院决定修订《政府核准的投资项目目录》的，市场准入负面清单与修订后的《政府核准的投资项目目录》直接衔接。

（十六）做好市场准入负面清单与依据法律、行政法规、国务院决定设定的市场准入管理事项的衔接

对依据法律、行政法规和国务院决定设定的市场准入管理措施，经审查后分类纳入禁止准入类清单和限制准入类清单。有关部门要根据法律、行政法规制修订和国务院文件清理等情况，及时对市场准入负面清单作出相应调整。其中，法律、行政法规、国务院决定没有明确规定为前置条件的，一律

不再作为前置审批;法律、行政法规、国务院决定明确规定为前置条件的,除确有必要保留外,都要通过修改法律、行政法规、国务院决定,不再作为前置审批。

五、保障措施

(十七)建立健全与市场准入负面清单制度相适应的准入机制

对市场准入负面清单以外的行业、领域、业务等,各类市场主体皆可依法平等进入,政府不再审批。对应该放给企业的权力要松开手、放到位,做到市场准入负面清单以外的事项由市场主体依法自主决定。要坚持放管结合,有关部门要统筹考虑国家安全、生态环境、群众利益、安全生产等方面的因素,完善综合考量指标体系,落实企业首负责任,依法加强监管,建立安全审查监管追责机制,形成政府监管、企业自治、行业自律、社会监督的新格局。对属于市场准入负面清单的事项,可以区分不同情况探索实行承诺式准入等方式,进一步强化落实告知性备案、准入信息公示等配套措施。承诺式准入,是指各类市场主体承诺履行法定义务、承担社会责任、践行社会诚信并向有关部门提交书面承诺书后,即可准入;告知性备案,是指各类市场主体投资经营行为发生后,即向有关部门履行告知性备案义务;准入信息公示,是指各类市场主体要依法履行《企业信息公示暂行条例》规定的义务。

(十八)完善与市场准入负面清单制度相适应的审批体制

对限制准入事项,各级政府及其有关部门要根据审批权限,规范审批权责和标准,按照《国务院关于规范国务院部门行政审批行为改进行政审批有关工作的通知》(国发〔2015〕6号)和《国务院办公厅关于印发精简审批事项规范中介服务实行企业投资项目网上并联核准制度工作方案的通知》(国办发〔2014〕59号)要求,精简前置审批,实现审批流程优化、程序规范、公开透明、权责清晰。其中,涉及国家安全、安全生产等环节的前置性审批,要依法规范和加强。鼓励各地区在省、市、县三级政府推行市场准入事项(限制类)行政审批清单,明确审批事项名称、设定依据、适用范围、实施主体、办理条件、申请材料清单及要求、办理程序及时限等。要加快建立“统一规范、并联运行,信息共享、高效便捷,阳光操作、全程监督”的网上联合审批监管平台,实现所有审批事项“一网告知、一网受理、一网办结、一网监管”。

（十九）建立健全与市场准入负面清单制度相适应的监管机制

各地区各部门要按照各司其职、依法监管的原则，加强对市场主体投资经营行为的事中事后监管。要按照简政放权、依法监管、公正透明、权责一致、社会共治原则，转变监管理念，创新监管方式，提升监管效能，优化对准入后市场行为的监管，确保市场准入负面清单以外的事项放得开、管得住。有关部门要强化发展战略、发展规划、产业政策和标准规范等的制定、调整和管理，严格依法设定“红线”，加强事中事后监管。鼓励各地区在省、市、县三级政府推行监管清单，明确监管事项、监管依据、监管主体、监管权限、监管内容、监管方法、监管程序和处罚措施，构建法律约束、行政监督、行业规范、公众参与和企业诚信自律有机结合的监管格局。推动行业协会商会建立健全行业经营自律规范、自律公约和职业道德准则，建立健全与市场准入负面清单制度相适应的行业自律机制。

（二十）建立健全与市场准入负面清单制度相适应的社会信用体系和激励惩戒机制

要健全社会信用体系，完善企业信用信息公示系统，将市场主体信用记录纳入“信用中国”网站和全国统一的信用信息共享交换平台，作为各类市场主体从事生产、投资、流通、消费等经济活动的重要依据。推动建立市场主体准入前信用承诺制，要求其向社会作出公开承诺，若违法失信经营将自愿接受惩戒和限制。信用承诺纳入市场主体信用记录。健全守信激励和失信惩戒机制，根据市场主体信用状况实行分类、动态管理，对守信主体予以支持和激励，对失信主体在投融资、土地供应、招投标、财政性资金安排等方面依法依规予以限制。将严重违反市场竞争原则、扰乱市场经济秩序和侵犯消费者、劳动者、其他经营者合法权益的市场主体列入“黑名单”，对严重违法失信者依法实行市场禁入。

（二十一）建立健全与市场准入负面清单制度相适应的信息公示制度和信息共享制度

要依托企业信用信息公示系统，完善企业年报及即时信息公示、公示信息抽查、经营异常名录和严重违法企业名单等制度。企业从事生产经营活动过程中形成的信息，以及政府部门在履行职责过程中产生的能够反映企业状况的信息，要按照《企业信息公示暂行条例》等有关规定及时公示。对不按时公示或隐瞒情况、弄虚作假的企业采取信用约束措施，在政府采购、工程招投标、国有土地出让等方面依法予以限制或禁入。各地区各部门要按照国家总体要求，推动本行政区域和本领域的信用信息系统建设，并通过全国统一的信用信息共享交换平台实现信息互联共享。

（二十二）完善与市场准入负面清单制度相应的法律法规体系

实行市场准入负面清单制度，要坚持改“旧法”与立“新法”并重。有关部门要依照法定程序全面清理涉及市场准入、投资经营的法律、法规、规章、规范性文件以及各类行政审批，应当修改、废止的及时加以修改、废止或提出修改、废止的建议。对未纳入市场准入负面清单的事项，要及时废止或修改设定依据。涉及突破现行法律的，由国务院提请全国人大或其常委会修改或者暂停实施相关法律后，再向社会公布；涉及突破现行行政法规的，由国务院修改或者暂停实施相关行政法规后，再向社会公布。同时，要加快与市场准入负面清单制度相适应的相关立法，确保市场准入管理措施职权法定、事中事后监管有法可依。

六、加快相关体制改革和制度建设

（二十三）建立与市场准入负面清单制度相适应的投资体制

企业投资项目，除关系国家安全和生态安全、涉及全国重大生产力布局、战略性资源开发和重大公共利益等项目外，一律由企业依法依规自主决策，政府不再审批。发展改革委要按照国务院要求，改革企业投资项目核准制，适时按程序修订和发布实施《政府核准的投资项目目录》，最大限度地缩小企业投资项目的核准范围，实现项目核准网上并联办理。要加强规划、国土资源、环保、技术、安全监管等部门的联动和监管，通过环境保护、资源节约、技术、安全标准等实行准入控制。外商投资企业投资建设固定资产投资项目，按照国民待遇原则与内资企业适用相同的核准或备案程序。

（二十四）建立与市场准入负面清单制度相适应的商事登记制度

要深化商事制度改革，加快实施“三证合一”、“一照一码”，推行法人和其他组织统一社会信用代码制度。要精简前置性审批事项，削减资质认定事项，凡是市场主体基于自愿的投资经营行为，只要不属于法律、行政法规和国务院决定禁止和限制的领域，不得限制进入。要清理现有涉及市场准入的管理措施，没有法律、行政法规和国务院决定依据的，一律取消。

（二十五）建立与市场准入负面清单制度相适应的外商投资管理体制

有关部门要按照准入前国民待遇加负面清单管理模式，抓紧制定外商投资负面清单。按照规范化、便利化的要求，逐步简化外商投资领域的许可手续，探索实行一站式审批，减少许可环节。根据维护国家安全的需要，抓紧完善规范严格的外商投资安全审查制度。外商投资涉及国家安全的，按照国家安全审查制度和有关办法进行安全审查。加强事中事后监管，建立外商投资信息报告制度和外商投资信息公示制度，形成政府部门间信息共享、协同监管，社会公众参与监督的外商投资全程监管体系。

（二十六）营造与市场准入负面清单制度相适应的公平交易平等竞争的市场环境

有关部门要按要求清理和废除制约市场在资源配置中发挥决定性作用、妨碍全国统一市场和公平竞争的各种规定和做法，严禁和惩处各类违法实行优惠政策行为，反对地方保护，反对垄断和不正当竞争，防止相关政策妨碍全国统一市场和公平竞争。完善产权界定、运营、保护的一系列体制机制，依法保护物权、债权、股权和知识产权等各类财产权。坚持权利平等、机会平等、规则平等，废除对非公有制经济各种形式的不合理规定，消除各种隐性壁垒，制定保障各类市场主体依法平等进入自然垄断、特许经营领域的具体办法。

各地区各部门要从推进国家治理体系和治理能力现代化的高度，充分认识实行市场准入负面清单制度的重要性和紧迫性，做好市场准入负面清单的制定和实施工作，加快推进相关改革和配套制度建设，及时发现并解决苗头性、倾向性、潜在性问题，确保这项改革取得实效。

附件：关于开展市场准入负面清单制度改革试点的工作方案

附件

关于开展市场准入负面清单制度改革试点的工作方案

第一条 按照《中共中央关于全面深化改革若干重大问题的决定》关于“实行统一的市场准入制度，在制定负面清单基础上，各类市场主体可依法平等进入清单之外领域”和《国务院关于促进市场公平竞争维护市场正常秩序的若干意见》(国发〔2014〕20号)关于“改革市场准入制度”的要求,国务院决定选择部分地区开展市场准入负面清单制度试点。为正确、有序、协调地推进这项改革,现制定本方案。

第二条　市场准入负面清单制度,是指国务院以清单方式明确列出在中华人民共和国境内禁止和限制投资经营的行业、领域、业务等,各级政府依法采取相应管理措施的一系列制度安排。市场准入负面清单以外的行业、领域、业务等,各类市场主体皆可依法平等进入。

第三条　本方案适用于国务院批准的开展市场准入负面清单制度改革试点的地区。未纳入试点的地区,仍然实行现行管理模式。

第四条　试点应当遵循简政放权、依法监管、公正透明、权责一致、社会共治的原则,处理好政府和市场的关系,使市场在资源配置中起决定性作用和更好发挥政府作用。制定市场准入负面清单,应当遵循法治、安全、渐进、必要、公开的原则。

试点地区要把制度创新作为核心任务,把形成可复制、可推广的制度性经验作为基本要求。

第五条　试点地区省级人民政府根据发展改革委、商务部牵头汇总、审查形成的市场准入负面清单草案(试行版),提出拟试行市场准入负面清单制度的方案,报国务院批准后实施。

试点地区在探索市场准入负面清单的制定、实施和调整程序的同时,要不断深化相关改革,建立健全与市场准入负面清单制度相适应的准入机制、审批机制、监管机制、社会信用体系和激励惩戒机制、信息公示制度和信息共享制度、投资体制、商事登记制度、外商投资管理体制,营造公平交易平等竞争的市场环境,对完善与市场准入负面清单制度相应的法律法规体系提出建议。

试点期间,各类市场主体不得投资经营禁止准入类清单所列的行业、领域、业务等;各类市场主体投资经营限制准入类清单所列的行业、领域、业务等,按照法律、行政法规和国务院决定的有关规定,经过审批或其他方式的行政确认后方可进入。负面清单以外的行业、领域、业务等,各类市场主体皆可依法平等进入,政府不再审批。要坚持放管结合,有关部门要统筹考虑国家安全、生态环境、群众利益、安全生产等方面的因素,完善综合考量指标体系,落实企业首负责任,依法加强监管,建立安全审查监管追责机制,形成政府监管、企业自治、行业自律、社会监督的新格局。对属于市场准入负面清单的事项，可以区分不同情况探索实行承诺式准入等方式，进一步强化落实告知性备案、准入信息公示等配套措施。

试点期间，试点地区省级人民政府要根据改革进展情况和各类市场主体反映的突出问题，提出调整市场准入负面清单的建议，报国务院批准后实施。

第六条 试点期间，试点地区省级人民政府可以根据实行市场准入负面清单制度的需要，经国务院授权或同意后，暂时调整《产业结构调整指导目录》、《政府核准的投资项目目录》等有关规定。涉及暂停有关法律、行政法规或其相关条款实施的，按法定程序办理。

第七条 试点地区省级人民政府要加强组织领导和统筹安排，建立流程管理、预警预报、信息反馈、动态绩效考核等工作机制，完善配套政策措施，确保改革取得实质性进展。

第八条 发展改革委、商务部牵头负责市场准入负面清单制度改革试点的指导、协调、督促、评估等工作，重大情况和重要问题及时报告国务院。有关部门要加强与试点地区的工作对接，将优化市场准入管理的改革措施放到试点地区先行先试。

第九条 试点地区要及时总结经验，善于发现苗头性、倾向性、潜在性问题，及时纠正偏差、完善政策，扎实推进工作，确保按期完成改革任务。

试点地区省级人民政府应当定期向国务院提交改革试点情况报告。中期评估报告应在改革试点满一年之日起一个月内提交；总结报告应在改革试点期满之日起两个月内提交。

试点期间，发展改革委、商务部要牵头组织开展第三方评估，对改革执行情况、实施效果、取得的经验、存在的问题、影响因素等进行客观调查和综合评价，提出完善和改进的意见。试点地区在中期评估、总结评估时，应当优先采用第三方评估方式。

第十条 本方案由发展改革委、商务部负责解释。

第十一条 本方案自2015年12月1日起施行，有效期至2017年12月31日。

后　　记

本书试图根据我国经济发展的现实，结合我国经济法的发展，提出我国经济法治的战略目标及实现路径。本书的部分内容及体例参考了顾功耘编写的《经济法教程》。

本书由顾功耘、杨勤法编写，具体写作内容如下：第二章第一节和第六章第二节由顾功耘编写，其余部分由杨勤法编写，附录由杨勤法整理。

在本书的出版过程中，法律出版社的编辑黄倩倩女士对本书字句的斟酌、体例的编排、内容的修正倾注了大量心血，在此表示衷心感谢。

由于时间仓促、作者水平有限，本书的错误及不足不可避免，敬请读者批评和指正。

图书在版编目（CIP）数据

经济发展新常态下的经济法治战略 / 顾功耘，杨勤法著.—北京：法律出版社，2017
（华东政法大学65周年校庆文丛）
ISBN 978-7-5197-1382-9

Ⅰ.①经… Ⅱ.①顾…②杨… Ⅲ.①经济法—研究—中国 Ⅳ.①D922.290.4

中国版本图书馆CIP数据核字(2017)第222630号

经济发展新常态下的经济法治战略
JINGJI FAZHAN XINCHANGTAI XIA DE JINGJI FAZHI ZHANLUE

顾功耘 杨勤法 著

责任编辑 黄倩倩
装帧设计 汪奇峰

出版 法律出版社
总发行 中国法律图书有限公司
经销 新华书店
印刷 北京嘉恒彩色印刷有限责任公司
责任校对 杨昆玲
责任印制 陶 松

编辑统筹 学术·对外出版分社
开本 720毫米×960毫米 1/16
印张 16.5
字数 256千
版本 2017年10月第1版
印次 2017年10月第1次印刷

法律出版社 / 北京市丰台区莲花池西里7号（100073）
网址 / www.lawpress.com.cn
投稿邮箱 / info@lawpress.com.cn
举报维权邮箱 / jbwq@lawpress.com.cn
销售热线 / 010-63939792
咨询电话 / 010-63939796

中国法律图书有限公司 / 北京市丰台区莲花池西里7号（100073）
全国各地中法图分、子公司销售电话：
统一销售客服 / 400-660-6393
第一法律书店 / 010-63939781/9782
西安分公司 / 029-85330678
重庆分公司 / 023-67453036
上海分公司 / 021-62071639/1636
深圳分公司 / 0755-83072995

书号：ISBN 978-7-5197-1382-9
定价：49.00元
（如有缺页或倒装，中国法律图书有限公司负责退换）